中国工会的改革逻辑

STUDY ON THE REFORM OF CHINESE TRADE UNIONS

冯永光 著

中国工人出版社

图书在版编目（CIP）数据

中国工会的改革逻辑 / 冯永光著. —北京：中国工人出版社，2021.12
ISBN 978-7-5008-7795-0

Ⅰ. ①中… Ⅱ. ①冯… Ⅲ. ①工会工作—体制改革—研究—中国
Ⅳ. ①D412.6

中国版本图书馆CIP数据核字（2021）第257310号

中国工会的改革逻辑

出 版 人	王娇萍
责任编辑	罗荣波　王晨轩
责任印制	栾征宇
出版发行	中国工人出版社
地　　址	北京市东城区鼓楼外大街45号　邮编：100120
网　　址	http://www.wp-china.com
电　　话	（010）62005043（总编室） （010）62005039（印制管理中心） （010）62382916（工会与劳动关系分社）
发行热线	（010）82029051　62383056
经　　销	各地书店
印　　刷	北京市密东印刷有限公司
开　　本	880毫米×1230毫米　1/32
印　　张	13
字　　数	386千字
版　　次	2022年2月第1版　2022年2月第1次印刷
定　　价	58.00元

工会理论研究的有益探索

吕国泉

习近平总书记指出，我们坚持和发展中国特色社会主义，必须高度重视理论的作用，增强理论自信和战略定力。研究和探讨中国工会的性质、定位、价值以及功能变迁，是工会理论研究的重要课题，具有重要的学术意义。冯永光的《中国工会的改革逻辑》，就这个问题从学术上进行了细致入微的研究和挖掘。因此，收到书稿后，欣然应允作序。

工会理论研究是工会工作的重要组成部分，对工会工作创新发展具有重要引领和支撑作用。2020年，全国总工会印发《中华全国总工会关于探索走出工会理论研究新路子的意见》（以下简称《意见》），对深入学习贯彻习近平新时代中国特色社会主义思想特别是习近平总书记关于工人阶级和工会工作的重要论述，坚持走中国特色社会主义工会发展道路，进一步加强工会理论研究，努力探索，走出工会理论研究新路子，提出了明确要求。《意见》提出坚持正确研究方向、坚持服务实践需求、坚持深化改革创新、坚持理论联系实际的基本原则，特别强调要创新研究机制，推动工会理论研究工作制度化、规范化、科学化。

工会理论研究首先要坚持正确研究方向，这既是首要前提，也是重中之重。《中国工会章程》总则开宗明义地规定："中国工会是中国共产党领导的职工自愿结合的工人阶级群众组织，是党联系职工群众的桥梁和纽带，是国家政权的重要社会支柱，是会员和职工利益的代表。"2015 年 7 月，习近平总书记在中央党的群团工作会议上指出，要切实保持和增强工会的政治性、先进性、群众性，进一步明确了中国工会的性质。中国工会是在党的领导下成长和发展起来的，自觉接受党的领导既是工会的优良传统，也是做好工会工作的政治原则和根本保证。同时，与西方工会相比，这是中国工会的优势，也是独特之处。研究中国工会问题，必须要牢牢把握这个重要原则，不能失之偏颇。

工会理论研究要坚持胸怀"两个大局"，把准工会在国家治理体系中的重要作用。马克思主义政党一直把党领导的群众组织作为夺取和巩固政权的重要力量。列宁把党领导的工会形象地比作无产阶级政权体系的"传动装置"和"杠杆"。党的十八届三中全会提出，坚持和发展中国特色社会主义、推进国家治理体系和治理能力现代化的总目标。习近平总书记指出，国家治理体系是由众多子系统构成的复杂系统。这个系统的核心是中国共产党，党是领导一切的，人大、政府、政协、法院、检察院、军队，各民主党派和无党派人士，各企事业单位，工会、共青团、妇联等群团组织，既各负其责，又相互配合，一个都不能少。我们必须把群团组织建设得更加充满活力、更加坚强有力，使之成为推进国家治理体系和治理能力现代化的重要力量。将工会的作用发挥与价值判断，置于国家治理体系这个宏观背景中，既体现了结构的定位，也体现了功能的要求，这样才能得出有意义的结论。

工会理论研究要坚持理论联系实际，与时俱进创新研究方法。工会研究工作既具有高度的政治性，又具有鲜明的实践性，在梳理理论前沿研究成果的同时，也应结合工会实际有所升华。要结合国内外工运形势的发展和劳动关系的重大变化，科学回答关于工会工作创新发展的重大理论与实践问题，为党和政府科学决策提供有益参考，为工会重点工作的推进提供理论支撑。要吃透马克思主义工会学说、站稳政治立场，也可以充分借鉴吸收政治学理论研究的成果，为理论界和工会实践提供新视角、新思路，使研究工作始终保持旺盛的生命力。

从这些方面来看，冯永光的这本书，从中国工会的定位和价值这个问题意识出发，从改革开放以来中国工会的改革和变迁进程切入，从工会与不同政治社会主体的关系、工会的社会职能、工会在国家治理能力和治理体系中的作用等不同角度进行了比较深入的分析，视角新颖、研究透彻，具有较强的学术和理论研究价值。同时，冯永光作为一名工会干部，了解工会工作实际情况，结合其政治学专业的学术背景，从理论联系实际方面进行了很好的探索和有益的尝试。希望他把这本书作为理论研究的一个阶段性成果，继续努力，不断思考，争取拿出更多更丰富的作品。

是为序。

[作者系第十三届全国政协委员，全国总工会办公厅主任，全总工会理论研究会（中国特色社会主义工会发展道路研究会）秘书长、常务理事]

解释中国工会的理论尝试

周淑真

政党是国家政治生活中的基本组织和重要力量，发挥着社会整合、政治引领、思想传播等作用。中国的政党制度与西方政党制度存在根本差别，是从中国土壤中生长出来的新型政党制度。在研究中国的政党制度时，我们也要注意到，中国共产党处于政治体系的核心位置，其特点是自上而下一以贯之，由外而内不断内聚。为更好地进行团结、组织和动员，中国共产党建立和发展了很多“外围组织”，在革命、建设、改革进程中发挥了重要的作用。这些具有中国特色的组织，随着改革开放的不断推进，也面临与时俱进改革创新和功能变迁的问题。冯永光的《中国工会的改革逻辑》，以中国工会为研究对象，进行了深入的研究探讨。

从政治学角度来看，工会研究的切入点比较多，比如从阶级政治的角度，研究改革开放以来工人阶级的变迁，特别是劳动关系变化中工人阶级地位、作用的发挥等，20世纪90年代国有企业工人下岗问题、当前的农民工问题等，都是具有中国特殊时代背景的特色问题；再如从政党与工会关系的角度、从中西政党制度的对比来看，政党与工会关系的不同性质和运行模式，英国工党与工会的关系比较紧密，德国、瑞典等国家的执政党和工会形成了比较成熟的法团主义模式，而美国的政党和工会关系就比较松散；又如从工会自身运作等方面选取切入点，研究职工代表大会的转型等。因此，问题意识和研究角度的选取至关重要，也是衡量社会科学研究成效的重要标准。

本书从工会的定位和价值这个问题意识出发，探讨改革开放以来中国工会的角色调适和功能变迁，应该说是比较宏观的，也是比较具有中国特色的，其隐含了中国工会与西方工会在政治体系中截然不同的定位和作用。从理论上看，作者在马克思主义工会理论基础上，在国家与社会关系的理论框架进行论述，体现了较强的理论创新意识。国家与社会关系理论框架是政治学研究的一般框架，正是在这个框架下，近年来兴起了市民社会、法团主义等研究范式。作者尝试提出了“政治社会”的概念，虽然在概念界定、应用等方面还有待商榷，但是这种跳出西方既有理论框架，建构符合中国政治实际的尝试还是值得鼓励的。

从本书的结构来看，作者从历史梳理、结构关系、功能分析、过程分析等方面进行了阐释。作者借鉴了历史制度主义、结构功能主义等理论范式，尝试有所突破。所谓研究范式（paradigm），从库恩最早应用，到成为社会科学的一个通用概念，其实本质上就是逻辑自洽、得到大多数人认同的理论体系。从这个角度来看，作者构建的结构—行动—过程框架，虽然有些失之于面面俱到，解释的深度会被涉及的广度所削弱，然而作者突出论述的改革开放以来工会作为能动主体在角色调适和功能变迁中充分发挥了自主性、工会政治吸纳社会群体并进行制度化转型和观念建构等，都具有较强的创新意义。从这个意义上讲，中国工会走向现代化的过程也是中国工会在复杂结构关系中自主行动的过程。

历史制度主义认为，任何制度变迁都离不开所处的时代背景和制度主体的作用，因此，制度变迁具有一定的偶然性和既定的路径依赖性。制度是在历史中形成的，当下也将成为历史。因此，解释好当下的制度变迁对进一步推动制度的转型具有重要意义。当今世界在大国关系、科技进步等因素的塑造下，日益呈现出复杂多样性。改革开放以来中国的现代化进程是连续而快速的，国家治理体系和治理能力现代化需要全面深化改革继续推进，中国工会的角色调适和功能变迁是中观层面的制度变革，作者在书中对中国工会作用发挥是持肯定态度的，相信实践的变革将为理论的阐释提供更多养料。冯永光是工会工作的实践工作者，接触了大量一手材料，希望作者在此基础上继续关注中国工会的变革，推出更多具有理论解释力和现实说服力的学术作品。

（作者系中国人民大学国际关系学院教授）

目　录

第一章

中国工会的定位和价值

作为世界第二大经济体，中国正在全球范围内发挥越来越大的影响力。然而，正如郑永年追问的那样："中国的政治经济体制仍然是个谜。"[①] 中国经济社会与政治发展都是具有独特性的，很难将政治学的主流理论应用于中国。同时，当代中国的转型已经历时 40 多年，中国是社会科学各个领域的最大实验场。社会科学理论界也在尝试推出符合中国国情、体现中国话语的理论体系，比如历史政治学的理论范式等。2021 年是中国共产党成立 100 周年，如何解释党的领导和中国经济社会发展、政治稳定的关系，是最具研究价值的课题。围绕这个主题，中国共产党体系内的政治组织、类政治组织等，同样具有研究价值。本书关注的中国工会，正是这样的子课题。改革开放 40 多年来，随着社会主义市场经济的发展，非公有制企业如雨后春笋，其中劳动关系抑或劳动与资本的关系，与中国工会运行机制、组织体制的与时俱进的调试密切相关。在这个过程中，中国工会与中国共产党一样，体现出极具弹性和韧性的适应能力。如何跳出西方既有的理论范式，从理论和实践不同维度进行解释，是本书的出发点和努力方向。

---

① 郑永年、黄彦杰：《制内市场：中国国家主导型政治经济学》，邱道隆译，杭州：浙江人民出版社，2021 年，第 2 页。

一、怎样看待中国工会的定位和价值

怎样看待中国工会的定位和价值，是本书的问题意识和研究缘起，笔者将从关注工人阶级进而关注中国工会问题来着手进行研究。马克思主义认为，阶级是历史唯物主义的核心概念。[①]较早并持续研究中国工人政治的专家裴宜理说：“在20世纪中国的政治变革中，工人骚动起了重要作用。推翻帝制的辛亥革命、带来新政治文化的五四运动、国民政府的兴衰、共产党的胜利，甚至1949年以后政治形势的发展，无不深受中国工人运动的影响。在一个农业占绝对优势的国度里，尽管工人人数相对较少，但中国工人往往以出其不意的或是自相矛盾的方式对现代中国政治产生重大影响。”[②]在长期的革命、改革、建设的历史进程中，工人阶级从内涵到话语都发生了深刻的变化。工人阶级作为执政话语中的阶级基础，在市场经济大潮中正发生日新月异的变化，工人阶级及相关问题的研究是党与国家向现代化转型不可逾越的问题。与工人阶级最直接相关的就是中国工会和中国共产党。按照列宁“工人—工会—共产党”的公式，精英程度在逐步递增，而数量规模在逐步递减。按照中华全国总工会原主席赖若愚比较通俗的说法，“党是工人阶级的先锋队，只包括工人阶级的先进部分，是工

---

① ［美］埃里克·欧林·赖特主编：《阶级分析方法》，马磊、吴菲等译，上海：复旦大学出版社，2011年，第181页。

② ［美］裴宜理：《上海罢工：中国工人政治研究》，刘平译，南京：江苏人民出版社，2001年，第2页。

人阶级的领导力量，而不是工人阶级的‘本队’。而工会是工人阶级的群众组织，几乎包括工人阶级的全体成员，它是工人阶级的‘本队’。工会组织把工人阶级的先进部分和落后部分联结在一起，成为党团结本阶级和团结全体劳动人民的一个重要的纽带”①。那么，从党的角度看，作为工人阶级的先锋队，经由“三个代表”重要思想、和谐社会、科学发展观、治理体系和治理能力现代化等一系列从指导思想到政治实践的转型，建构了“党—国家—社会”的治理框架。

随着中国近代工业的发展，近代中国工人的处境和生活状况与恩格斯《英国工人阶级状况》描述的相差无几。因此，中国工会组织产生得也比较早，早在1905年中国革命党人创办的《民报》就开始介绍欧美劳工状况与罢工斗争。无政府党人刘师培、何震夫妇就曾鼓吹成立“劳民协会”。而只有共产党人在马克思主义指导下创建的中国工会才是革命的工会，同时，党与工会的关系就成为中国工会要处理的最重要关系。

从工会组织的角度看，随着社会主义市场经济的建立和不断完善，党和国家权力让渡形成了一定程度的社会空间，社会与国家逐渐分离开来。这就让原本在政治体系中表现为纯粹的政治组织也面临走向“社会”的问题。在这一进程中，工会在处理与党关系和与国家关系的基础上，还要面对与社会的关系、与资本的关系、与市场（企业）的关系、与工人群体的关系、与其他社会

① 赖若愚：《关于工会的作用和地位》，载中国工运学院编：《李立三赖若愚论工会》，北京：档案出版社，1987年，第499页。

组织的关系。在这一系列结构关系场域中，工会的职能定位和功能作用发挥如何？如果基于“国家—社会关系”二元论的视角，工会组织处于怎样的位置？是这条谱系中的国家性组织（政治组织）吗？如果从工会运行参照国家公务员管理、自上而下设置各层级的官僚机构等表象来看，确实如此。因此，不论社会舆论还是学者和知识分子，对中国工会“官方工会”“准官僚组织”的定位不绝于耳。然而，不论是从学理，还是从工会自身认同方面看，工会组织都应该列入国家—社会谱系的“社会”一方，也就是说，工会组织应该是社会组织。因此，探讨工会的价值离不开工会的属性和定位。

同时，工会在政治与社会双重属性中，也存在两种属性的结构关系问题。换句话说，工会内在的政治属性和社会属性的结构对比也并非一成不变的。在政治经济结构发生变迁的结构关系中，工会自身的属性结构发生了怎样的变化？这不是简单的应然和实然的问题，而是比较复杂的工会角色定位和功能变迁问题。改革开放之前，在单位体制下，国家—社会的分野没有划分的意义。正因如此，笔者关注中国工会如何从单纯的政治组织进行社会化功能变迁，并在这个过程中工会是如何处理与政党、国家、社会、市场、工人等一系列变动因素的关系，从而完成工会自身的角色调适和功能变迁。也就是说，这个调适和变迁的过程和方式是如何进行的。

笔者不仅关注中国工会在国家—社会关系中的位置，而且更关注中国工会在复杂的政治社会结构中所体现出来的自主行动能力，这也构成了工会功能变迁的基础。在一般的社会认知中，中国工会是与党亦步亦趋的。新中国成立后，在工会历史中也确实出现过“工会消亡论”的论调，但现在要探究的是，中国工会在坚持党的领导前提下，是如何发挥自主行动能力的？新中国成立后，李立三、赖若愚等关于工会职责定位的讨论，虽然后来都被打倒并扣上“经济主义”“工团主义”的帽子，但是从另一个侧面体现出，中国工会追求自身行动能力的动因从没有停止过。改革开放以来，市场经济条件下劳动关系的复杂和冲突性，为中国工会自主行动提供了进一步发挥的空间。然而，笔者想强调的是，这种自主性不是与党的对抗，而是通过工会在面对复杂结构关系时，对自身职能的比较清晰的定位和认识，以及对外表现出来的“维护、建设、参与、教育”四项“社会职能”的充分发挥。这四项职能，不仅体现了以经济建设为中心，在维护全国人民总体利益的同时，更好地表达和维护职工群众的具体利益的基本指导原则，而且作为互相联系、互相作用的有机整体，从不同方面体现了工会应有的社会作用。①

从现实的情况看，改革开放以来，工会组织的工作对象也在进行急剧而复杂的转型。进入21世纪以来，相关研究层出不穷，比如关于农民工集体行动研究、国有企业下岗工人问题研究等。这些问题与国内的改革、对外的开放相互交织和纠结。然而，随着近几年来低端制造业不断向东南亚等国家转移，中国制造业的

---

① 陈骥：《改革中的工会和工会的改革》，北京：中国工人出版社，1999年，第19页。

转型升级，产业技术的逐步应用等因素影响，中国作为“世界工厂”的高峰时期已经过去。虽然劳动关系领域的群体性事件仍层出不穷，然而某些专家学者预测的激烈的劳资冲突、较大范围的罢工浪潮也没有发生。这与中国工会组织及时的角色调适和功能变迁不无关系，而且正是在国家、市场、工会以及与工人的互动中，才能更加深切地看到中国工会角色调适和功能变迁的政治机理。笔者在文中从组织、制度和观念三个维度进行了比较深入的分析。

本书将工会的角色调适和功能变迁作为研究对象，具有理论和现实的研究价值。从理论上看，由于体制内话语体系一方面囿于意识形态的有关限制，另一方面从上到下以及从新中国成立到改革开放以来，存在很大程度的表达惯性，这些都让工会体制内的宣传或解读逐渐成为官方话语体系，有的甚至成为社会的“常识”，其背后隐藏的逻辑往往在这样的说教中越来越暗淡。笔者试图挖掘工会体制内领导讲话、官方文件等背后的政治逻辑，以此解读工会的角色调适和功能变迁这一具有很大政治学研究意义的主题。也就是说，工会作为党和国家联系职工群众的桥梁纽带这一马克思主义定位如何通过新的理论阐释，赋予其更丰富的内涵。所以，解释工会角色调适和功能变迁的理论框架也需要进行调整，从国家—社会关系理论上进行更深入的阐释，从而生发出更加深刻的理论意蕴。换句话说，就是工会等群团组织的双重属性如何在国家—社会关系理论中找到更加合理和符合中国特色国情的归宿。从现实来看，作为国家治理体系的一部分，工会等群团组织面临“现代性转型”问题，工会是“可有可无”的组织吗？工会在国家治理中处于怎样的地位？工会的功能发挥是一成不变的吗？这些都是工会发展过程中的现实问题，只有阐释清楚工会的角色调适和功能变迁的过程，才能更好地作出解释，这对工会发展具有较强的现实意义。

二、中国工会调适与变迁的研究现状

1. 概念应用

本书的“角色调适”和“功能变迁”都是动态的概念，同时，角色与功能是紧密关联在一起的，也就是说，“功能变迁”是发生在“角色调适”的基础上的。本书之所以用“调适”和“变迁”的概念，是为了强调改革开放以来，随着政治发展的推进，政治体系的构成要素和结构关系其实是发生了较大改变。然而，中国共产党的领导从根本上没有发生变化，马克思主义指导地位也没有发生变化。因此，政治发展的制度变迁仍处于历史制度主义的所谓“断裂均衡”状态，在党的领导下的人民团体作为党的外围组织也是如此。

“调适”“变迁”与“转型”是一个连续的发展状态，作为中观层面的制度主体，中国工会仍处于并将长期处于“调适”和“变迁”的状态，并随着与政治体系各结构要素的互动，逐渐完成“转型（transformation）”的过程。

所谓“调适（adaption）”，指的是调整和适应，是针对工会的角色定位说的。这里也借鉴了沈大伟所提出的概念体系，为增强长期执政能力，作为制度（institution）的中国共产党不断进行“渐进的和难以觉察的改革”[①]，这是一系列“改革—调整—再改革—再调整”的循环过程，以满足国内不同群体和阶层的需要来增强合法性。“调适”与“收缩”是紧密相关的，是一种双重运动的过程，“收缩”主要是指改革开放以来党对社会的一系列放权政策从而使社会不断成长起来的过程。本书中，中国工会的“角色调适”和“功能变迁”也是建立在党的“收缩”基础上的。正如沈大伟所举的形象例子，如果把共产主义的执政党比作植物，没有阳光和养分就会枯萎，但是，如果得到“调适”，就会生机勃勃。正因如此，感觉上僵化和调适总是形影不离的。这个例子对于中国工会同样适用。新中国成立后至改革开放前，工会与执政党的关系是一体化的。如果改革开放之后，在复杂的结构环境发生变化中，中国工会仍然保持这种角色定位，那么就会走向僵化，而如果在坚持党的领导基础上处理好与市场、社会、工人等结构关系，则会有新的局面出现。

所谓“变迁（change）”，是新制度主义常用的概念，也就是制度变迁。与道格拉斯·诺斯严格区分制度与组织不同，大多数新制度主义将组织也视为制度（institution）的主体。本书正是在这个意义上使用的“变迁”。在解释制度变迁时，新制度主义不同流派有不同的观点，历史制度主义早期用断裂均衡模型来解释变迁，理性选择理论则以交易费用理论、谈判理论等来解释。西伦

① ［美］沈大伟：《中国共产党：收缩与调适》，吕增奎、王新颖译，北京：中央编译出版社，2011 年，第 4–10 页。

对制度变迁类型的划分则对于本书界定变迁具有借鉴意义，其根据变迁过程和结果将制度变迁分为四类，[①] 具体如表 1 所示：

表 1　制度变迁的类型划分

变迁过程或变迁结果	连续性	非连续性
渐进式变迁	调适性制度再造（reproduction by adaptation）	缓慢转型（gradual transformation）
激进式变迁	生存与回归（survival and return）	解体与替代（breakdown and repalcement）

对于中观层面的工会来说，工会的“变迁”主要体现在内部结构和功能层面。在体制内话语中，工会组织结构变迁通常称为“改革”。因此，本书主要集中关注工会的“功能变迁”，将工会组织、制度、观念等一系列形态变化纳入国家—社会关系变迁的大背景下来考量。如果按照西伦对制度变迁的划分来看，工会的功能变迁应该是连续性且渐进式的变迁过程，也就是说，这是一个调适性的制度再造过程。本书也有意识地将“变迁”与“改革”相区别，有些历史事件和关键人物对于工会功能变迁具有重要意义，但并非传统意义上的改革事件。比如 1978 年召开的中国工会第九次全国代表大会（以下简称中国工会九大、中国工会十大、中国工会十一大等，以此类推），笔者认为这是中国工会功能变迁

① Streeck and Thelen, "*Introduction. Institutional Change in Advanced Political Economies*" , in Wolfgang Streeck and Kathleen Thelen(eds.), *Beyond Continutiy: Institutional Change in Advanced Political Economies*, New York: Oxford University Press, 2005. pp1–39.

的关键节点，也是重要起点。然而，现在普遍并未将中国工会九大列入改革范畴。因此，功能变迁很多时候是潜移默化发生的。

在这里，笔者尝试区分“调适”“变迁”与“转型”的区别。卡尔·波兰尼的《大转型》是对转型概念的广泛意义的使用。近年来关于政党转型的文章也是高频出现。比如，郑永年就提出中国共产党从革命党到执政党、从行政治理到政治治理的两次转型过程。[①]在西方政党理论中，政党转型是政党回应社会变迁的一种解释模式，如以卡茨和梅尔为代表的学者们提出政党由精英型政党、大众型政党和全方位型政党向卡特尔政党转型的发展趋势。[②]有的学者指出，转型不是一般意义上的制度变迁，而是新制度的产生和旧制度的消弭的过程。[③]因此，转型一般具有很强的替代性，是一种从 A 到 B 的过程。本书之所以避免使用“转型”的概念，就是为了强调中国工会在中国共产党领导下并未出现根本性的、颠覆性的变迁或变革，而是渐进式的、仍在持续不断进行的调适和变迁过程。

2. 研究现状

中国工会虽然作为中国政治体系的一个组成部分，但是关于工会方方面面的研究成果较为繁杂，比如工会集体协商、劳动争

---

① 郑永年：《中国模式——经验与困局》，杭州：浙江人民出版社，2010 年，第 10 页。

② ［英］默什·茅尔：《政党制度的比较分析》，高千雯译，台北：韦伯文化出版公司，2005 年，第 123 页。

③ 李威利：《从制度化到结构化：现代国家转型的新结构政治理论》，载《甘肃行政学院学报》，2019 年第 4 期。

议处理、企业民主管理等特定领域各专项工作、工会历史等。这些研究成果具有背景性研究价值，但如果都一一梳理，则失之偏颇。因此，我们将与中国工会角色调适与功能变迁相关的研究成果和文献做一梳理。

第一，以工运史和政策解读为重点的体制内研究成果。

关注中国工会，体制内的研究成果决不容忽视，这不仅是由于其意识形态的权威性，而且自中国共产党成立以来，就将其作为重要任务之一。在1921年党的第一个决议中，全文不到1000字，就专门列出一条规定工会组织的研究任务："工会组织的研究机构应由各个产业部门的领导人、有觉悟的工人和党员组成，应研究产业工会组织的工作方法等问题。成立这种机构的主要目的应为教育工人使其在实践中能够实现共产党的思想。应特别注意组织工人工会，援助其他部门的工人运动，研究工人工会以及其他无产阶级组织的情况。为了更适当地进行工作，这种机构的研究工作应分为以下几类：工人运动史，组织工厂工人的方法，卡尔·马克思的经济学说，各国工人运动的现状。研究的成果应定期发表。应特别注意中国工人运动问题。"[①] 由此可见，体制内工会研究的重要地位。当前，体制内工会研究主要集中在全国总工会及各级工会，形成这样的局面是由于全国总工会处于工会改革创

① 《中国共产党第一个决议》，1921年，人民网，中国共产党历次全国代表大会数据库。

新的最前沿，掌握一手的资料，并具有政策性和权威性。[①]

关于工会史研究。由中华全国总工会主持、全国各产业总工会和各省总工会参加、历时 8 年编写的《中国工会运动史料全书》，是一部全面、系统地反映中国工人阶级和工会运动历史的大型资料全书，共 1.5 亿多字，以客观、翔实、权威的历史资料，展现了自 19 世纪 40 年代中国工人阶级产生到 1993 年中国工会十二大召开，这一个半世纪的历史进程中，中国工人阶级及工会运动的发展历程。[②]《改革开放以来的工人阶级和工运事业》用九个篇章从九个主要方面，紧扣改革开放和中国特色社会主义建设的历史脉络，概述了 1978 年至今中国工人阶级和工运事业与我国改革开放和现代化建设事业的伟大转折、一体发展、空前成就和共同命运。[③]本书主要引用的还有全国总工会定期编写的《建国以来中共中央关于工人运动文件选编》（上、下册）、《中国工会十大以来重要文献选编》《中国工会十三大以来重要文献选编》《中国工会十二大以来重要文献选编》《中国工会十四大以来重要文献选编》（上、下册）等，有些已经公开出版，有些尚未出版。另外，还有一些领导讲话和政策文件汇编。在工会理论方面，有《李立三赖若愚论工会》《刘少奇论工人运动》《毛泽东邓小平江泽民论工人

① 除此之外，还有党史研究机构的研究成果、各地工会干部学院的研究成果，本书列为学者研究领域。

② 尉健行：《继承光荣传统 创造新的辉煌——〈中国工会运动史料全书〉总序》，载《中国工运》，2002 年第 11 期。

③ 中华全国总工会研究所：《改革开放以来的工人阶级和工会事业》，北京：中国工人出版社，2014 年，第 2 页。

阶级和工会工作》《中央领导关于工会工作的讲话选编》等，这些为研究工会角色调适和功能变迁提供了连续的思想谱系。这里重点介绍《邓小平论工人阶级与工会》《工会的基本职责》《尉健行谈工会工作》（上、下册）和《中国特色社会主义工会发展道路学习读本》。[①]关键人物对历史偶然性的影响从来都是不容忽视的，从邓小平、尉健行、王兆国的讲话和著作中，我们也可以看到他们对中国工会的重塑作用。本书在有关章节中也将详细论及他们重新确定并发展工会成为维护职工合法权益的社会组织，并从组织、制度、观念等维度分析其内部机理。

随着社会的急剧变迁，体制内对向市场经济过渡的工会改革或转型的关注成果也逐步增多，比如工会理论的出发点和基础、维护职工利益是工会的基本职责、工会社会职能的发展等。对于体制内的研究成果，虽然数量较大，但是一定程度上有些自说自话，缺乏有效的话语对接和融合。因此，有必要跳出体制内框架，

---

① 全国总工会对党的领导人关于工人阶级和工会工作的指示、批示、讲话等进行汇编和解读，也会对工会领导人的重要讲话等进行汇编，这些著作能够反映某一个时期党和国家对工会的大政方针以及工会的发展方向。参见中国工运学院编辑组：《李立三赖若愚论工会》，北京：档案出版社，1987 年；中国工运学院编辑组：《刘少奇论工人运动》，北京：中央文献出版社，1988 年；中华全国总工会：《邓小平论工人阶级与工会》，北京：中国工人出版社，1994 年；中华全国总工会、中共中央文献研究室：《毛泽东邓小平江泽民论工人阶级和工会工作》，北京：中央文献出版社，2002 年；尉健行：《工会的基本职责》，北京：中国工人出版社，2009 年；中华全国总工会研究室编：《中央领导关于工会工作的讲话选编》，2010 年 8 月；中华全国总工会：《中国特色社会主义工会发展道路学习读本》，北京：中国工人出版社，2012 年；《尉健行谈工会工作》（上）（下），北京：中国工人出版社，2015 年。上述著作反映了新中国成立以来工会主要领导人的思想脉络和对工会工作的思考。

从学术的角度对中国工会角色调适和功能变迁作一分析。

另外，从学科的角度来看，改革开放以来，中国劳动关系学院较早建立工会学院，并开创了工会学的研究。一批老中青学者一直进行深入广泛的研究。郝清桂、桉苗等主编的《工会学》从马克思主义经典著作中特别是其科学社会主义理论中，梳理出与工会相关的内容，包括工会的产生、工会的历史任务、工人阶级与工会、工会的性质、工会的地位、工会的职能、工会与政党、工会与社会主义国家、工会与企业、工会国际活动的基本原则、工会的自身建设等；[①] 冯同庆等的《市场经济下的工人与工会》《工会在承包、租赁和股份制中面临的问题及其对策》《向社会主义市场经济转变时期的工会理论纲要与述评》《新编工会学》等试图构建社会主义市场经济条件下工会研究的新的理论框架，并关注社会转型中与工会、劳动关系等密切相关的问题；[②] 冯同庆编著的《工会学——当代中国工会理论》构建了“革命—改革发展转变论”框架下中国工会的转型理论，梳理了当代中国工会理论的历

① 中国工运学院编写组编：《工会学》，北京：工人出版社，1985 年，第 3–5 页。

② 冯同庆：《工会在承包、租赁和股份制中面临的问题及其对策》，北京：中国工人出版社，1988 年；Feng Tongqing，*Workers and Trade Unions under the Market Economy*，M. E. Sharpe.1996；孙中范、桉苗、冯同庆主编：《向社会主义市场经济转变时期的工会理论纲要与述评》，北京：人民出版社，1997 年；孙中范、冯同庆、常凯主编：《新编工会学》，北京：人民出版社，2001 年；冯同庆：《向市场经济过渡条件下工会理论研究的若干问题》，载《工会理论与实践》，1995 年第 6 期；冯同庆：《职工状况变迁论与工会——关于向市场经济过渡条件下工会理论研究的框架》，载《工会理论与实践》，1996 年第 5 期；常凯：《理论工会学概论》，北京：经济管理出版社，1988 年；李生林、何生主编：《工会学原理》，长春：吉林人民出版社，1988 年。

史前提和现实基础、理论演进过程以及当代中国工会理论的从属性变化和专属性特征等，是中国工会转型比较具有开创性的理论成果。[①] 这些综合性研究成果对于了解中国工会角色调适和功能变迁的背景具有很好的辅导性作用。然而，综合性研究成果由于缺乏固定的理论框架和研究主题，难免失之于大而全、面面俱到而深度不够。

第二，关于中国工会角色定位的探讨。

改革开放以来，关于工会组织的性质和定位成为学者们争论的焦点。事实上，从新中国成立以来，这种讨论就没有停止过。1951 年，李立三在讨论行政与工会的关系时就说："行政多代表些公的利益，工会多代表些私的利益，是可以用'公私兼顾'的办法来解决的。"[②]1957 年，赖若愚也专门讨论过工会的作用与地位。[③] 改革开放以来，中国工会的角色调适就是伴随对这个问题的探讨和明晰进行的。因为不清楚工会到底是干什么的、代表谁的利益、如何代表这些元问题和基础上的问题，在一定程度上，工会工作就失去了意义。一直到中国工会十四大，《中国工会章程》对工会的性质进行明确定位，即中国工会不仅是"党联系职工群众的桥梁和纽带"和"国家政权的重要社会支柱"，也是"会员和

① 冯同庆：《工会学——当代中国工会理论》，北京：中国劳动社会保障出版社，2010 年，第一章绪论部分。

② 中国工运学院编：《李立三赖若愚论工会》，北京：档案出版社，1987 年，第 146–147 页。

③ 中国工运学院编：《李立三赖若愚论工会》，北京：档案出版社，1987 年，第 498 页。

职工利益的代表”。

关于这个问题，学者们的讨论更为激烈。常凯认为，在市场经济中，工会应该充分体现出劳动者代表的身份，在劳动关系中主要维护劳动者权益，是劳动者集体劳权的代表。这是改革开放后较早对工会与党和政府关系进行辨析的文章。[①] 姜凯文考察了改革开放十五年以来的工会改革历程，较早从工会自主性角度分析了工会与党—国家的冲突性，认为工会有工人利益代表者的内在驱动，从而产生了与现存的政治体制的冲突。[②] 张允美研究了中国工会的体制性制约因素和改革限制因素，并认为中国工会与党—国家之间始终处于“顺从—冲突”这样的关系中。[③] 李琪和泰勒认为，中国工会在扩大组织规模时面临以下几种困难：改革深化使国有企业中的基层工会组织减少，会员数量减少；私营企业工会比重增加，但是在组建工会时，中国工会作出让步，允许企业暂时不缴会费，这增加了工会经费收支压力；工会在工人心目中的形象不佳，表现为一类行政机关，会影响工人加入的积极性。但是，这一点并不确定，因为工会通过与党的联系，可以参与政策制定，加强对劳工的保护。除此之外，中国各地为发展经济，需要努力调动企业家的积极性，致使他们有很高的政治地位并能一

---

① 常凯：《政治体制改革中工会与党和政府的关系》，载《科学社会主义》，1988 年第 1 期。

② 姜凯文：《工会与党—国家的冲突：八十年代以来的中国工会改革》，载《香港社会科学学报》，1996 年第 8 期，第 124 页。

③ 张允美：《理顺与冲突：中国工会与党—国家的关系》，香港中文大学中国研究服务中心论文库，2003 年。

定程度影响政策，这可能不利于扩大工会组建。[①] 乔健通过对 1811 名企业工会主席进行问卷调查，指出工会的职工民主参与、集体谈判和劳动争议调解等维权机制都在不断完善，称其为“党政主导的工会模式”，这种模式模糊了工会在整个国家—社会结构中的定位。[②]2009 年，发表在《彭博法律报告》的研究报告《增强工会力量的中国特色道路：中国工会的优势地位》认为，随着中国改革的深入，私有制经济大量兴起，但是中国共产党和工会的传统关系还继续保持，在调整劳动关系方面，工会仍然是党政职能的延伸。中国工会正面临一个困境：当发生劳动冲突时，工会是应该站在工人一方，还是扮演一个中介和调节者的角色。调节和通过呼吁影响法律和政策制定，是中国工会发挥作用的主要方式，但是劳动冲突增加，特别是出于工资要求的罢工，是工会面临的新的挑战。[③] 陈峰通过案例研究，总结出工会在不同情境下承担的三类不同的角色，对工人集体所持的不同态度：调节、反对、支持。[④] 徐小洪提出了中国工会“双重角色”的定位，工会的一般属

---

① Taylor, Bill QI LI, *The All China Federation of Trade Unions: present role, trends and prospects*，2007.

② 乔健：《在国家、企业和劳工之间：工会在市场经济转型中的多重角色——对 1811 名企业工会主席的问卷调查》，载《当代世界与社会主义》2008 年第 2 期；乔健：《工会改革创新的理论思考》，载《当代世界与社会主义》2010 年第 2 期。

③ Elizabeth Cole, *The Path to Strengthening Trade Unions with Chinese Characteristics: Trade Union Ascendancy in China*, 2009, https://www.orrick.com/Events-and-Publications/Documents/2256.pdf.

④ Chen Feng, *Between the State and Labor: The Conflict of Chinese Trade Unions' Double Identity in Market Reform, The China Quarterly*, 2003. p176.

性体现在中国工会劳动者的集体代表者和维护者，而中国工会特有的体制性特色又通过劳动关系的协调者来体现。[①] 许晓军和吴清军认为，中国工会是一种“类政府机关”，所以工会维权体现出三个明显特征，即高度政治化、外部维权以及社会化维权。[②] 吴建平认为，中国工会的角色和性质必须放在国家治理的架构中才能获得完整的、客观的理解和解释，即中国工会扮演的是参与国家治理的中介性组织的角色。[③]Rudolf Traub-Merz 认为，中国自上而下的工会体制，导致工人在工会中的代表性不足，企业管理者能控制工会，削弱了工会维权能力。工会在扩大覆盖率时，需要向企业管理者妥协，导致了工会覆盖面提高的同时，维权的效果没有明显改善。[④] 李力东将中国工会功能概括为四种模式：国家决定模式、法团主义模式、中介者模式和独立利益主体模式，比较系统地梳理了中国工会的角色定位问题。[⑤] 汪建华和石文博从布洛维生产政体研究框架出发，利用社会学的研究方法，将企业工会看作国家、资本和工人反复“争夺的地带”，并从中探索企业工会转型

① 徐小洪：《中国工会的双重角色定位》，载《人文杂志》，2010 年第 6 期。

② 许晓军、吴清军：《对中国工会性质特征与核心职能的学术辨析——基于国家体制框架内工会社会行为的视角》，载《人文杂志》，2011 年第 5 期。

③ 吴建平：《转型时期中国工会研究》，北京：光明日报出版社，2012 年；吴建平：《从企业治理参与到地方治理参与——从国家治理模式转变看中国工会组织与制度变革》，载《学海》2011 年第 1 期；吴建平：《地方工会“以上代下”与基层工会“瘦身减负”——近 40 年来中国工会改革的趋势与特点》，载《中国劳动关系学院学报》，2018 年第 1 期。

④ Rudolf Traub-Merz. *All China Federation of Trade Unions: Structure, Functions and the Challenge of Collective Bargaining*, *Working Paper No. 13*, September 2011.

⑤ 李力东：《国内外学术界关于中国工会功能的研究述评》，载《政治学研究》，2012 年第 5 期。

的可能性。[①]

通过对中国工会角色定位文献的梳理，可以看出当前研究主要从工会的性质或工会与工人群体关系等角度出发，将中国工会做了静态的角色定位，不同的研究成果将中国工会定位为连续的谱系中，即政府组织—准政府组织—中间地带或双重角色。在这个谱系中，共同点是清晰认识到中国工会的独特性，也就是与西方工会社会组织截然不同的属性特征。然而，当前研究对工会角色调适缺乏动态的分析，也就是从历史的角度观察中国工会不同时期的角色其实并不完全一样，工会的角色调适是一个在结构压力和自身努力下的过程。这也是本书研究的侧重点所在。

第三，关于中国工会改革和功能变迁的研究。

关于工会改革的研究，曾任中华全国总工会政策研究室主任的陈骥从事工会工作近 50 年，作为很多重要事件的亲历者，其带有回忆录性质的著作《改革中的工会和工会的改革》，主要从工会基本理论问题的研究和探索、国有企业改革中工会的理论政策研究、工会改革问题的研究和探索三个维度，对改革开放到工会十三大的历史进程作了全面而细致的回顾和理论挖掘，是研究改革开放以来，工会工作领域不可或缺的参考书。该书中对工会性质和社会职能的阐释等具有十分深刻的理论基础，书名中的两个“改革”生动再现了改革开放以来工会角色调适和功能变迁的背景

---

① 汪建华、石文博：《争夺的地带：劳工团结、制度空间与代工厂企业工会转型》，载《青年研究》，2014 年第 1 期。

和主要历程。[①]陈剩勇、张明主要着眼于地方工会改革，认为应该通过基层工会直选提升工会的组织化程度和应对劳动关系矛盾的反应能力，从而改变资本与劳动的不对称性格局。[②]游正林认为，中国工会自新中国成立以来进行过三次大改革，时间分别为新中国成立初期、20 世纪 80 年代后期和 21 世纪以后，其分析的焦点在于工会与职工群众的关系，也就是说，工会历次改革都未离开脱离群众这个主题。[③]乔健在对西方工会模式进行对比后提出“党政主导的工会模式”，认为工会改革应该从西方工会模式中得到借鉴，从服务模式向组织模式转变。[④]吴建平按照 20 世纪 80 年代后期、90 年代中期、21 世纪初和党的十八大以后，四个阶段分析工会内在的改革逻辑。[⑤]岳经纶、陈泳欣认为，提供社会服务和进行组织动员是当前工会改革的两种主要模式，只有将两者结合起来，才能打造出“服务内核和组织外延”的第三条改革道路。[⑥]

---

① 陈骥：《改革中的工会和工会的改革》，北京：中国工人出版社，1999 年。此书书评参见冯同庆：《恰似一部工会改革史——读〈改革中的工会和工会的改革〉》，载《中国劳动关系学院学报》，1999 年第 6 期。

② 陈剩勇、张明：《中国地方工会改革与基层工会直选》，载《学术界》，2004 年第 6 期。

③ 游正林：《60 年来中国工会的三次大改革》，载《社会学研究》，2010 年第 4 期。

④ 乔健：《工会改革创新的理论思考》，载《当代世界与社会主义》，2010 年第 2 期。

⑤ 吴建平：《从企业治理参与到地方治理参与——从国家治理模式转变看中国工会组织与制度变革》，载《学海》，2011 年第 1 期；吴建平：《地方工会“以上代下”与基层工会“瘦身减负”——近 40 年来中国工会改革的趋势与特点》，载《中国劳动关系学院学报》，2018 年第 1 期。

⑥ 岳经纶、陈泳欣：《中国工会改革的“第三条道路”》，载《探索与争鸣》，2019 年第 3 期。

工会改革是内涵外延比较广的概念，讨论工会改革很难抓住工会与外部要素的结构关系特点和自身的行动能力。因此，一部分研究成果就改革谈改革，侧重于对于工会政策和改革措施的学术解读，这些研究成果不可避免都陷入一个理论困境：应然与实然的矛盾，也就是说，应该在更大程度上从应然角度提出主张和见解，而对工会改革的政治过程缺乏深度的分析。另一部分研究成果是对工会改革的梳理，这些成果一般叙述多于分析，对一些重大的结构关系和政治机理缺乏足够的关注和讨论。

关于工会功能变迁的研究，贝克在《中国工会的转型》一文中考察中国工会组织三个方面的情况：工会的组织能力、工会人员的自主性、工会对管理者和工人双方的影响能力，并从这三方面来研究工会转型及其所受的限制。他认为，工会面临的巨大困境只有通过彻底地转变它们的结构和性质才可能摆脱。[①]安戈和陈佩华较早从法团主义视角出发探讨中国工会的功能变迁。[②]由于法团主义中社团与国家的密切关系，这种模式与中国工会与政党和国家关系有相似性，此后很多研究利用法团主义分析中国工会的功能变迁。张暎硕从劳动制度的变迁入手，重点分析了改革开放以来劳动制度的变迁过程，从中引发出对工会功能转变的讨论。张暎硕从劳动关系变迁角度考察工会功能转变是较好的切入

---

① Seung Wook Back, *The Changing Trade Union in China*, *Journal of Contemporary of Asia*, Vol. 30, Issue 1, P47. 2000.

② 安戈、陈佩华：《中国、组合主义及东亚模式》，原刊于 The China Journal 第 35 期，经作者修改后刊于《战略与管理》，2001 年第 1 期。

点，他认为工会将转变为劳资冲突的中介者和社会调节者。[①]Simon Clarke 认为，当前中国工会转型面临着双重困境，一方面，随着市场经济的发展，劳资冲突越来越激烈，工会若是不能转变成代表工人利益的组织，那么激烈的劳资冲突将因为无法得到解决而演变为社会冲突。而资本家本身就有刻意将劳资冲突转变为工人同国家之间冲突的倾向，这样工会如不能起到缓和劳资矛盾、维持社会稳定的作用，将失去存在的意义。因此，国家也希望工会转型。另一方面，工会进行转型也将陷入困境中，如果工会转型为以工人阶级的利益代表性组织，就意味着工会要在生产领域、公共领域乃至国家领域发挥更加积极的作用，而这与国家设定的经济增长目标发生冲突。因此，工会必将承担由于破坏经济发展所导致的任何后果的风险，而工会对这种风险的承担绝不会得到国家的支持。[②]韩恒通过对建立工会组织的国企、私企和未建立工会的外资企业的调研发现，基层工会组织和各级总工会组织之间并不总是利益一致，特别是新建企业工会和总工会系统之间，各级总工会系统不仅是被动的工具，而且它还有独立于国家和工人之外的自身利益。因此，在工人、工会、国家三方关系的研究中，我们应该重视工会组织自主利益的存在。[③]冯钢认为，企业工会在传统体制的惯性下，存在“制度性弱势”，也就是说企业工会不

---

① 张暵硕：《当代中国劳动制度变化与工会功能的转变》，保定：河北大学出版社，2004 年，第 144 页。

② Simon Clarke, *Post-Socialist Trade Unions: China and Russia*, *Industrial Relations Journal*, Vol. 36(1), 2005.

③ 韩恒：《关注工会系统的自主利益——对基层企业工会的调查与思考》，载香港中文大学《二十一世纪》(网络版)，2005 年 7 月 31 日。

得不依赖于企业行政开展工作，脱离了企业领导的支持，工会开展工作将大打折扣。同时，由于国有企业在“产权和政权”实际上是一致的，工会开展集体协商的合法性基础受到影响；工会代表职工利益缺乏足够的制度基础。[①] 刘爱玉、傅春晖、阿拉坦等学者采取定量分析的方法，提出工会维权对职工工资的正向关联效应。[②] 王向民虽然将工会定位为“准官僚组织”，但是却以义乌市工会为例分析了工会自主行动能力，这种自主性取决于政治权力裂隙、组织领袖魅力、经济利益刺激等因素。[③]

通过对中国工会改革和功能变迁相关研究成果的梳理，我们可以看出，工会功能变迁是建立在角色调适基础上的，没有清晰的角色定位，就不会发生功能的变迁。当前的学术成果大都或笼而统之论述，或微观研究，缺乏将工会角色与功能结合的视角。

---

① 冯钢：《企业工会的制度性弱势及其形成背景》，载《社会》，2006年第3期。

② 刘爱玉、傅春晖、阿拉坦：《工会能在多大程度上维护农民工的权益？》，载《江苏行政学院学报》，2014年第1期；李龙、宋月萍：《工会参与对农民工工资率的影响——基于倾向值方法的检验》，载《中国农村经济》，2017年第3期；毛学峰、刘靖、张车伟：《中国的工会可以降低性别工资差异吗》，载《经济学动态》，2016年第5期；刘海洋、刘峥、吴龙：《工会提高了员工福利和企业效率吗？——来自第一次全国经济普查的微观证据》，载《产业经济研究》，2013年第5期；魏下海、董志强、黄玖立：《工会是否改善劳动收入份额？——理论分析与来自中国民营企业的经验证据》载《经济研究》，2013年第8期；魏下海、董志强、金钊：《工会改善了企业雇佣期限结构吗？——来自全国民营企业抽样调查的经验证据》，载《管理世界》，2015年第5期；朱斌、王修晓：《制度环境、工会建设与私营企业员工待遇》，载《经济社会体制比较》，2015年第6期；李光勤、曹建华、邵帅：《维权、工会与工资上涨》，载《经济学动态》，2017年第5期；胡恩华、张毛龙、单红梅：《中国工会与劳资关系调节职能——基于1853篇工会实践报道的研究》，载《经济管理》，2016年第11期。

③ 王向民：《准官僚组织的自主性：义乌工会研究》，上海：世纪出版集团、上海人民出版社，2014年，第1–23页。

本书尝试从结构的角度对工会角色调适进行分析，进而从行动的角度对工会功能变迁进行阐释，并从过程的视角分析这种变迁的发生机理，可以说是对在充分借鉴当前学术研究成果后建立的比较全面的分析框架。

第四，关于中国工人阶级转型或工人政治的研究。

本书研究中国工会的角色调适和功能变迁，不可避免地涉及工人阶级研究领域。当前学界在工人阶级或工人政治研究领域成果非常丰富，涵盖了阶级形成、阶级意识、工人抗争等政治社会学内容，工人政治研究在国内外学术界掀起了一股热潮。例如，陈周旺、汪仕凯专门梳理了工人政治理论、工人与政治、中国工人政治相关文献，在论及工会自主行动中关于思想政治工作方面以及工会对工人组织吸纳等问题时，对工人阶级转型有所涉及。①

关于阶级形成，笔者认同汤普森的阶级经历决定阶级形成的理论，换句话说，只有共同的阶级认同或阶级意识才称为“阶级”，阶级的存在与阶级觉悟是同一的。② 对于卡茨尼尔森的“资本主义结构、生活方式、意识倾向、集体行动”四维度阶级形成模式，笔者认为具有很强的解释意义。③ 裴宜理通过对 1839 年到 1949 年这一百多年间上海罢工的研究，认为不仅政党等政治团体对工

---

① 陈周旺、汪仕凯：《工人政治》，上海：复旦大学出版社，2013 年，引言“工人政治消亡了吗？”部分。

② ［英］爱德华·P. 汤普森：《英国工人阶级的形成》，钱乘旦等译，南京：译林出版社，2001 年，前言部分。

③ Ira Katznelson and Aristide R Zolberg, *Working-class Formation*, New Jersey: Princeton University Press, 1986. pp13-22.

人阶级政治行动产生影响，而且同乡等地缘关系、文化教育水平、行帮等都是塑造工人阶级的重要因素。[①] 其启发意义在于工人自发形成组织的多重因素对工会组织的影响，这对工会自身认同和合法性都有很大影响。笔者关注的重点同时也是国内学者争论的焦点：中国工人阶级是否在社会领域形成自为阶级？对此，沈原认为，再形成的工人阶级主要由两部分组成，一部分是走向市场的传统国有企业工人特别是在改制中下岗的国企工人，另一部分就是农民工群体。[②] 潘毅以打工妹这个特殊的农民工群体为对象，提出在全球化背景下的中国经济变革中，阶级的形成与解体过程同时存在，阶级主体本身没有自身话语权，社会对此也集体失语。[③] 吴清军分析了国企改制过程中企业与传统产业工人之间的关系。一方面，传统产业工人成为制度转型中的弱势群体，权利被剥夺；另一方面，国企工人更倾向于从传统的意识形态和政治话语中汲取集体行动的合法性来源。[④] 陈峰则着重强调国家在工人阶级形成中的作用，通过一系列政策将工人纳入体制之中。[⑤] 李静君认为，工人阶级集体行动既反抗国家与市场的关系，同时又利用这

---

① ［美］裴宜理：《上海罢工：中国工人政治研究》，刘平译，南京：江苏人民出版社，2001 年，第 32 页。

② 沈原：《社会转型与工人阶级的再形成》，载沈原：《市场、阶级与社会》，北京：社会科学文献出版社，2007 年，第 163–191 页。

③ 潘毅：《阶级的失语与发声——中国打工妹研究的一种理论视角》，载《开放时代》，2005 年第 2 期。

④ 吴清军：《国企改制与传统产业工人的转型》，清华大学博士论文，2007 年。

⑤ 陈峰：《国家、制度与工人阶级形成》，载《社会学研究》，2009 年第 5 期。

些关系达到自身整合，这个过程是工人阶级转型的过程，即重新找到与国家、市场互动中自身定位的过程。[①] 彭恒军等认为，中国工人“阶级”是一个尚未写完的现代性事件，被后现代性话语解构了。也就是说，事实上工人阶级正在形成，而在话语层面却所见不多。[②]

关于工人阶级形成理论，更大程度上是社会学意义上的微观研究，主要关注工人群体的集体行动及其政治意义。一方面，不可否认，工人群体的集体行动以群体性事件方式在 21 世纪初爆发，这不得不引起社会学者的关注，并作出工人阶级再形成的判断。然而，事实上无论是马克思主义意义上还是汤普森意义上的工人阶级，在中国工人群体中都并未真正形成。因此，工人阶级形成理论在更大意义上是社会学者的一厢情愿。另一方面，虽然社会学者关注到了工人集体行动中的国家因素，但是微观分析的局限性在于缺乏历史和结构性的看待，社会的方向运动中政党、国家与工会对工人群体的吸纳作用。在这个意义上，工人阶级形成还是一个远未达成共识的命题，从相对宏观层面进行分析或许能够得出更贴近现实的结论。

① 李静君：《中国工人阶级的转型政治》，载李友梅等主编：《当代中国社会分层：理论与实证》，北京：社会科学文献出版社，2006 年，第 58 页。

② 彭恒军等：《工人与国家：认同与责任——工人作为“阶级”的政治逻辑》，北京：光明日报出版社，2014 年，第 3–4 页。

三、马克思、恩格斯和列宁的工会理论

对于中国工会来说，是按照马克思主义工会理论打造、在列宁主义工会理论指导下发展起来的。因此，研究中国工会的角色定位和功能变迁不可避免地要从马克思主义、列宁主义的工会理论出发。这里需要说明的是，本章并未长篇累牍罗列卢卡奇、葛兰西、卢森堡等理论家的著作，因为马克思、恩格斯的理论可以称为元理论，建立了工会的总体理论框架。对于中国工会来说，处于发展的中国政治体系中，无论如何变迁，都离不开根本上的工会与中国共产党的关系。中国共产党是马克思主义政党，中国工会将马克思主义作为指导思想是不会发生变化的。也就是说，马克思、恩格斯和列宁的工会理论是中国工会得以存在的基础和底色。

1. 马克思、恩格斯的工会理论

在马克思和恩格斯时代，政党是被普遍怀疑的、具有宗派色彩的政治组织，同时，工会主要表现为工联主义的为提高工资和改善劳动条件而组织起来的松散组织。直到19世纪，工会才取代工人协会的称呼。

在马克思和恩格斯之前，对工会的论述可以追溯到亚当·斯密，他探讨了早期工人协会和劳工运动问题，也是第一个把雇佣工人作为一个独立的阶级加以论述的人。斯密从结构主义的视角分析了工人、雇主和地主三个群体之间的关系，认为工人为维护经济利益容易走向联合。雇主们在不提高工资方面不断地达成默

契，相对于雇主的联合，工人协会经常是防守的，但工人的联合却更具有暴力性和侵犯性。“他们是一批绝望者，要么就饿死，要么就威逼其老板立即接受他们的要求。他们会做出绝望者的过火的愚蠢的行动”。[①] 由此可见，斯密对工人联合的态度并不乐观积极，且有一定的反感。同时，他认为工人协会主要是经济组织，为提高工资而联合的经济组织。

马克思和恩格斯是革命性的工会理论的缔造者，他们通过阶级结构的二元化划分、阶级斗争概念的提出，以及在此基础上建立的彻底革命性的无产阶级政党实践，对工会组织在其间的作用、定位等进行了界定。相对于无产阶级政党，马克思和恩格斯对于工会的论述并不多。马恩对于工会理论的总体框架：一是强调工人阶级组织化的重要性；二是突出工会不仅关注于工资等经济权益，要挖掘更深层次的政治矛盾；三是国际工人运动联合的重要意义。在马克思主义劳动理论、阶级理论、政党理论这些一脉相承的理论框架下，马克思和恩格斯为无产阶级工会理论奠定了基础。这个基础上的基本原则，在列宁那里得到了最大限度的发挥，在中国工会角色调适和功能变迁中，仍然能够看到马克思和恩格斯工会理论的影子。

一是关于工会的产生。马克思和恩格斯对工会的产生，是从阶级斗争开始论述的。马克思和恩格斯把工会称为工联，工联是工人阶级联合的初级阶段，无产阶级政党是高级阶段。工联是工

---

① ［英］亚当·斯密：《国民财富的性质和原因的研究》（上卷），郭大力、王亚南译，北京：商务印书馆，1974 年，第 132 页。

人阶级与资产阶级斗争的重要工具和“堡垒”。[①]马克思指出，工人阶级内部之间会不可避免地产生竞争，工人之间的竞争损害着工人的团结，使工人们在与资本家的抗争中软弱无力。在劳动与资本的对立中，工人不仅永远处于弱势地位，而且力量处于分散状态。工人的优势仅仅在于数量，因此工人组织起来至关重要。[②]恩格斯在1881年的《工联》一文中，对此进行了展开论述。首先，雇佣劳动制度使资本家把工人变成了自己的奴隶，[③]工联虽然没有推翻雇佣劳动制度，但是如果没有工联，工人恐怕连微薄的工资收入都拿不到。因此，工联是工人阶级组织起来的一种有效形式。然而，工联的斗争极限也仅限于保障工人的基本工资收入，作为工人阶级的组织者，必须从彻底废除雇佣劳动制度中寻找一条出路。因此，“两大社会阶级之间的斗争，必然会成为政治斗争”。[④]

二是关于工会的作用。在马克思、恩格斯看来，工会的基本职能就是与资本家争取工资和报酬的斗争，包括“参与调节工资

---

① ［德］马克思：《哲学的贫困》（1847年），选自中共中央马克思恩格斯列宁斯大林著作编译局编：《马克思恩格斯选集》（第1卷），北京：人民出版社，1995年，第193页。

② ［德］马克思：《给临时中央委员会代表的关于若干问题的指示》第6节“工会。它们的过去、现在和未来”（1866年8月），选自中共中央马克思恩格斯列宁斯大林著作编译局编：《马克思恩格斯全集》（第21卷），北京：人民出版社，2003年，第272–273页。

③ ［德］恩格斯：《雇佣劳动制度》（1881年5月），选自中共中央马克思恩格斯列宁斯大林著作编译局编：《马克思恩格斯全集》（第25卷），北京：人民出版社，2001年，第492–494页。

④ ［德］恩格斯：《工联》（1881年5月），选自中共中央马克思恩格斯列宁斯大林著作编译局编：《马克思恩格斯全集》（第25卷），北京：人民出版社，2001年，第499页。

和工作时间以及要求废除公开敌视工人的法律"[①] 三个方面。同时，工会代表工人争取选举权，"把本阶级的人派到议会里去" [②] 成为新的斗争武器。然而，马克思和恩格斯认为，这还远远不够，工会必须超越与资本家的经济斗争上升为政治斗争。"工会过多地局限于与资本进行地方性的直接斗争，它们对自己所具有的与雇佣奴隶制本身作斗争的力量还没有充分的认识。因此，它们总是过分地脱离一般的社会政治运动"[③]。马克思认为社会运动必须与政治运动结合起来，"不能说社会运动排斥政治运动。从来没有哪一种政治运动不同时又是社会运动的"[④]。而这种政治运动至少包括三个方面：其一，把工人最大限度地组织起来，"把自己看作并且以行动表明自己是整个工人阶级的斗士和代表"，"把工会以外的工人吸收到自己的队伍中来" [⑤]。恩格斯也强调，"在阶级对阶级的政治斗

① ［德］恩格斯：《工联》（1881 年 5 月），选自中共中央马克思恩格斯列宁斯大林著作编译局编：《马克思恩格斯全集》（第 25 卷），北京：人民出版社，2001 年，第 500 页。

② ［德］恩格斯：《工联》（1881 年 5 月），选自中共中央马克思恩格斯列宁斯大林著作编译局编：《马克思恩格斯全集》（第 25 卷），北京：人民出版社，2001 年，第 500 页。

③ ［德］马克思：《给临时中央委员会代表的关于若干问题的指示》第 6 节"工会。它们的过去、现在和未来"（1866 年 8 月），选自中共中央马克思恩格斯列宁斯大林著作编译局编：《马克思恩格斯全集》（第 21 卷），北京：人民出版社，2003 年，第 273 页。

④ ［德］马克思：《哲学的贫困》（1847 年），选自中共中央马克思恩格斯列宁斯大林著作编译局编：《马克思恩格斯选集》（第 1 卷），北京：人民出版社，1995 年，第 195 页。

⑤ ［德］马克思：《哲学的贫困》（1847 年），选自中共中央马克思恩格斯列宁斯大林著作编译局编：《马克思恩格斯选集》（第 1 卷），北京：人民出版社，1995 年，第 195 页。

争中，组织是最重要的武器"[①]。其二，维护工人的利益，特别是普通劳动者的利益，使劳动者从雇佣劳动制度的压迫中解脱出来。[②]其三，提升工会组织的联合力量，工会组织不仅要作为经济性质的联合组织，更要作为政治斗争的组织联合起来。作为各行业的联合会，整个工人阶级的组织都应该联合起来。[③]

三是关于工会的国际联合。马克思、恩格斯认为工人运动应该是国际性、世界性、不分国别种族的运动。《共产党宣言》指出："工人没有祖国"[④]，并在末尾发出"全世界无产者，联合起来"的号召。恩格斯在1848年《共产党宣言》英文版序言中说："当欧洲工人阶级重新聚集了足以对统治阶级发动另一次进攻的力量的时候，产生了国际工人协会。"[⑤]1864年9月，国际工人协会成立，这是马克思和恩格斯工会国际联合思想在组织上的具体化。

---

① ［德］恩格斯：《工联》（1881年5月），选自中共中央马克思恩格斯列宁斯大林著作编译局编：《马克思恩格斯全集》（第25卷），北京：人民出版社，2001年，第499页。

② ［德］马克思：《给临时中央委员会代表的关于若干问题的指示》第6节"工会。它们的过去、现在和未来"（1866年8月），选自中共中央马克思恩格斯列宁斯大林著作编译局编：《马克思恩格斯全集》（第21卷），北京：人民出版社，2003年，第273–274页。

③ ［德］恩格斯：《工联》（1881年5月），选自中共中央马克思恩格斯列宁斯大林著作编译局编：《马克思恩格斯全集》（第25卷），北京：人民出版社，2001年，第501页。

④ ［德］马克思、恩格斯：《共产党宣言》，选自中共中央马克思恩格斯列宁斯大林著作编译局编：《马克思恩格斯选集》（第1卷），北京：人民出版社，1995年，第255页。

⑤ ［德］恩格斯：《共产党宣言1888年英文版序言》，选自中共中央马克思恩格斯列宁斯大林著作编译局编：《马克思恩格斯选集》（第1卷），北京：人民出版社，1995年，第255页。

成立国际工人协会，是为了促进各国工人在与资本斗争中的联合，形成更为强大的力量而采取统一的行动。

2. 列宁的工会理论

相对于马克思和恩格斯的工会理论，列宁对于工会的论述更为充分。同时，由于列宁主导了第一个社会主义国家的建立，因此对无产阶级专政下工会的作用发挥、职能定位对中国工会更加具有指导意义，一定程度上讲，中国工会主要是按照列宁主义原则建立和发展起来的，不梳理清楚列宁关于工会的理论脉络，就无法对中国工会进行分析，也无法找到分析其转型的原始基点。同时，列宁关于工会理论是列宁社会主义政治思想的一部分，重点包括工会与工人阶级政党的关系、工会与国家的关系、工会的主要地位作用等。总体说来，列宁的工会思想可以划分为无产阶级革命时期、十月革命胜利初期和社会主义时期三个阶段。在不同阶段，列宁的工会思想有连贯性和统一性，同时也存在差异性和发展性。列宁对工会在革命时期的作用与马克思和恩格斯的阶级斗争理论一脉相承并进一步发展，主要包括工会是无产阶级政党进行革命活动的“基地”，是争取无产阶级革命胜利的重要依靠力量。因此，俄国的工人罢工和工人暴动成为革命的主要特点。这里重点关注社会主义时期的工会思想。列宁社会主义时期工会思想主要成熟于“工会问题争论”和“新经济政策”时期，对工会在社会主义国家存在的必要性作了认真的论证，强调要在保持工会的阶级性的同时，尽量密切联系群众，充分发挥共产主义大学校的作用，坚持共产党的领导等。[①]

一是工会在社会主义国家的地位与作用。在资本主义社会，工会为工人阶级利益同资产阶级的阶级斗争是主要任务。那么，进入社会主义社会，工会是否还有存在的必要呢？托洛茨基认为工会失去经济斗争的基础，因此工会只能在建设功能上发挥作用，也就是生产动员。这与我国新中国成立初期关于工会作用和地位的争论其实是如出一辙的。列宁批评了这种观点，认为社会主义国家仍然存在官僚主义的弊病。因此，工会要为反对官僚主义而斗争，保护工人阶级的利益。[②]同时，列宁认为，社会主义国家工会的作用与自由资本主义社会条件下有所不同，工会在保护工人阶级利益的同时，还要保护工人阶级政权即社会主义国家。[③]这就是列宁的"两个保护"理论。关于工会在社会主义政治体系中的地位，列宁认为工会是站在"党和国家政权之间的"[④]，是国家政权

① 张春花：《列宁工会建设思想研究》，南京师范大学博士论文，2013 年，第 59 页。

② ［俄］列宁：《论工会、目前局势及托洛茨基同志的错误》（1920 年 12 月），选自中共中央马克思恩格斯列宁斯大林著作编译局编：《列宁全集》（第 40 卷），北京：人民出版社，2017 年，第 207 页。

③ ［俄］列宁：《论工会、目前局势及托洛茨基同志的错误》（1920 年 12 月），选自中共中央马克思恩格斯列宁斯大林著作编译局编：《列宁全集》（第 40 卷），北京：人民出版社，2017 年，第 207–208 页。

④ ［俄］列宁：《论工会、目前局势及托洛茨基同志的错误》（1920 年 12 月），选自中共中央马克思恩格斯列宁斯大林著作编译局编：《列宁全集》（第 40 卷），北京：人民出版社，2017 年，第 202 页。

的“蓄水池”[1]，同时，列宁还有一个有名的比喻，那就是“传动装置”[2]，因此，工会对于无产阶级政权来说，不仅必要，而且发挥着承上启下的重要作用。列宁的这一定位对社会主义国家工会的影响非常深远，也具有跨越政治学理论的穿透性，从国家—社会关系理论来看，也具有深邃的洞察力。

二是工会要接受党的领导。关于“工会问题争论”的结果之一就是党加强了对工会的领导，从而避免出现脱离党的领导的工团主义，即使到后来的“新经济政策”时期，列宁仍强调党的领导的重要性。列宁是通过批判“工会中立主义”来强调工会要坚持党的领导的，并提出思想领导是党对工会的领导的核心。[3]社会主义时期，1920 年 3 月，俄共（布）第九次代表大会讨论经济建设问题时，列宁提出中央委员会要增加工会代表，以此来强化党和工会的联系，并提出著名的“纽带”[4]论：工会是党和群众之间的纽带，党的领导要通过这条纽带传递到群众中去。

三是工会是共产主义大学校。“工会国家化”的构想也是列宁

---

① ［俄］列宁：《论工会、目前局势及托洛茨基同志的错误》（1920 年 12 月），选自中共中央马克思恩格斯列宁斯大林著作编译局编：《列宁全集》（第 40 卷），北京：人民出版社，2017 年，第 203 页。

② ［俄］列宁：《关于工会在新经济政策条件下的作用和任务的提纲草案》（1922 年 1 月），选自中共中央马克思恩格斯列宁斯大林著作编译局编：《列宁全集》（第 42 卷），北京：人民出版社，2017 年，第 382 页。

③ ［俄］列宁：《致俄国社会民主工党中央委员会》（1905 年 10 月），选自中共中央马克思恩格斯列宁斯大林著作编译局编：《列宁全集》（第 45 卷），北京：人民出版社，2017 年，第 111 页。

④ ［俄］列宁：《俄共（布）第九次代表大会文献》（1920 年 3 月），选自中共中央马克思恩格斯列宁斯大林著作编译局编：《列宁全集》（第 38 卷），北京：人民出版社，2017 年，第 311 页。

提出的，即让工会担负国家职能，但后来列宁思想发生了改变，并逐渐放弃了“工会国家化”思想，并认为从当前工人阶级思想政治素质来看，“工会国家化”还只能是“幻想”和“空想”[①]。列宁认为，工会是共产主义学校，[②]工会要尽可能地把工人吸收到工会组织中来，并通过工会这所“大学校”进行教育和管理，只有工人的思想素质提升了，同时技术能力达到管理国家的要求，才有可能参与国家政权的管理。因此，工会是一个重要的过渡和教育机关。

四是工会要密切联系群众。列宁从工会组织的阶级性和群众性双重属性出发，认为工会的任务是维护无产阶级的阶级利益。因此，工会就要同工人保持密切联系，同工人生活在一起，了解工人群体的思想动态和利益诉求，以此赢得群众的认同和信任。[③]列宁从社会主义国家建设阶段论述了密切联系群众的重要性，这对工会克服机关化、行政化具有至关重要的指导意义。

3. 马克思主义工会理论评析

马克思和恩格斯对工会的理论侧重在工人的联合和阶级斗争方面，这对中国共产党在历史上指导工人运动发挥了至关重要的

① ［俄］列宁:《在全俄工会第二次代表大会上的报告》(1919年1月)，选自中共中央马克思恩格斯列宁斯大林著作编译局编:《列宁全集》(第35卷)，北京：人民出版社，2017年，第438页。

② ［俄］列宁:《论工会、目前局势及托洛茨基同志的错误》(1920年12月)，选自中共中央马克思恩格斯列宁斯大林著作编译局编:《列宁全集》(第40卷)，北京：人民出版社，2017年，第202页。

③ ［俄］列宁:《关于工会在新经济政策条件下的作用和任务的提纲草案》(1922年1月)，选自中共中央马克思恩格斯列宁斯大林著作编译局编:《列宁全集》(第42卷)，北京：人民出版社，2017年，第382页。

指导作用。中国工会20世纪二三十年代组织罢工、发动工人运动，就是在马克思主义的革命理论指导下进行的。从中国共产党在地方建立政权，工会的罢工模式逐步转向生产模式，工会的地位作用和职能发挥就与生产建设密切相关。直到新中国成立以来，工会以生产为中心，生产、教育、生活三位一体的工作方针的确立。可以说，工会的职能定位是在列宁主义的工会理论基础上逐步发展确立的。对于列宁的工会思想，一言以蔽之，就是工会与党和国家政权的关系问题，特别是列宁关于工会作为党和群众之间“传动装置”的经典论述，后来发展为“经典二元主义”等，成为研究中国工会问题不可回避的重要问题。

阶级在马克思主义传统中占有重要的地位。然而，随着全球范围内的阶级政治的“衰落”，虽然通过阶级斗争实现工人政治上的联合仍有一些新马克思主义学者坚持，如布洛维和赖特就认为“作为阶级分析的马克思主义”是马克思主义社会学的核心。[①] 赖特从马克思主义“剥削”概念出发，[②] 对阶级关系的结构性特征进行

---

① [美]埃里克·欧林·赖特主编：《阶级分析方法》，马磊、吴菲等译，上海：复旦大学出版社，2011年，第2页。

② 对于阶级分析，赖特提出了元理论：阶级（对生产资料所拥有的权利或权力）会对人们的最终行为产生系统性的影响，简单地说就是“阶级管用”（class count）。针对这个元理论，可以分解成为两个命题：其一，你所拥有的决定了你所能得到的；其二，为了得到你所能得到的，你所拥有的决定了你不得不去做什么。第一个命题涉及收入的分配，也就是说对生产资料拥有的权力或者权利是人们生活水平的重要决定因素。第二个命题主要针对经济活动的分配，即人们为了获得收入而采取的策略和行动。参见[美]埃里克·欧林·赖特：《新马克思主义阶级分析基础》，载埃里克·欧林·赖特主编：《阶级分析方法》，马磊、吴菲等译，上海：复旦大学出版社，2011年，第23页。

了重新梳理，这样又与当前贫富差距过大、阶级断层等话语体系进行了衔接。同时，新马克思主义还充分吸收了韦伯主义的阶级分析方法。

回到中国的语境，阶级分析虽然仍有现实意义，比如在解释贫富差距等问题上仍然具有解释力，也一直有“把阶级带回分析的中心”①的说法，但是阶级斗争的话语刚走出人们视野也仅仅四十多年，再次回到阶级话语确实有很大压力。另外，单纯阶级分析的宏大视角与各个解释范式都不完全相容。因此，用阶级理论来分析中国工会角色调适和功能变迁，容易陷入自说自话的境地。

回过头来说列宁主义的工会理论，对于工会与国家政权的关系、工会与政党的关系一直处于核心位置，然而工会“传动装置”等理论从新中国成立以来一直作为工会的权威，也体现在《中华人民共和国工会法》《中国工会章程》等法律性文件中，比如《中国工会章程》总则开篇对工会性质的定位“中国工会是中国共产党领导的职工自愿结合的工人阶级群众组织，是党联系职工群众的桥梁和纽带，是国家政权的重要社会支柱，是会员和职工利益的代表”，就是列宁主义工会思想的集中体现。因此，当前解释工会角色调适和功能变迁，需要跳出列宁的解释框架来看，不然也会产生“工会一直是这样啊，没有变化，还怎么变迁”等想法，缺乏足够的解释力和信服力。

---

① 彭恒军:《重返阶级:“世界工厂”的必然逻辑——兼论近年来的阶级理论研究》，载《兰州学刊》，2007年第2期。

四、国家—社会关系理论及法团主义的适用性

马克思、恩格斯和列宁的工会理论在指导工会实践中已经走得很远。随着市场经济的发展，中国特色社会主义的不断推进，需要从其他理论中寻找解释框架和指导实践的理论基础。这些理论与马克思、恩格斯以及列宁的理论也并非完全脱离，而是扩大到更加宽广的理论视野中，国家—社会关系理论框架是无论如何也绕不过去的。

“国家—社会”之间的关系，是政治研究的重要框架，并且引发了“社会先于国家还是国家高于社会”“以国家为中心还是以社会为中心”“强国家弱社会的社会模式好，还是弱国家强社会的模式好”等一系列没有定论的激烈争论。在传统上，西方的政治学自柏拉图、亚里士多德开始讨论的城邦善治与公民教育，霍布斯的“利维坦”与必要的恶，黑格尔和马克思、恩格斯等所探讨的“国家与市民社会”，当代西方政治实践中出现的各种公民行动倡议，背后都隐含着“国家—社会”关系逻辑进路：从社会到国家。

国家与社会之间存在复杂的互动关系，在不同的历史时期表现出不同的形态。对国家与社会关系最详尽的表述是黑格尔对市民社会的阐述，在他的法哲学体系中，市民社会是“私利的战场”,“它赋予特殊性以全面发展和伸张的权利”。[①] 马克思在论述国家与社会的关系时，采取了黑格尔对国家和市民社会的部分区分，

① ［德］黑格尔：《法哲学原理》，张企泰、范杨译，北京：商务印书馆，1961 年，第 197 页。

但也进行了历史唯物主义的解释。马克思认为，作为经济基础的市民社会选择并决定了包括国家在内的对其起作用的上层建筑。正如恩格斯明确指出的："绝不是国家制约和决定市民社会，而是市民社会制约和决定国家，因而应该从经济关系及其发展中来解释政治及其历史，而不是相反。"[①] 在理论上，国家最终要消亡，由公民自治来进行管理，即所谓中间机构将在未来发挥重要的社会管理职能。但在此之前，无产阶级夺得政权后，实行无产阶级专政，国家的职能要大大强化，通过计划来控制经济的运作并从事大量的社会管理工作。在从无产阶级专政到国家消亡的过渡时期，国家的职能大大强化了，把过去由社会来管理的事情，交给国家来做，国家成为一个全能的超级机器。[②] 国家独立于社会层面，"由于私有制摆脱了共同体，国家获得了和市民社会并列且在市民社会之外的独立存在；实际上，国家只是资产者为了在国内外相互保障自己的财产和利益所必然要采取的一种组织形式。"[③]

对中国学界来说，20 世纪 90 年代以来，"市民社会"和"社会自治"的研究和探讨引发学界对社会的强烈关注，[④] 然而，在政

① 中共中央马克思恩格斯列宁斯大林著作编译局编：《马克思恩格斯全集》（第 28 卷），北京：人民出版社，2018 年，第 274 页。

② 郭苏建主编：《转型中国的国家与社会关系新探》，上海：格致出版社、上海人民出版社，2018 年，第 8 页。

③ ［德］马克思、恩格斯：《德意志意识形态》（1845 年），选自中共中央马克思恩格斯列宁斯大林著作编译局编：《马克思恩格斯选集》（第 1 卷），北京：人民出版社，1995 年，第 132 页。

④ Deng Zhenglai &Jing Yuejin, *The Construction of Chinese Civil Society*, in Deng Zhenglai (ed.) , *State and Civil Society: The Chinese Perspective*, Singapore: World Scientific Publishing Co. Pte. Ltd., 2011. p28.

党—国家（party-state）的独特政治架构下，这种没有基于中国情境的普遍主义取向，逐渐暗淡下来，诸多学者转向特殊主义的描述性研究，即基于中国经验的社会科学研究，提出了“社会主义市民社会”（俞可平）、“半市民社会”（何包钢）、“国家领导的市民社会”（傅尧乐）、“分类控制体系模式”（康晓光、韩恒）、“生存性智慧模式”（邓正来）、“无须独立性的参与性”（郁建兴、周俊）、“人民社会”（王绍光）、“合作治理”（史传林）等诸多理论概念或分析框架。① 之后又出现法团主义、社会中间层等概念。② 梳理近年来国家和社会关系研究，从市民社会的兴起，那是随着市场经济的兴起和各种社会组织的雨后春笋般成立，对“社会”崛起虚幻的热情，当政党、国家与社会冲突的不断凸显和“维稳”等管控力度的不断加大，“国家”的因素逐渐成为国家—社会关系的重要考量。同时，国家与社会冲突的二元视角相对禁锢了理论发展的进路，要么国家，要么社会，或者国家与社会按

---

① 参见俞可平：《社会主义市民社会：一个新的研究课题》，载《天津社会科学》，1993 年第 4 期；Baogang He, *The Democratic Implications of Civil Society in China*, New York: ST. Martin' s Press, 1997; B. Michael Frolic, *State-Led Civil Society*, in Timothy Brook & B. Michael Frolic (eds.) *Civil Society in China*, New China, New York :M. E. Sharpe Press, 1997; 康晓光、韩恒：《分类控制：当前中国大陆国家与社会关系研究》，载《社会学研究》，2005 年第 6 期；邓正来：《生存性智慧模式：对中国市民社会研究既有理论模式的检视》，载《吉林大学社会科学学报》，2011 年第 2 期；Jianxing Yu and Jun Zhou, *Growing out of Participation: Finding the Development Path of China' s Civil Society*, in Jianxing Yu and Sujian Guo(eds.) , *Civil Society and Governance in China*, New York: Palgrave Macmillan, 2012. pp133-156; 王绍光：《社会建设的方向：公民社会还是人民社会？》，载《开放时代》，2014 年第 4 期；史传林：《社会治理中的政府与社会组织合作绩效研究》，载《广东社会科学》，2014 年第 5 期。

② 纪莺莺：《从双向嵌入到双向赋权：以 N 市社区社会组织为例——兼论当代中国国家与社会关系的重构》，载《浙江学刊》，2017 年第 1 期。

比例配比成为学者的选择。然而，这种分析框架还是限制在相对静态的理论分析框架下，即使关注动态过程，一般也只关注国家对社会的影响，如行政吸纳社会等。[①] 当前国家与社会关系研究呈现出新的特点，一是向微观领域转型，对各种社会组织的研究不断增加，比如韩福国利用博弈论对中国工商联双重代理机制的研究，[②] 唐兴军对行业协会政党嵌入式治理的研究[③]；二是从原来较为"静态"的单纯理论论述，走向"动态"双向互动。因此，本书也正是从这两个新的视角和动向出发，对工会角色调适和功能变迁进行分析，以此丰富和完善国家—社会关系理论在中国国情下的适用性。

在国家—社会关系理论框架下，工会模式一般分为三种：多元主义、法团主义和威权主义。多元主义模式以英美为代表，典型特点是存在多样化的、互不统属的工会组织，不仅产业之间、地域之间有不同的工会组织，而且全国层面与地方层面也很少出现集权化的工会组织，因此多元主义模式下的工人阶级实际上处

① 康晓光、韩恒：《行政吸纳社会——当前中国大陆国家与社会关系再研究》，载《中国社会科学》（英文版），2007 年第 2 期；康晓光、韩恒、卢宪英：《行政吸纳社会：当代中国大陆国家与社会关系研究》，新加坡世界科技出版集团，2010 年；康晓光，卢宪英，韩恒：《改革时代的国家与社会关系——行政吸纳社会》，载《中国民间组织 30 年——走向公民社会》，北京：社会科学文献出版社，2008 年；康晓光：《再论"行政吸纳政治"——90 年代中国大陆政治发展与政治稳定研究》，载香港中文大学《二十一世纪》，2002 年 8 月。

② 韩福国：《市场、组织和国家——中华全国工商联及民间商会（ACFIC）在制度博弈中的双重代理分析》，复旦大学博士论文，2001 年。

③ 唐兴军：《嵌入性治理：国家与社会关系视阈下的行业协会研究——以上海有色金属行业协会为个案》，华东师范大学博士论文，2016 年。

于一种组织化的分裂状态。法团主义模式以西欧为代表，其中德国和瑞典最为典型，这种模式的关键在于工会组织被整合进了一个全国性的、集权化的组织体系中，国家承认工会在劳工领域的代表权，但是工会也要支持国家政策，而政策的形成则取决于国家、工会、雇主联合会三方协商的谈判机制。威权主义模式主要集中在东亚和拉美国家，主要特点是，工会组织也处于全国性的、集权化的组织状态。工会存在的主要价值是政治性的，阻止国家控制之外的工会组织的出现，同时控制住工人阶级以避免出现针对国家的、强大的工人运动的出现。

法团主义是国家—社会关系理论中的一个理论范式，特别是随着市民社会研究兴起后，学者们渐渐意识到中国实践的特殊性，国家的干预成为不得不考量的重要变量，法团主义正好契合了这种需要，成为有别于社会主义进路和自由宪政进路的“第三条道路”[①]。反观中国政治社会发展，进入 21 世纪以来，社会组织蓬勃发展，从政府和国家一统天下的格局中划分出来一个属于自己的新场域，而实践中并没有走向想象中的“市民社会”，工会等群团组织按照其既有路径发展，这种情况下，由于法团主义中的“中介”（intermediation）的意涵，在解释中国工会等社会团体和社会组织方面，似乎有种天然的契合感。

如果多元主义是基于美国社会经验，那么法团主义则是从欧

---

① 陈冠中：《法团主义政制的思想资源和历史》，2013 年 9 月共识网对陈冠中先生的采访节选，载张静：《法团主义》（第三版），北京：东方出版社，2015 年，序言。

洲国家政治社会经验得出的理论范式。法团主义也被译作统合主义或合作主义，主张国家通过一个执政党统合各阶层，包括资本家、工人、农民、专业人士、中产阶级、小商人，都以法定团体（法团）的名义统合在国家之下，不搞阶级斗争，经过党的协调之后，为了国家利益和竞争力共同发展。这个理念在20世纪20年代初的意大利已经相当成熟。托洛茨基就曾在流亡中作出观察：意大利在法西斯政权建立之前，工人阶级及民间左翼人士其实已经累积建立了不少进步文化和民间事业，如工会和左翼政党，只不过随着法西斯政权都前功尽弃了。①

对于法团主义，在20世纪80年代有学者说它是社会主义的变体，还有学者认为其发端于近代欧洲斯堪的纳维亚地区的权威主义政体，“二战”期间还曾与法西斯政权联系在一起。②可见，其具有与威权政体天然的亲近感，这也是为什么学者们较多关注法团主义在中国的适用性。这里，笔者尝试归纳法团主义的几个主要价值点：一是中介（intermediation），二是协调（regulation），三是合作（corporation）。中介是指利益团体处于国家和社会之间的中介位置，是联系国家与社会的制度化通道。协调即利益团体发挥协调整合社会利益关系的作用。合作即这些利益团体的构成和作用发挥国家控制，在利益表达、领袖任命和重大决策等由国

① 陈冠中：《法团主义政制的思想资源和历史》，2013年9月共识网对陈冠中先生的采访节选，载张静：《法团主义》（第三版），北京：东方出版社，2015年，序言。

② 张静：《法团主义》（第三版），北京：东方出版社，2015年，第20–22页。

家决定，作为回报，国家赋权授予合法性并确定其在本领域的唯一排他的地位的构成和作用。总而言之，正如创制使用法团主义概念的施密特所说的："它的作用，是将公民社会中的组织化利益整合到国家的决策结构中"。①

在法团主义模式下，用利益团体之间的同质化和层级化关系，取代其竞争和相互抑制的关系。在利益团体内部，逐步形成了多层化结构，内部职能也出现分化，甚至有的成为类政府组织。例如，相对于美国的游说机构，德国的工商联合会更像一个国家常规机构，内部层级和分工与政府组成部分类似，甚至大多数日常事务也由国家下达。②再如，巴西等国家的工会组织通过传递商业信息、进行职业训练、合作调研等，逐步从自愿组织转变为服务组织，前巴西总统卢拉就是从工人领袖到组建劳工党最终成为巴西第一位工人总统。法团主义模式下，国家批准利益团体的垄断代表地位，并与其结成伙伴关系，促成其为国家体制服务。③如有的国家资助部分温和的工会，帮助其壮大力量，从而使其拥有其他团体无法竞争的实力。这些地位包括资源地位（国家提供资源的程度）、代表地位（政治决策允许团体代表参与的程度）、组织地位（团体规则与公共标准）、程序地位（参与政策制定与

① P.C.Schmitter, *Still the Century of Corporatism*? in P.C. Schmitter and G. Lehmbruch, eds., *Trends Toward Corpoatist Intermediation*. Becerly Hills: Sage, 1979. pp 7–52.

② 张静：《法团主义》（第三版），北京：东方出版社，2015 年，第 116 页

③ ［美］格雷厄姆·威尔逊：《利益团体》，王铁生译，台北：台湾五南图书出版公司，1993 年，第 170 页。

执行）。①

表 2　国家—社会关系四种理想类型②

特征	多元主义	社会法团主义	国家法团主义	国家主义
定义	国家的正当性和运行主要依赖各种社团来进行	主要通过社会压力、社团之间的自愿协议来实现职能分化，是基于自下而上的政治需求	通过国家的协调、仲裁、压制来实现职能分化	所有法团都是国家的附庸，国家的正当性和运行主要依赖其他基础而非社团
社团的所有制结构	私营组织为主，但也有一些公立组织（如学校、医院等）	民间与公立机构共存，为数众多的半官半民类社团存在	公立机构为主，也有一些私营组织	几乎没有民营机构
监管体系	自我监管为主，监管机构为专业人士自愿组织的协会	自我监管与国家监管并重，监管机构基本是具有独立性的协会	国家监管为主，自我监管为辅，监管机构由国家组建	完全由国家监管

① Claus Offe, *The Attribution of Public Status to Interest Groups*, in Suzanne Burger eds. *Organizing Interests in Western Europe*, Cambridge University Press, 1981, pp. 123–158.

② 参见林曦：《转型中国共治共享的国家与社会关系》，郭苏建主编：《转型中国的国家与社会关系新探》，上海：格致出版社、上海人民出版社，2018 年，第 93 页；顾昕、王旭：《从国家主义到法团主义——中国市场转型过程中国家与专业团体关系的演变》，载《社会学研究》，2005 年第 2 期；Philippe C. Schmitter, *Still the Century of Corporation? The Review of Politics* ,Vol. 36, No.1, pp.103–104.

可以用一个序列来表示表 2 这几种理论模式中“国家”的强弱光谱（如图 1 所示）：

国家主义—国家法团主义—社会法团主义—多元主义

强 ←————————————————→ 弱

图 1　国家—社会关系理论中“国家”的强弱光谱

法团主义对公民社会的理解与多元主义有一定的差异。张静在研究职工代表大会时，发现这一传输单位利益，同时又承担公共责任的地位，类似法团主义结构，使得中国的“国家和社会”关系呈现出独特的面貌。[①] 法团主义者认为，在瑞典、荷兰、德国等国家，政府已在某种程度上将工会、企业协会等社会组织纳入政府合法决策之中，而不仅仅在体制之外抗议，这与美国的情形形成比较鲜明的对比。这种结构和关系实际上是国家和社会的制度化“交织”。

正如法团主义者特别强调的，法团主义不是关于行动的学说，而是关于结构的学说，“它的作用是将公民社会中的组织化利益联合到国家的决策结构中”。[②] 较早关注并运用法团主义解释中国问题的陈佩华认为，国家化组合主义理论为中国的变化提供了更为准确的模式。[③] 这里，我们可以从法团主义的理论分析框架中得到启发，但是如果直接照搬到中国的语境下，其适应性是打问号的。

---

① 张静：《法团主义》（第三版），北京：东方出版社，2015 年，第 2 页。

② Philippe C. Schmitter, *Still the Century of Corporation? The Review of Politics*, Vol. 36, No.1, pp.103–104.

③ 安戈、陈佩华：《中国、组合主义及东亚模式》，载《战略与管理》，2001 年第 1 期。

第一，中国的现代化进程是先有政党再有国家，在政党、国家的基础上逐步建构的社会，严格意义上说，社会并不是自发生长出来的，而是政党和国家让渡出权力创造出来的，虽然社会也在不断自我生长，但是国家与社会的对比态势与西方国家是截然不同的，中国处于上述光谱的最左端，也就是说与国家主义的国家类似。第二，政党因素在国家—社会中的作用也完全不同。忽略了中国共产党的任何舶来理论都是站不住脚的。党与工会的关系更是西方政党与工会关系无可比拟的。在法团主义看来，从理论上工会等社团是可以与国家并驾齐驱、平起平坐的，从实践上是强势的国家赋予社团发挥作用的空间。这种赋权方向是相同的，但赋权的类型则截然不同。西方的工会等社团即使没有国家的赋权仍然可以独立自主发挥作用，然而反观中国的社团，任何一个人民团体、群众组织甚至社会组织，如果没有党和国家的赋权，都是无法存在的。第三，法团主义应对的是一个已经分化的社会如何重新整合的问题，而中国的社会还在分化之中，更大意义上是社会不够分化、不够多元的现实。因此，法团主义在中国适用的着力点是不一样的。综上所述，在本书中，笔者虽然也在法团主义意义上使用统合等概念，但是笔者仍然尝试跳出法团主义的理论框架，从中国实践自身出发，提出适合中国国情的解释框架。本书认为，虽然法团主义并不适用分析和解释我国工会角色调适和功能变迁，应用法团主义理论解释中国的政治社会组织可能还有些“水土不服”，然而法团主义很多理念却与中国的现实比较契合，值得借鉴。

五、构建结构—行动—过程的研究范式

1. 运用结构功能主义作为解释工具的适用性和局限性

分析中国工会的角色调适和功能变迁，最重要的解释工具就是结构功能主义。顾名思义，工会的角色调适对应的是结构分析，功能变迁属于功能分析的范畴。从理论上看，政治学中的结构功能主义把对结构的关注从孔德、斯宾塞、涂尔干等社会学研究方法中移植到政治学研究中。1937 年，帕森斯提出社会学意义上的结构功能主义分析范式，“二战”以后的十几年中，帕森斯理论一直处于主宰地位。在帕森斯看来，社会是一个结构体系，由四大系统组成，即有机体系统、行动者系统、社会系统和文化系统，分别发挥着适应、目的达成、整合和模式维持四项功能，这四项功能被称为功能性必需（functional requisites），他从整体论的角度将结构和功能连接起来，正是社会的结构组成决定了社会的功能。[1] 帕森斯的学生默顿是结构功能主义的另一个代表人物，关注制度或结构对个人行为的影响，他所设想的作为社会结构的核心过程是在社会性结构交替之间进行的选择。[2]20 世纪五六十年代，戴维 · 伊斯顿在其知名著作《政治生活的系统分析》中将结构功能主义范式引入政治学领域，他认为政治过程是由系统输入、整

---

① Talcott Parsons, *An outline of Social System*, New York:Fress Press, 1961, pp.31–40.

② 黄晓京：《默顿及其结构功能主义理论》，载《国外社会科学》，1982 年第 8 期。

合转换以及输出反馈三部分组成，社会系统向政治系统进行诉求输入，政治系统进行转换和整合，在此基础上向社会系统输出政策、反馈政治意图，[①] 双方通过“输入”与“输出”完成资源交换，社会系统向政治系统输出社会需要和支持，而政治系统向社会系统输出利益代表和决策。阿尔蒙德的《比较政治学》强调政治体系是由相互作用的结构构成。[②] 一定程度上来说，结构功能主义是对政治学研究中旧的制度主义的反动与创新，也是弥补与延伸。虽然都属于宏观研究范畴，以结构代替制度，但结构功能主义视角却强调政治和社会的系统性以及结构和功能的联动关系。其主要有以下几个特点：

一是认识论上的整体主义，强调“关系性”而非“实体性”。结构就是一种关系维度，一般指代社会要素之间的关系。斯考切波也是在整体论上研究社会革命问题，她认为结构关系一般包括阶级关系、阶级与国家的关系以及国家间关系。

二是目的论倾向，强调均衡而非冲突。这也是批评者重点批判所在。顾名思义，结构功能主义强调结构和功能之间的依赖关系，传统的结构功能主义倾向用目的论的方式看待变迁。在解释社会冲突方面，结构功能主义更倾向于解释政治—社会系统之间的均衡以及对冲突的抑制作用，这种消弭通过制度、结构对行动

① ［美］戴维·伊斯顿：《政治生活的系统分析》，北京：华夏出版社，1999年，第23、35页。

② ［美］加布里埃尔·阿尔蒙德、宾厄姆·鲍威尔：《比较政治学》，曹沛霖译，北京：东方出版社，2007年，第13页。

者的塑造来完成。

三是宏观性而非微观性。这是结构功能主义与行为主义的最大区隔，虽然阿尔蒙德和伊斯顿的系统论具有解释微观的能力，但是毋庸置疑，结构功能主义的主要关照点在宏观上。因此，当行为主义兴起后，结构功能主义成为众矢之的，被指责缺乏动态性。这种批评其实是相对而言的，确实行为主义力图超越静态分析，又获得经验的支持，但是行动者视角并非客观事件的全视角，在解释国家等政治主体的行动上缺乏有效性。在 20 世纪 80 年代前后，政治学理论重新回到“国家”“制度”等传统范畴，反思行为主义的微观视角的局限性，巴林顿·摩尔等主张“将国家带回分析的中心”，霍尔等也不断将历史制度主义发展成为新制度主义的主要范式。

事实上，政治学界对结构的关注从未停止过，即使新制度主义兴起后，也非常重视结构的作用，毕竟新制度主义也是站在宏观视角的。国内一些学者强调回归结构功能主义解释范式，比如李威利提出新结构政治理论，试图重新找回政治学研究的结构视角，认为结构化是制度化的前提，在低制度化条件下，国家需要较强的政治能力，并通过结构化行为和策略，塑造具有均衡性和整合性的关系结构，从而进一步为现代国家的制度化奠定基础。[①] 吴晓林力图综合规范和解释两个部分，实现宏观理论与微观经验

① 李威利：《从制度化到结构化：现代国家转型的新结构政治理论》，载《甘肃行政学院学报》，2019 年第 4 期。

的连接。[①]笔者也认为应全面地看待结构功能主义的解释力，回归到结构功能主义的方法论本源，从中汲取有利养分，用于政治性组织的转型研究。然而，从结构功能出发，可以直观理解中国工会角色调适和功能变迁的组织和功能层面，但也容易忽视工会的主体能动和与结构主体互动过程。

2. 从历史制度主义得到的有益借鉴

从结构到功能是结构功能主义的理论进路，结构功能主义的基础在"结构"上，功能是结构的外在表现，系统论等可以说是增加了对于政治过程的分析。然而，正如对结构功能主义的批判一样，"结构"终究是静态的，即使从结构到功能的过程看似动态，实则忽略了行为主体的作用。正因如此，行为主义和理性选择主义对结构功能主义进行了强有力的批判。然而，行为主义和理性选择主义所强调的"个体偏好产生个体行动"，使"偏好"成为其先验的基础，其基本假设还是回归到理性人的本原上来。正因如此，历史制度主义强调历史脉络对行动主体的制度塑造作用，特定的制度形成行动主体特定的偏好。历史制度主义所强调的主体一般都是国家等宏观性主体，至少是中观层面的制度。这正好弥补了结构功能主义的缺陷，也就是行动主体的能动性。换言之，以本书的中国工会为例，在强调工会角色调适和功能变迁是结构性多维变量作用的同时，还有行动主体的能动性。这是结构功能主义所忽视的。

① 吴晓林：《结构依然有效：迈向政治社会研究的结构——过程分析范式》，载《政治学研究》，2017 年第 2 期。

从历史制度主义的渊源看，20 世纪 50 年代以来，历史制度主义批判占据主流地位的行为主义、多元主义、理性选择主义，特别是对个体行为作为基本分析单位以及理性人假设这种元理论进行反思，强调制度作为塑造和约束行为的脉络的重要性，并重视形成这一脉络的历史过程。其主要特点有以下六个方面：

一是强调正式制度和非正式制度都很重要，侧重中观层面制度研究。霍尔将制度定义为“在政治和经济各领域形塑个人之间关系的正式规则、共识和标准化的惯例”①。后来他又从宏观、中观、微观三个层面提出制度的含义，一般而言，历史制度主义关注的是能够在行动者和宏观结构之间搭起桥梁的中观层面的制度，即有关国家和社会基本组织结构的框架，对社会集团之间的权力关系、国家政策的制定和执行产生影响。②

二是强调历史脉络（context）。历史制度主义认为，制度是历史的产物，在解释因果关系时重视多重因素的影响，并强调变量之间的因果关系始终是在脉络中形成的，这一脉络就是制度环境，也有学者称之为“过去的影子”③。如果不充分了解历史脉络，就很难充分解释社会现象。同时，历史制度主义在解释制度的动力机制时，认为特定时期形成的制度会存续一段时间并会对此后的制度施

---

① ［美］彼得·霍尔：《驾驭经济：英国与法国国家干预的政治学》，刘骥等译，南京：江苏人民出版社，2008 年。

② ［韩］河连燮：《制度分析：理论与争议》，李秀峰、柴宝勇译，北京：中国人民大学出版社，2014 年，第 24–25 页。

③ Ikenberry. G. John, *Conclusion: An Institutional Approach to American Foreign Economic Policy*, *International Organization* 42(1)219–43.

加影响，只有当研究者把某一事件或行为置于一个更长时间段的历史或制度脉络中，置于一个更为宏大的制度或社会历史文化情境中理解，才能够更为深刻地理解事件发生的因果链条和动力机制。[①]

三是强调制度形塑行动者的偏好。与理性选择制度主义不同，历史制度主义不认为行动者的偏好是内生的（endogenous），而认为是被制度脉络塑造的，既不是“固定的”或“既定的”，也不是通过分析个人心理就能够得到解释的。同时，偏好在制度脉络中形成，并不意味着制度对其的再社会化，而只是起到过滤作用，使行动者能够辨别性地选择实现目的的手段。[②]

四是强调历史的偶然性和路径依赖。路径依赖是历史制度主义的核心概念，强调政治行为或社会现象一旦选择某种路径，由于变更路径的成本随着时间的推移变得越来越高，因而很难改变原有的路径。在皮尔森和马奥尼等学者看来，只有存在报酬递增和路径依赖，早期事件比后期事件在影响力方面显得更加重要，所以在具有路径依赖特征的情况下，重要的不是发生何种事件，而是何时发生。同时，偶然的（contingent）事件可能导致重大结果的产生。制度形态一旦发生根本性变化，就会进入稳定期即断裂均衡状态。[③] 通俗地理解，路径依赖类似生物进化的观点，也可

① 马得勇：《历史制度主义的渐进性制度变迁理论——兼论其在中国的适用性》，载《经济社会体制比较》，2018年第5期。

② ［韩］河连燮：《制度分析：理论与争议》，李秀峰、柴宝勇译，北京：中国人民大学出版社，2014年，第26页。

③ ［韩］河连燮：《制度分析：理论与争议》，李秀峰、柴宝勇译，北京：中国人民大学出版社，2014年，第93–94页。

以理解为制度的“粘性”。历史制度主义的路径依赖能够较好解释制度为什么是稳定的，对制度变迁解释效力欠佳。

五是强调关键节点 (critical junctures)。历史制度主义关注制度的转折点，在这一转折点形成新的游戏规则，而新的制度模式又具有不断固化的倾向。在霍尔看来，制度发生根本性变化的转折点就是库恩所谓的范式转换点。关键节点与时间点（timing）和时序（sequencing）成为历史制度主义路径依赖理论的重要因素。[①]

六是强调观念在政策塑造中扮演关键角色。这是历史制度主义为弥补外部冲击的偶然因素解释制度变迁效力不够而完善的方面，侧重行动者的内在因素。在解释观念的作用时，仍然强调制度变迁过程中行动者作用及结构关系的重要性。比如杜宾认为，国家的制度模式对人们形成有关工业化过程中的国家职能的观念有着决定性影响。[②]

历史制度主义的重要价值还在于从历史到制度肯定是一个变迁的过程，因此，虽然历史制度主义缘起于解释制度为什么是稳定的，但是，其后来发展对解释制度变迁具有很好的适用性。因此，如果说本书的中国工会从“角色”到“功能”是结构功能主义的侧重点，那么从“角色调适”到“功能变迁”则是历史制度

---

① 马得勇：《历史制度主义的渐进性制度变迁理论——兼论其在中国的适用性》，载《经济社会体制比较》，2018 年第 5 期。

② Frank R. Dobbin, *How Institutions Create Ideas Railroad Finance and the Construction of Public and Private in France and the United States*, 转引自［韩］河连燮：《制度分析：理论与争议》，李秀峰、柴宝勇译，北京：中国人民大学出版社，2014 年，第 105 页。

主义的强项和适用性所在。

3. 结构—行动—过程的研究方法

在借鉴结构功能主义和历史制度主义基础上，本书尝试提出结构—行动—过程的研究方法，相对比较中观，不像解释国家制度变迁的课题需要宏观性的理论。本书在论述中应用了结构功能主义的“结构”视角，历史制度主义对于国家作为行动者的强调、历史脉络、路径依赖、关键时间节点、制度模糊性等观点和方法。本书提出的结构—行动—过程研究方法，主要强调结构与行动的结合，过程分析其实在政治学中比较普遍。很多理论范式都涉及政治过程的分析或具有过程分析的意味。

关于结构与行动的结合，我们可以从学术界找出很多这样应用的例子。比如吉登斯的“结构二重性”理论，就是很好的例证。他认为，行动是怎样在日常的生存条件下被结构化的，与此同时，行动的这种结构化特征又是怎样由行动者本身的作用被再生产出来的。因此，结构化就是支配结构继续或转换的条件，也构成了支配社会系统再生产的条件。[①]他的理论对于工会改革问题的研究也具有重要的启发意义。工会的改革这一行动受到了社会结构的制约，是在中国特殊的社会中展开的一个过程。同时，工会的改革也在行动的开展过程中逐渐地塑造出一种新的社会的结构形式。

同时，邹谠关于调和宏观与微观政治过程的观点也是结构与行动结合的典型范式。从社会经济结构到政治转型的过程，是结

① ［英］安东尼·吉登斯：《社会的构成》，李康等译，北京：生活·读书·新知三联书店，1998年，第28页。

构与行动共同作用的结果。该研究范式可以用图 2 来表示[①]：

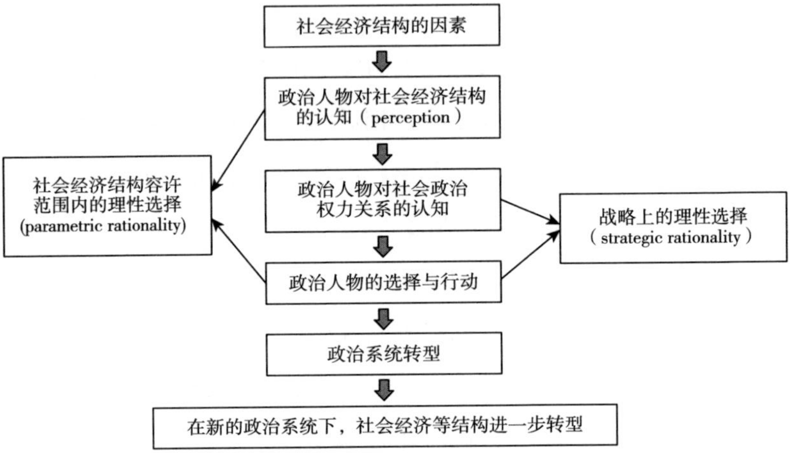

图 2　结构与行动共同作用下从社会经济结构到政治转型过程的研究范式

结构影响的是个体的认知和行动，进而影响政治制度的变迁，在此基础上进一步反过来塑造新的社会经济结构。简单地说，可以用图 3 来表示：

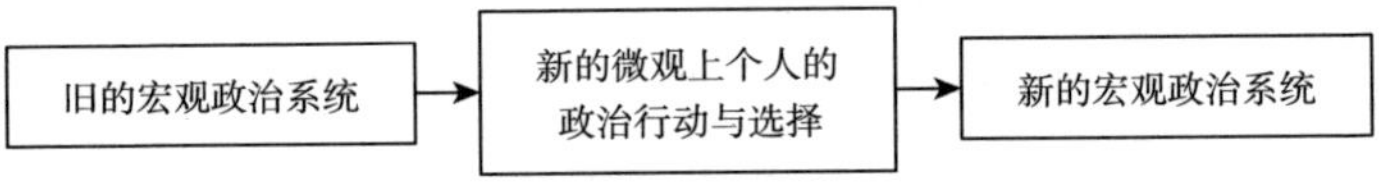

图 3　宏观与微观上的结构与行动的互动模型

对于工会角色调适和功能变迁来说，同样存在从社会经济结构到政治系统个体行动，只不过我们这里将工会作为能动的行动个体。笔者在借鉴邹谠宏观与微观相结合的研究范式基础上，再

① 邹谠：《二十世纪中国政治：从宏观历史与微观行动的角度看》，香港：牛津大学出版社（中国）有限公司，1994 年，第 207 页。

加上组织、制度、观念变迁的过程分析，来全面分析工会角色调适和功能变迁的进程。从“结构”上说，不同社会的变迁呈现不同的形态，其背后都根源于社会“结构”。不同国家的中央控制的传统强弱、利益团体的内聚及分化、政治动员的方法和效率、组织竞争的效力、对外来意识形态的和制度实践扩散的态度等，都是由公民社会、社团、种族等不同组织的结构所牵引，每个社会表达利益、集聚意志、团结行动的方法都建立在特定的结构基础上。张静认为，现代政治秩序是一种新型的结构关系。结构秩序是多个行动单位（包括个体、组织等）互动的结果，他们的同意、交换或交易所构成的契约，是公共秩序的来源。[①] 林尚立关注宏观结构对于行动者的重要性，不仅提供了行动空间和制度环境，而且提供了支配行动者的价值观念，当局部制度发生变化时，便开启了这种二元互动。[②] 因此，计划经济体制、单位体制和市场经济体制这些变化对工会角色调适和功能变迁都会产生影响。

从“行动”来说，诺思从制度博弈的角度观察制度变迁，组织也被视为制度博弈的行动主体，在制度变迁中的地位得到体现和解释。[③] 诺思的组织变迁在制度变迁中具有重要作用，[④] 如图 4 所

---

① 张静：《法团主义》（第三版），北京：东方出版社，2015 年，第 1 页。

② 林尚立：《行动者与制度绩效：以文本结构为中介的分析》，载《经济社会体制比较》，2006 年第 5 期。

③ Douglas C. North, *Five Propositions about Institutional Change*, in Jack Knight and Itai Sened (eds.), *Explaining Social Institutions*, Ann Arbor: University of Michigan Press,1995. pp15–26 .

④ 韩福国等著：《新型产业工人与中国工会——“义乌工会社会化维权模式”研究》，上海：上海人民出版社，2008 年，第 428 页。

示。对组织的回归是新制度主义的一个特点，同时，本书从社会变迁视角进行的对工会组织转型的研究也带有历史制度主义色彩。

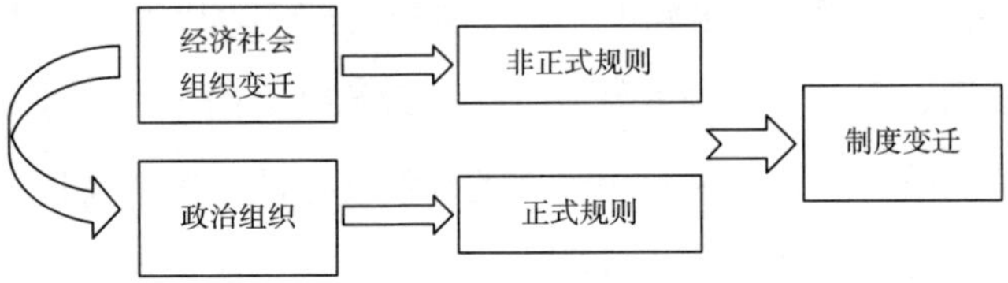

图 4　诺思关于组织作为制度变迁行动主体的分析范式

按照制度理论的理解，机构或组织设置自身就是一种重要的制度形式，也是具有理性和独立行为能力的主体，通过对这些行为主体的分析可以了解制度在变迁过程中的动力来源。斯考切波提出了国家自主性理论（state autonomy theory），指出“无论是作为研究对象还是被用作解释研究者感兴趣的现象的原因，作为一个行为主体或一种制度组织（institution）的国家都受到了高度重视”[①]，并指出国家自主性就是国家会“确立并追求一些并非仅仅是反映社会集团、阶级或社团之需求或利益的目标”，聚焦于国家的组织特性以及官僚集团的利益之上。从宏观上来看，国家都可以作为自主行动的主体。笔者认为，作为中管层面的工会组织，也具有自主行动的冲动和能力，这种自主性体现在工会组织社会职能的外在显现，以及在结构转型的框架下日益增强的行动能力。

从“过程”上来说，虽然结构功能主义意识到个体在结构功

① ［美］彼得·埃文斯、迪特里希·鲁施迈耶、西达·斯考切波：《找回国家》，方力维等译，北京：生活·读书·新知三联书店，2009 年，第 10 页。

能实践中的作用和适应性，但新制度主义更加注重环境主体之间的互动性，比如国家一方面受到制度结构的影响，但另一方面也能对制度形成产生影响。帕森斯试图以社会系统理论体系为基础，解释现代西方社会结构性的演变。[①] 其实，这里我们应该注意到，结构功能主义也关注过程研究，而并非批评者一味指责的缺乏动态性。在政治学理论中，关注政治过程的理论一般有社会运动视角和政府决策视角。从社会运动视角看，美国社会学家道格·麦克亚当首先提出政治过程理论，[②] 在此基础上不断完善，主要关注社会运动中的宏观政治与微观行动者的意识形态因素。从政府决策视角看，林德布洛姆的渐进决策及多元决策理论和杜鲁门的利益集团理论是主要代表。其政治过程理论就蕴含“结构—行动—过程”的框架，重视行动者的选择过程，而这种选择并非理性选择主义的理论进路。[③] 所谓多元决策，就是说政府决策过程并非精英决策阶层决定的，而是各领域各行业相关行动者共同作用的结果。在解决“如何决策”问题方面，一项政策最重要的本质是公民、政党、利益集团等众多参与主体的“muddling through”互动过程。[④] 具体到工会角色调适和功能变迁研究，西方学者的劳资关系理论、产业关系理论等都具有一定的解释力，然而对中国工会

① ［美］帕森斯：《现代社会的结构与过程》，梁向阳译，北京：光明日报出版社，1988 年。

② Mc Adam, Doug, *Political Process and the Development of Black Insurgency, 1930–1970*, Chicago: University of Chicago Press, 1982/1999.

③ 黄晨：《政治学的“行动—过程”视角——重思林德布洛姆及其方法论意义》，载《政治学研究》，2015 年第 5 期。

④ Charles Lindblom, *The Policy-making Process*, New Jersey: Prentice-Hall, 1968.

角色调适和功能变迁缺乏“过程”概念，这个过程从宏观层面是从一种体制到另一种体制过渡的研究，而对本书来说，强调的是“国家与社会互动是如何实现的”这一联结机制。

综上所述，正如结构功能主义强调的结构对功能的决定性作用一样，“结构—行为—过程”理论框架中的“结构”同样具有一定程度的决定性意义。然而，任何过程都具有不确定性和偶然性，当行动者是组织的时候，偏好、文化等多重因素交叉发生作用。那么机构的作用如何体现呢？在笔者的理论框架内，结构在多种因素中具有基础性作用，其他因素或以结构为基础来发挥其作用，或受到结构的约束。可见，结构在一定程度上为行动者设定了可行动边界，在这个行动边界所划定的空间里，行动者发挥出其价值并进行动机选择。当然，结构与行动者互动的程度取决于结构的性质和行动者的力量，结构越是有韧性，行动者越是有力量，结构提供的策略空间越是具有广度和深度。如果行动者的目标和行动范围有限，并不能总是感受到结构形塑空间的制约作用，那么只有当行动者的行动触及结构构造的边界时，结构的制约作用才会明显表现出来。①

4. 历史与文献研究方法

以角色调适和功能变迁为主题必然涉及历史的梳理，这也是历史制度主义以“历史”命名的主要原因，在上文对历史制度主义的梳理中已经谈及。最近兴起的历史政治学，着力打造政治学

---

① 汪仕凯：《阶级与公民之间的政治：职工代表大会的实践空间与转型逻辑》，上海：上海人民出版社，2013 年，第 22 页。

理论“中国话语”，与历史制度主义，将历史学的时间维度与社会学的结构叙事相结合的历史社会学以及比较历史分析，都具有相互交融之处。[①] 在历史政治学的方法论层面，“历史地”看待政治学研究主体即具有历史政治学的意涵。因此，本书也通过“历史地”分析中国工会角色调适和功能变迁，从而深刻理解中国工会角色调适和功能变迁深层次逻辑。本书的时间界定为改革开放以来，但是为了在历史的梳理中突出变迁的动态和背景，我们常常要追溯到 1949 年新中国成立以来甚至 1921 年中国共产党成立以来。

在历史脉络的梳理方面，文献研究法是必不可少的。本书也通过梳理中国工人运动历史、中国共产党史等一些重要史料，从而揭示工会角色调适与功能变迁的政治学机制。同时，本书尝试对中国共产党领导人关于工人阶级和工会工作的指示、讲话等的文本分析，对历届中国职工队伍状况调查的数据和案例分析，对改革开放以来历次工会代表大会的工作报告的文本分析，从中得出一些规律性认识，从而加大了文章论证的力度。

① 冯永光：《历史政治学视野下的中国工会制度变迁》，载《中国工运》，2020 年第 3 期。

第二章

改革开放与工会改革

新制度主义重视历史脉络，本章主要是对中国工会角色调适和功能变迁作一整体性、宏观全景式描述，在一定程度上起到按图索骥的作用。笔者尝试将其分为三个阶段，即从1978年中国工会九大到1993年中国工会十二大作为第一阶段，主要特点是随着改革开放的开启，特别是中国工会九大对工会职责的重新定位，工会与国家的关系也从一体化逐步向统合转变，党和国家政治体制改革也为工会自主行动提供了政治空间，直到20世纪80年代末掀起了工会改革的高潮，其主要标志就是《工会改革的基本设想》的出台。第二阶段是从1993年中国工会十二大到2013年中国工会十六大。这个阶段是中国工会角色调适和功能变迁的基本定型时期，工会维权基本职责确立，工会参与劳动关系的职能也在不断清晰，工会逐渐找到作为职工权益代表者的社会团体的定位，行动自主性也在不断增强。第三阶段是从2013年中国工会十六大至今。中央党的群团工作会议召开，工会政治性、先进性、群众性的工作定位提出后，为工会“三维一体”的格局定下了基调。

一、从一体到统合（1978—1993年）

1. 中国工会九大开启了中国工会改革的进程

1978年召开的中国工会九大是改革开放后工会角色调适和功

能变迁的起点。不仅因为1978年是中国改革开放的元年，而且因为中国工会九大对工会的意义更加特别。1949年新中国成立是工会从革命到建设的重要转折，然而党对于如何处理好和工会的关系、工会如何发挥作用一直处于徘徊状态。从新中国成立初期的关于党与工会关系的讨论、工会如何搞生产、工会维权职能的消弭，一直到20世纪60年代的“工会消亡论”，再到“文化大革命”时期工会的消亡，工会一直未能真正成为自主行动的主体。中国工会九大上，邓小平代表党和政府在大会上致辞，指明了新时期工人运动的方针任务，完全摆脱了以往工会搞建设、发福利的局限定位，为工会改革做了理论上和思想上的准备。

中国工会九大之后的五年，是中国工会拨乱反正、恢复发展的五年。首先，工会从十年“文化大革命”恢复过来，弄清了一些最基本的历史是非和理论是非，摘掉了长期悬在工会干部头上的“经济主义”和“工团主义”两顶帽子，明确了工会维护职工合法权益不是“经济主义”，反映职工的呼声、要求不是“工团主义”。其次，根据邓小平在中国工会九大致辞的要求，在当时唯一的企业形式——国有企业和集体企业中普遍建立了职工代表大会制度，加强职工对企业的民主管理和民主监督。最后，中国工会九大后，全国总工会着力恢复和健全工会组织领导体系，15个全国总工会内设工作机构和17个全国产业工会陆续得到恢复和建立。在工会组织领导体系完成恢复任务的基础上，1982年全国总工会进行了机构改革。这次改革是按照党中央关于党政机关进行机构改革的精神和要求、邓小平关于工青妇机构改革的指示进行的，其核心是精简机构、提高办事效率、密切联系群众。1982 年 7 月，全国总工会九届四次执委会议批准全国总工会机关精简机构的原则和具体精简方案，其中内设工作机构减少到 11 个，全国产业工会减少到 10 个。同时，基层工会组织也在恢复整顿中普遍得到加强。

在工会角色调适和功能变迁初期，各级工会干部思想十分活跃，对改革中的工会和工会的改革有不同的认识。对工会角色调适和功能变迁的影响深远。在当前党关于工会的文件中，仍然不时引用邓小平在中国工会九大上的致辞。直到 1989 年《中共中央关于加强和改善党对工会、共青团、妇联工作领导的通知》，工会改革的边界基本确定，也就是既要向代表职工和维护职工合法权益的社会组织转型，又要保持工会的政治属性，也就是坚决在党的领导下开展工作。

2. 坚持党的领导是中国工会探索与变迁的底色

从中国工会九大到中国工会十二大，工会逐渐从政治组织向自身社会职能回归，工会工作从计划经济体制环境下向社会主义商品经济和社会主义市场经济体制环境下进行转变。这个时期是工会改革和探索改革的时期，与改革开放的进程也相一致。1984 年党的十二届三中全会以后，城市经济体制改革全面展开，工会改革的任务随之正式提上日程。所以，工会改革工作在 1983 年中国工会十大之后的五年中取得了十分辉煌的成效。这段时间最重要的成果是 1988 年 10 月研究制定了《工会改革的基本设想》，在今天看来，仍具有很强的创新意义。

《工会改革的基本设想》在理论上确认社会主义国家的工会仍然是社会经济矛盾的产物，工会的真实地位是在政府和企业面前代表职工群众；在工会工作方针上，明确了必须坚持经济建设为中心，在维护全国人民总体利益的同时，更好地代表和维护职工群众的具体利益的指导原则；在工会的社会职能上，明确了工会在上述方针和原则指导下，有“维护、建设、参与、教育”四项基本职能。《工会改革的基本设想》提出工会的改革目标是：“把中国工会建设成为中国共产党领导的，独立自主、充分民主、职工信赖的工人阶级群众组织，在国家和社会生活中发挥重要作用的社会政治团体。”[①] 为此，《工会改革的基本设想》提出工会近期改革的主要内容，一是要理顺工会的外部关系，主要是工会与党、工会与政府的关系，使工会能够在党的领导下依法独立自主地开展工作，成为职工群众参政议政的有组织的民主渠道，以更好地发挥党联系职工群众的纽带作用和政府的坚强社会支柱作用。二是要密切工会与职工群众的联系，以增强基层工会活力为中心环节，改进工会的组织制度和活动方式，防止和克服“行政化”倾向，实现工会的群众化、民主化。《工会改革的基本设想》对工会的运行机制提出了实行联合制、代表制，实质是从组织制度上改变工会的运行机制，使各级工会的领导机关是下级产业工会和地方工会的联合组织和代表组织，其领导机构由下级产业和地方工会的代表组成，真正做到“上级代表下级、工会代表职工”。这样

① 陈骥：《改革中的工会和工会的改革》，北京：中国工人出版社，1999 年，第 207 页。

更符合工会作为职工群众自下而上自愿组织起来的群众团体的性质，也有利于理顺产业工会和地方工会的关系。1989年后，有人对此提出批评，认为联合制、代表制是社会民主党思想，违反民主集中制。在中华全国总工会原主席倪志福主持下作了专门研究，认为联合制、代表制只是组织制度的改变，在工会领导机构内仍然实行民主集中制原则。目前的《中国工会章程》中仍然保留联合制、代表制的组织原则，在实际操作中，主要体现为有些分散的基层工会通过联合制代表制组成力量较强的工会联合会以及全国总工会执委和经审委委员试行了替补制。[①] 另外,《工会改革的基本设想》在干部人事制度改革上走得比较远，提出“工会干部人事制度改革的方向，是根据干部分类管理的原则，创造条件，由党委主管、工会协管的体制逐步向工会按自己的章程和条例自信管理干部的体制过渡”。[②] 这类改革在个别地方试行过，由于脱离了党的干部管理序列，引发的工会干部缺乏流动的渠道和干部认同的缺失，最终无疾而终。

《工会改革的基本设想》是在党和国家政治体制改革的大背景下制定的，充分体现了工会成为独立自主、充分民主、职工信赖的工人阶级群众组织的自主行动意图，也体现了当时宽松的政治环境为工会自主转型提供了政治空间。正如时任中华全国总工会

① 陈骥：《改革中的工会和工会的改革》，北京：中国工人出版社，1999年，第144页。

② 陈骥：《改革中的工会和工会的改革》，北京：中国工人出版社，1999年，第214页。

政策研究室主任陈骥指出的，在起草过程中，“曾多次向中央书记处汇报和讨论。中央书记处基本通过后，同年7月28日中央政治局常委会议上，由秉权同志汇报《工会改革的基本设想》，实际上是念稿，常委会经讨论后原则同意，请中央书记处把关定稿。同年10月全国总工会十届六次执委会议讨论通过。至此，这个具有里程碑式的工会改革的基本书件正式完成。这是筹备工会十一大的一个重要成果，也是工会十一大报告的基本依据。”[①]

1989年后，全党强调进一步加强党的领导，江泽民同志在接见全国总工会十一届三次主席团会议同志时，发表《正确发挥工会作用》的讲话，针对加强党对工会领导问题有一系列指示。因此，在制定《中共中央关于加强和改善党对工会、共青团、妇联工作领导的通知》时，时任中央书记处书记的丁关根根据江泽民同志的讲话集中讨论过四次，加强党的领导的内容和规定。如“党组织对工会、共青团、妇联实行统一领导”，“工会在政治上、思想上、行动上同党保持高度一致”，“绝不允许任何组织提出同党相对立的政治主张”，“基层党组织领导本单位工会工作”等。《中共中央关于加强和改善党对工会、共青团、妇联工作领导的通知》下发后，《工会改革的基本设想》基本就不再提了，工会改革的热情也就这样逐渐沉寂下来。

在这一阶段，随着党和国家的工作重点转移到以经济建设为中心的社会主义建设轨道上来，最主要的特点是工会与党、工会

① 陈骥：《改革中的工会和工会的改革》，北京：中国工人出版社，1999年，第136页。

与国家的一体化逐渐瓦解，也就是说工会不再像改革开放之前一样，仅仅发挥了一些生产动员的边缘作用。工会与党和国家一体化的主要表现就是工会组织没有自身角色定位，甚至成为党的部门，主要表现就是“工会消亡论”的提出。改革开放后，一体化的瓦解是与党和国家政治体制改革同步的，中国工会九大重新确立了工会的维权观，开始了向工会本质回归的角色定位，给了工会极大的鼓励。1987 年，党的十三大报告中指出，“要理顺党和行政组织同群众团体的关系，使各种群众团体能够按照各自的特点独立自主开展工作，能够在维护全国人民总体利益的同时，更好地表达和维护各自所代表的群众的具体利益”[①]。工会自身也逐渐意识到，在国家政治生活中所处的地位和所起的作用，同工人阶级的领导地位还很不适应，还没有体现应有的地位。工会只有全面认真地履行自己的职能，才能充分发挥作用；工会只有充分发挥了自己的作用，才能促进党的重视和社会的认同，这是实现工会应有地位的重要途径。因此，党、国家和工会的关系呈现出一定意义上的法团主义的统合特征，也就是在党的领导下的相对充裕的独立自主空间。

二、维权与利益整合（1993—2013 年）

1.《中华人民共和国劳动法》与工会工作总体思路

1992 年 4 月，我国颁布了第二部《中华人民共和国工会法》，

① 《中国共产党第十三次全国代表大会报告》，人民网，中国共产党历次全国代表大会数据库。

明确提出："工会必须密切联系职工，听取和反映职工的意见和要求，关心职工的生活，帮助职工解决困难，全心全意为职工服务。"[①]1992年10月，党的十四次代表大会提出，中国经济体制改革的目标是建立社会主义市场经济体制。1993年11月，党的十四届三中全会通过《关于建立社会主义市场经济若干问题的决定》。可以说，正是在这样重大的经济体制改革背景下，工会角色调适和功能变迁进入第二阶段。如果说第一阶段确定了工会应该维护职工权益，那么第二阶段就是在市场经济不断发展的体制交替中，协调劳动关系中不断出现的社会利益矛盾，这些矛盾和问题在第一阶段都还没有显现出来，而1993年中国工会十二大后，日益凸显的劳动关系矛盾、社会利益分化都是切切实实看得见、摸得着的，工会如何适应和转型，是摆在工会面前的重大理论和实践课题。面对这样一个新的历史性课题，中国工会十二大做了初步的探索和回答，强调工会要更好地发挥民主渠道和社会调节的作用，继续推进工会的改革。

如果说工会第一阶段还处于国家—社会关系的国家一方的角度，而第二阶段，工会已经站在社会的角度去探索自身定位和工作路径。在这个阶段，工会已经进入"现代化"的话语体系中，对工会角色调适和功能变迁产生深远影响。1994年7月，全国人大常委会通过了适应市场经济发展，以保护劳动者合法权益为宗旨的《中华人民共和国劳动法》，于1995年1月1日起正式实施。

---

① 《中华人民共和国工会法》(1992年4月)。

1994年底召开的全国总工会十二届二次执委会议上，提出“以贯彻实施《中华人民共和国劳动法》为契机和突破口，带动工会各项工作，推动自身改革和建设，在改革、发展、稳定中更好发挥作用”。[①]其主要包括：一是以贯彻实施《中华人民共和国劳动法》为契机，进一步突出工会的维护职能，明确维护是工会的基本职责，明确工会代表和维护职工群众利益的社会地位；二是工会对职工利益的维护，应该是“两个维护”的统一，即维护全国人民总体利益和维护职工利益的统一，维护职工政治权利和经济利益的统一；三是工会为经济中心服务的着力点是做好人的工作，通过保护和调动职工的积极性来推动经济发展；四是突出维护职能，带动工会其他职能的履行，促进工会各项工作上新水平；五是充分运用《中华人民共和国劳动法》赋予工会维护职工利益的权利和义务，抓住平等协商和签订集体合同这个“牛鼻子”，发挥工会在整体上维护职工利益的作用。这个新的工作思路，后来被确认为工会工作在当前和今后相当时期内的总体思路，是“工会改革尤其是向社会主义市场经济过渡中的工会改革的最新探索成果，也是进一步推进工会改革的新起点”。[②]正如时任中华全国总工会主席尉健行所说的，“这个总体思路的基本精神，就是工会要进一步突出维护职能，更加理直气壮地代表和维护职工的合法权益。这

① 全国总工会政策研究室编：《中国工会十二大以来重要文献选编》，1998年，第157页。

② 陈骥：《改革中的工会和工会的改革》，北京：中国工人出版社，1999年，第159页。

是针对发展社会主义市场经济新的条件下，工会如何开展工作提出的一个指导思想”。①

也正是从这时起，工会开始思考工会组织存在的价值和意义，这是工会行动能力的体现，也是工会对外部环境变化适应性的体现。尉健行曾指出：“为什么要有一个工会呢？简单地说，就是工人需要有一个组织来保护自己的利益。工会是社会经济矛盾的产物，也可以说是劳动关系矛盾发展到一定阶段的产物。”尉健行曾说：“在过去计划经济体制下，工资的晋升，包括企业一年给工人发几副手套，老实讲工会无权过问，厂长也没有多少权力，这都是由政府统一规定的。劳动关系实际上是国家与职工的关系。”现在发展社会主义市场经济以后，企业自主权扩大了，劳动关系矛盾大量地变为企业和职工的矛盾。比如职工的录用和解雇，工资标准怎么制定，企业就有权决定。在这种情况下，劳动关系的职工一方，更需要有一个组织来代表和维护他们的利益，这个组织就是工会。现在有些外商投资企业的职工为什么经常受到盘剥、侮辱，原因之一就是没有一个像工会这样的组织来为他们说话，单靠个人的力量没办法解决问题。所以，我们必须看到在这样一个历史转折时期，工会要适应社会主义市场经济发展的需要，适应社会主义市场经济体制下新的劳动关系的需要，适应解决新的劳动关系矛盾的需要。”②尉健行的这段话既具有政治学理论的深

① 尉健行：《工会的基本职责》，北京：中国工人出版社，2009年，第109页。

② 尉健行：《工会的基本职责》，北京：中国工人出版社，2009年，第109–110页。

度，也具有很强的现实针对性。从理论和实践的角度对工会为什么存在、如何发挥作用进行了概括和总结。

具体到工会的领导机关，中华全国总工会相应开展了机关机构改革工作。1995 年 3 月 31 日，中央办公厅印发《全国总工会机关机构改革方案》。这次机构改革从有利于加强和改善党对工会的领导，有利于工会依照法律和章程独立自主地开展工作，充分发挥工会作用出发，本着明确职责、理顺关系、精兵简政、提高效率的原则，适当调整和精简内设机构及人员编制，建立适应社会主义市场经济体制要求、符合工会组织特点的管理体制和机构，使机关更好地履行工会的社会职能，更好地为改革开放和社会主义现代化建设服务，更好地为基层和职工服务。这次机构改革主要围绕调整和精简产业工会机构、明确政事职能分开、推进事业单位改革等方面的内容展开。

2.“组织起来、切实维权”与社会主义和谐社会的构建

2001 年 10 月，全国人大常委会再次通过了对《中华人民共和国工会法》的修改，其中第二条规定“中华全国总工会及其各工会组织代表职工的利益，依法维护职工的合法权益”，第六条增加“维护职工合法权益是工会的基本职责”。[①] 这“意味着国家以法律的形式要求工会肩负起代表职工利益的重任、履行维护职工的合法权益的基本职责。这样，又一次把中国工会推向了大改革之

① 《中华人民共和国工会法》（2001 年 10 月）。

路”。[①]2003 年 9 月，中国工会十四大召开后，全国总工会新一届领导班子提出 2004 年工会工作的重点是：加强工会基层建设、发挥基层工会作用，关心职工生产生活、维护职工切身利益。概括地讲，就是“组织起来、切实维权”。[②]2004 年 12 月，全国总工会十四届二次执委会议明确提出了“组织起来、切实维权”的工会工作方针。“组织起来、切实维权”后来成为工会工作必须长期坚持的工作方针，可以看出其对工会维权基本职责的继承和发展，是工会进行社会化转型的重要指针。

“组织起来、切实维权”工作方针的确立具有重要的社会背景。第一，从经济关系上看，加快调整国有经济结构布局，大力发展混合所有制经济和非公有制经济，建立健全现代企业制度等，我国所有制结构、企业组织结构和经营方式都发生了重大变化，经济关系、劳动关系更加复杂多变，各种新老矛盾交织叠加。第二，从劳动关系上看，加快推进就业和分配制度改革，建立社会保障体系等，使我国劳动就业、收入分配、社会保障新格局逐渐形成，社会群体分化现象明显，新的社会阶层产生，社会收入和贫富差距日益扩大。城镇登记失业率从 1999 年的 3.1% 上升至 2003 年的 4.3%，实际失业率则更高。第三，从职工队伍上看，职工总量继续扩大，来源日益多样，非公有制企业职工大量增加，

---

① 游正林：《60 年来中国工会的三次大改革》，载《社会学研究》，2010 年第 4 期。

② 中华全国总工会：《中国特色社会主义工会发展道路学习读本》，北京：中国工人出版社，2012 年，第 59 页。

一大批进城务工人员成为工人阶级新成员，工会工作对象和范围出现了新的情况和特点。2003 年职工总数达到 2.17 亿人，其中，非公有制（包括混合所有制）企业职工占职工总数比重从 21% 上升到 61.6%，大大超过了公有制企业职工的比重，职工队伍内部差异扩大，不同利益群体产生；职工就业方式更加灵活，职业流动日益频繁；职工思想日益活跃，务实取向更加突出。

在经济社会领域急剧而深刻变化的背景下，工会出现了基层组织弱化、会员持续流失、维权任务艰巨等突出问题。工会组织建设的方式和办法与企业状况和职工队伍的迅速发展变化不相适应，工会履行维护职责的能力和手段与维护职工权益的现实迫切要求不相适应。从工会组织上看，国有、集体企业改制过程中工会组织削弱和会员流失问题严重，2003 年与 1999 年相比，国有企业工会组织数、会员人数下降了 8%；非公有制性质的企业或单位组建工会和职工入会的比率相对较低，进城务工人员的入会率就更低了。在非公有制企业拥有的近一亿名进城务工人员中，被组织到工会中的不足 3500 万人。基层工会组织发挥作用很不理想，2002 年全国职工队伍状况调查显示，只有不到 20% 的职工对工会工作满意。从职工权益上看，改革已经进入深层次的攻坚阶段，企业改制、职工再就业等带来的问题十分突出。例如，再就业率逐年下降，就业不稳定、短期化严重，困难职工人数大量增多，等等。在国有企业改制的过程中，侵害职工合法权益的事件时有发生，从当时各地情况来看，企业改制中裁员（包括内退和协保）一般都占了原有职工人数的一半，因而企业改制问题引发的职工上访和群体性事件大幅增加。大量非公有制企业不与职工签订劳动合同，多数改制企业劳动合同短期化现象严重。2002年，全国劳动合同签订率仅为57.1%，私营企业劳动合同签订率仅为30.5%。企业拖欠职工工资问题严重，截至2003年，全国被拖欠工资的职工为849.5万人，涉及金额417亿元，当年新增拖欠工资达30.1亿元，大部分为国有企业所拖欠。职工劳动安全卫生问题突出，职工民主权利甚至人身权利受到侵犯的现象屡见不鲜。“组织起来”就是要最广泛最充分地把职工群众组织到党领导的工会中来，把工会组织的活力最充分地激发出来，充分发挥工会的重要作用，不断扩大工会工作覆盖面、增强工会组织凝聚力。“切实维权”就是要把表达和维护广大职工群众的利益作为工会一切工作的出发点和落脚点，全面履行各项社会职能，突出维护职能，在维护全国人民总体利益的同时，更好地维护职工群众的具体利益。

针对职工民主权利甚至人身权利受到侵犯的问题，全国总工会于2005年9月在浙江省义乌市召开了全国工会维权机制建设经验交流会议。此次会议总结和推广了义乌市工会立足社会平台，整合社会资源，建立社会化维权机制的经验，要求各级工会把完善在工会组织领导下的维权机制，作为推动构建社会主义和谐社会的重要途径、加强协调劳动关系的重要手段。[①]2005年12月，全国总工会十四届三次执委会作出《关于加强协调劳动关系、切实

① 陶志勇编：《中国工会理论创新四十年：1978—2018》，北京：中国工人出版社，2018年，第77页。

维护职工合法权益、推动构建社会主义和谐社会的决定》，提出了维权的五项主要原则、七项基本任务、建立健全维权的六种机制，其中值得关注的是，强调构建和谐劳动关系必须坚持由政府来主导，工会维权不能由工会一家独揽，而是要形成党委领导、政府重视、各方支持、工会运作、职工参与的社会化维权格局，既要大力加强工会组织的利益协调、诉求表达、矛盾调处、权益保障机制建设，也要自觉跳出自我循环的圈子，把维权工作纳入党和政府主导的维护群众权益机制之中，把坚持党政的主导性与发挥工会的主动性统一起来，紧紧围绕党和国家工作大局，充分依靠党委政府，主动体现工会作为，深入动员职工群众，善于运用法律手段，有效整合社会资源，不断创新工会维权机制，逐步形成社会化维权格局。只有这样，才能在协调利益关系、参与社会管理、维护职工权益中体现工会组织的作为。

具体到工会领导机关，为适应建立社会主义市场经济体制、经济结构调整、政府机构改革和劳动关系变化的需要，2001 年，全国总工会研究制定了《中华全国总工会机关机构改革方案》。根据工会的社会职能和全国总工会承担的主要工作任务，本着明确职责、理顺关系、突出维护职能和重点工作、更好地发挥全国产业工会作用的原则，这次机构改革对全国总工会机关的内设机构进行了较大调整，将原 23 个内设机构改为 22 个（不含机关党委、党组纪检组、机关离退休干部局），其中全国总工会职能部门由 11 个调整为 15 个，驻会全国产业工会由 12 个调整为 7 个，人员编制按照 25% 的比例进行了精简。此外，为了进一步加强对全国总工会机关党员干部特别是领导干部的监督，抓好党风廉政建设，经党中央批准还增设了全国总工会党组纪检组。

可以说，这一阶段是工会角色调适和功能变迁逐渐成形的阶段。在这个阶段里，工会找准了社会主义市场经济条件下自身角色定位，将维护职工合法权益作为工会基本职责，并参与制定了《中华人民共和国劳动合同法》等一系列法律法规，在协调劳动关系等社会治理领域也发挥了工人阶级代表团体的作用。工会逐渐在阶级性和群众性之间寻找平衡支点。其中，阶级性主要体现为工会不断强化工人阶级话语，以及工会自上而下统一的组织体系，以此来巩固其他社会组织无法撼动的竞争性。同时，阶级性还表现为工会履行的国家职能，纳入党政主导的社会治理体系就是主要的体现。在群众性方面，工会不断强化社会属性，主要体现为工人群体的利益代表性以及社会利益协调整合的社会功能性，相对于利益代表性，工会更加注重社会功能性的发挥。①

三、三维一体（从 2013 年至今）

1. 中央党的群团工作会议与《全国总工会改革试点方案》

群团改革以 2015 年 1 月中共中央印发《关于加强和改进党的群团工作的意见》为序幕。早在 2013 年，党的十八届四中全会已经提出全面深化改革的总目标是坚持和完善中国特色社会主义制度，推动国家治理体系和治理能力现代化，群团改革也是全面

① 冯同庆：《中国工人的命运》，北京：社会科学文献出版社，2002 年，第 202–230 页。

深化改革的组成部分。事实上，自党的十八大以来，各个领域的深化改革都在全面发力，比如军队、党和国家机构改革等，因此，在 2019 年召开的党的十九届四中全会才提出各领域基础性制度体系基本形成，要利用制度固化下来，推动各方面制度更加成熟、更加定型，把我国制度优势更好地转化为国家治理效能。对于群团组织来说，一方面作为一个独立领域的改革内容，另一方面也是党和国家机构改革的一部分，被称为“重构性健全党的领导体系、政府治理体系、武装力量体系、群团工作体系，系统性增强党的领导力、政府执行力、武装力量战斗力、群团组织活力”①。

2015 年 7 月 6 日，中央党的群团工作会议召开，习近平对群团组织改革创新提出明确要求，强调要在群团组织中深入推动思想教育、问题整改、体制创新，转变思想观念，强化群众意识，改进工作作风，提高工作水平；工会、共青团、妇联等群团组织要增强自我革新的勇气，下大力气解决突出问题。2015 年 7 月 23 日，中央决定在全国总工会开展中央群团机关改革试点。10 月 22 日，刘云山同志主持召开中央书记处会议，专题听取了全国总工会党组关于全国总工会改革试点方案的汇报，讨论并原则同意《全国总工会改革试点方案》。11 月 9 日，习近平主持召开中央全面深化改革领导小组第 18 次会议，审议通过了《全国总工会改革试点方案》，明确了改革的指导思想、目标要求、基本原则。2017 年，党的十九大强调，创新群众工作体制机制和方式方法，推动

① 习近平在深化党和国家机构改革总结会议上的讲话，http://www.gov.cn/xinwen/2019-07/05/content_5406606.htm。

工会、共青团、妇联等群团组织增强政治性、先进性、群众性，发挥联系群众的桥梁纽带作用，组织动员广大人民群众坚定不移跟党走。党的十九届三中全会对深化党和国家机构改革作出重大部署。2018 年 9 月，全国总工会印发《深化工会改革创新实施方案》。2018 年 10 月 29 日，习近平在同全国总工会第十七届领导班子成员集体谈话时说："工会改革是全面深化改革的重要组成部分"，"工会要认真贯彻落实，构建联系广泛、服务职工的工会工作体系。"①

在具体改革措施上，《全国总工会改革试点方案》提出改进工会领导机构人员构成和全国总工会机构设置、创新职工建功立业的载体和方式、完善维护职工权益制度和机制、着力做强基层夯实基础、坚决维护职工队伍和工会组织团结统一、创建工会网上工作平台、充分发挥全国总工会党组的领导核心作用 7 个方面 27 条改革举措，制定了 35 项制度文件。主要包括：以发挥全国总工会党组领导核心作用为保证，增强工会系统党组织的先进性纯洁性；以整合机构优化职能为突破口，增强工会组织的广泛性代表性；以改进干部管理方式为关键点，激发机关干部的动力和活力；以增强基层活力发挥作用为着力点，推动工会工作的重心下移力量下沉；以创新工作载体机制为切入点，提升工会组织凝聚力影响力；以建设"互联网 +"工会工作新格局为手段，实现服务职工群众全方位全天候；以实行工会工作社会化为抓手，拓展联系职

① 习近平同全国总工会新一届领导班子集体谈话时的讲话。

工的新途径新方式。

客观来讲，这次群团改革并未脱离中国工会角色调适和功能变迁的总体进程，其具体措施除建设“互联网 +”工会工作新格局外，注重基层、创新载体等也都是工会自身建设中一直强调的。然而，需要特别注意的是，这次改革明确提出的“政治性、先进性、群众性”的群团组织的性质定位，一定程度上体现了社会组织政治化的凸显。同时，地方改革的一些实践和尝试是在中央政策框架下能动性的激发，已经有一些地方案例说明，在一定条件下，通过与工人保持紧密联系，基层工会能够利用“制度性弱势”成为“行动的强者”。随着一些地方工会改革或试验的展开，中国基层工会运作的复杂性不断增强。

2.“政治性、先进性、群众性”的内在逻辑

这次群团改革明确提出，政治性、先进性、群众性是群团组织的根本属性；保持和增强“三性”不仅是对工会改革的要求，也是对整个工会工作的要求。把保持和增强政治性、先进性、群众性作为工会工作的根本标尺和长期任务，这才是党领导下的工会组织，也才符合中国特色社会主义工会发展道路。[①] 对于这“三性”，群团系统的解读文章比较多，更多的是对习近平在中央党的群团工作会议上讲话的解读。在理论界，有学者通过对 2016 年上

① 中华全国总工会研究室编写：《新时代 新使命 新作为——深入学习贯彻习近平总书记关于工人阶级和工会工作的重要论述（第 2 版）》第二部分学习解读“关于坚持增强‘政治性、先进性、群众性’、去除‘机关化、行政化、贵族化、娱乐化’改革方向”，北京：中国工人出版社，2019 年。

海群团改革的经验探析，认为这次工会改革是中国特色社会主义工会发展道路在新历史时期的“提质增效”[①]。还有学者认为，从中国工会的性质定位梳理出发，提出将工会放置于党和国家、工人和资本的框架中，阐述中国工会身份的三维面向与一体同构的复杂性。[②]“三维一体”的概括对笔者很有启发性，在此借鉴过来以描述工会的定位框架。

从工会的性质来看，对其比较明确的表述是在王兆国任中华全国总工会主席时提出的中国特色社会主义工会发展道路，强调要“坚持中国工会的社会主义性质”，即“中国工会是工人阶级群众组织，不仅具有一般工会组织所具有的阶级性、群众性，而且具有高度的政治性”[③]。在这里，我们可以总结工会的性质为“阶级性、群众性和政治性”。从工会性质的变化来看，这次的定位强调了工会的政治性，并指出其“是灵魂，是第一位的”，而不再提“阶级性”。这次“三性”强调的“先进性”即作为与一般社会组织不同的根本特点，工会与国家政权的特殊关系及需要发挥的特别作用，而这些特点，以前都是放在“政治性”中来表述的。

首先，工会的政治性强调的是工会与党的关系问题。习近平总书记在讲话中强调，政治性是群团组织的灵魂，是第一位的。

---

① 乔健：《工会改革：中国特色工会道路的“提质增效”——2016年上海群团改革的经验探析》，载《中国劳动关系学院学报》，2017年第2期。

② 杨涛：《三维与一体：中国工会“特色”解析》，载肖滨主编：《中国政治学年度评论（2018）》，北京：商务出版社，2018年，第47–65页。

③ 中华全国总工会：《中国特色社会主义工会发展道路学习读本》，北京：中国工人出版社，2012年，第30页。

离开了政治性，群团组织就容易产生脱离党的领导的倾向，就会庸俗化，就会成为一般社会组织，甚至会走向邪路。[①]关于工会与党的关系，在工会内部是不存在讨论的余地和空间的，基本形成不用讨论的共识。而学界对此着墨甚多，在文献综述中笔者也有所论及。政治属性是中国工会的重要身份标志，也是工会运作的基本条件和保障，因而“讲政治”自然也成为中国工会的内在要求。[②]这里主要是工会的自主性问题，虽然习近平总书记在讲话中也强调，“坚持党的领导，同支持群团组织依法依章程独立自主开展工作是有机统一的”。[③]然而，如何把握好两者的平衡是工会一直在探索的重大问题。本书中笔者就一直强调工会自主行动的能动性，事实上，这也是工会角色调适和功能变迁的关键。

其次，工会的先进性强调的是工会和国家政权的直接关系。习近平总书记在讲话中说，我们的工会、共青团、妇联等群团组织是党直接领导的群众组织，承担着组织动员广大人民群众为完成党的中心任务而共同奋斗的重大责任。没有先进性，怎么能组织动员群众前进呢？关于党的先进性的讨论已经比较成熟了，卢卡奇将共产党称为“无产阶级阶级意识的支柱，是无产阶级历史

① 习近平在中央党的群团工作会议上的讲话，http://www.xinhuanet.com/politics/2015-07/07/c_1115847839.htm。

② 尉健行：《工会工作要讲政治（2002 年 3 月 26 日）》，载尉健行：《尉健行谈工会工作（下）》，北京：中国工人出版社，2015 年，第 901-909 页。

③ 习近平在中央党的群团工作会议上的讲话，http://www.xinhuanet.com/politics/2015-07/07/c_1115847839.htm。

使命的良知”，[①]“由于党把自己所拥有的真理深播到自发的群众运动中，由于它把这种真理从其产生的经济必然性提高为自由的自觉行动，这样，它就把激烈革命情况下自己要求的性质变为发生作用的现实。而从要求到现实的这种变化正在成为无产阶级真正阶级性的、真正革命的组织的杠杆。”[②]列宁的先锋队理论更是直接点出了正是共产党将工人阶级组织成了自觉自为的阶级。从工人阶级的阶级性到共产党的先进性都是先进性理论的核心所在，然而工会的先进性并不是工人阶级赋予的，因为工人阶级的大部分群众都在工会中，按照列宁的说法也包括了落后的分子，那么工会的先进性只能是党赋予的，其主要体现在两个方面：一是工会在党的直接领导下，通俗地说就是“听党话、跟党走”，因此党的先进性可以延伸到工会中来；二是工会与党领导的国家政权的密切关系，工会为党的中心工作服务，比如组织动员职工生产建设等，“不能离开经济建设这个中心讲工会工作，不能离开发展讲保障，不能离开改革讲维护”。[③]

最后，工会的群众性强调的是工会与职工群众的关系问题。被赋予政治意义的“群众”，与党的关系被党形象地比喻为“血肉联系”。而工会的重要意义就在于作为党的外围组织为党联系群众

---

① ［匈］卢卡奇：《历史与阶级意识》，杜章智、任立、燕宏远译，北京：商务印书馆，2016年，第97页。

② ［匈］卢卡奇：《历史与阶级意识》，杜章智、任立、燕宏远译，北京：商务印书馆，2016年，第98页。

③《尉健行在全总十二届二次主席团会议上的讲话（1993年12月23日）》，载全国总工会政策研究室编：《中国工会十二大以来重要文献选编》，1998年，第9页。

作桥梁和纽带。习近平总书记的讲话中也明确提道："做好群众工作，保持党同人民群众的血肉联系，是当前全党重大而紧迫的政治任务，各级党委和每个党组织、每个党员、每个干部都要身体力行地密切党群关系、干群工作。同时，遍布城乡的群团组织也要共同参与，为党的群团工作增添力量。"[①]然而，正是群众性的性质定位在排序中的位置，工会在联系职工群众方面的有效性一直有待提高。20 世纪 80 年代初期，改革先锋步鑫生开除工会主席事件发生后，正体现了被树为改革典型、激发改革精神的"大局"与工会如何做工作、维护职工权益的"冲突"，对此，时任全总副主席的尉健行面对针对工会"还替不替工人说话？还维护不维护工人的利益？"的质疑时说："今后我们仍然要替工人说话，仍然要维护工人的利益。我们过去不是说话多了，而是做得还不够，好多应该维护的，我们没有很好地维护，没有完全起到工会应起的作用。"[②]

因此，工会的政治性、先进性、群众性"三维一体"的性质框架如图 5 所示。工会的政治性强调的是工会与党的关系问题；工会的先进性强调的是工会和国家政权的直接关系；工会的群众性强调的是工会与职工群众的关系问题。

① 习近平在中央党的群团工作会议上的讲话，http://www.xinhuanet.com/politics/2015-07/07/c_1115847839.htm。

② 尉健行：《尉健行谈工会工作》，北京：中国工人出版社，2015 年，第 8 页。

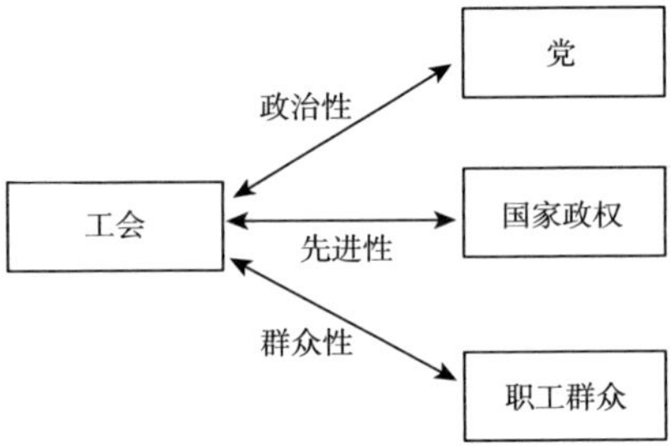

图 5　工会的政治性、先进性、群众性“三维一体”框架

综上所述，我们对这一章的内容做一个小结。本章主要是简要梳理中国工会角色调适和功能变迁的历史进程，虽然是历史梳理，但是由于很多分析论述在后文中还会提到，因此，本章主要是脉络性的、提纲挈领的。通过本章的梳理，主要可以看出中国工会角色调适和功能变迁的几个特点：

一是中国工会的角色调适和功能变迁与中国改革开放和全面深化改革的大背景是密切相关的。这将是下一章要重点讨论的结构关系的内容。中国的工会由于其特殊的性质定位，自从诞生之日起，从来都不是独立存在的主体，最主要的就是和党的关系，党的重大方针决策和党的历史性变革对工会都是其转型的直接背景。因此，工会的角色调适、功能变迁与政党的转型其实是同步的。然而，政党在转型过程中是作为决策的主体，要考虑国家社会方方面面的因素，工会只是其中的一个组成部分。因此，从宏观上看，工会与党的转型是同步的，具体来看，工会与党也是存在“时差”的以及为各自利益考量的。

二是工会角色调适和功能变迁是一个政治组织社会化和社会

组织政治化双向运动的过程。一方面，工会作为党领导的群团组织、人民团体，政治属性成为其最显著的属性。随着市场经济的发展，社会从国家中日益分离出来，工会的社会组织属性越来越突出，因此，工会角色调适和功能变迁的最重要的特点就是日益向社会组织靠拢，这个过程笔者称为政治组织社会化过程，并在笔者界定的第二阶段较为突出。另一方面，工会在向社会移动的同时，与党的关系的内在张力问题不时外化出来，虽然这种内在张力并不以冲突的形式表现出来。然而，从工会角色调适和功能变迁的各个阶段，无论是改革开放初期，由《工会改革的基本设想》到1989年《中共中央关于加强和改善党对工会、共青团、妇联工作领导的通知》的出台，还是党的十八大以来对工会政治性、先进性的突出强调等，都彰显了工会作为社会组织政治化的潜在方向。这种双向运动如同钟摆一样，形成了中国工会角色调适和功能变迁的“钟摆效应”。

三是中国工会角色调适和功能变迁是个错综复杂的综合体，既涉及多维的结构场域中的复杂关系，也体现了工会组织的自主能动性，同时还有中观层面制度变迁的过程。结构的内部各种子结构之间、结构与结构之间，都会对行为者的理念与行动产生影响，通过行动者的行为和行动者之间的互动，构建制度运行的方式。另外，这种复杂性体现在工会角色调适和功能变迁的差异化（instrumental diversity）特点，这种差异化主要体现在全国总工会与地方工会角色调适和功能变迁的差异性、企业工会与地方工会（基层工会）的差异性。包括转型动力、转型方向、制度再生等各方面。在角色调适和功能变迁的动力方面，地方工会、基层工会和企业工会主要迫于工会会员压力，更偏向于内生动力，而全国总工会则是政治性考量居多；在角色调适和功能变迁的方向上，地方工会和企业工会则向前走得更远，工会角色调适和功能变迁的很多经验都是地方工会创造的，而全国总工会则更保守和沉稳；在角色调适和功能变迁的制度再生方面，全国总工会更具有制度再生的优势，在条件和时机成熟的时候会推出一些经地方检验的制度机制，而地方工会则要冒更大风险，创新的味道也更浓一些。

第三章

中国特色的工会“特”在哪？

改革开放以前，国家与社会的分野还没有呈现，工会与国家一体化比较明显。改革开放以来，从系统论来看，中国开启了社会建设，“社会”作为系统与行政系统（国家）、经济系统（市场）相关，表现为社会相对于行政系统或经济系统发挥“市民社会”（葛兰西、阿伦特、哈贝马斯等）或“有机社会”（卡尔·波兰尼）的自主功能。这两方面特别是国家与社会的关系是中国学者格外关注的方面。斯考切波在分析社会革命时指出，“社会结构变迁与阶级冲突同时进行，政治转型与社会转型同时展开”，“社会革命的独特之处在于，社会结构和政治结构的根本性变化以一种相互强化的方式同时发生”。[①] 理查德·海曼在解析欧洲工会运动时，将工会置于社会、市场与阶级的三角之中，工会运动的各种竞争模式都是在这三者之间相互组合和移动的。其中，商业性工会关注的是市场、整合性工会关注的是社会，激进对立性工会关注的是阶级，并以英国、德国和意大利工会为例，分析了三国在不同模式之间的三维张力。具体表现为图 6：[②]

① ［美］西达·斯考切波：《国家与社会革命》，何俊志、王学东译，上海：上海世纪出版集团，2007 年，第 4–5 页。

② ［英］理查德·海曼：《解析欧洲工会运动——在市场、阶级和社会之间》，吴建平译，北京：中国工人出版社，2015 年，第 4 页。

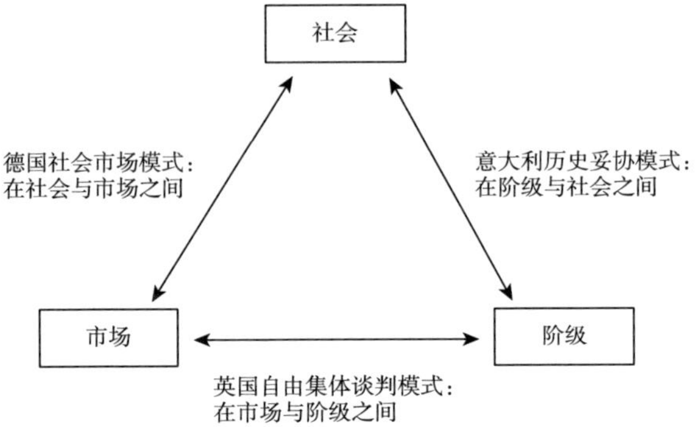

图 6　理查德·海曼关于工会的社会、市场、阶级三维结构模型

对中国工会来说，不仅要面临社会、市场、阶级的三维结构张力，还有最重要的来自政党—国家的结构性因素，而且是中国工会角色调适和功能变迁重要的塑造因素，这是中国工会与西方工会不同的关键所在。在此基础上，中国工会同样要面对社会、市场、阶级的多维结构要素，在多维的结构场域的张力和平衡中完善自身的定位。对中国工会来说，其结构要素如图 7 所示：

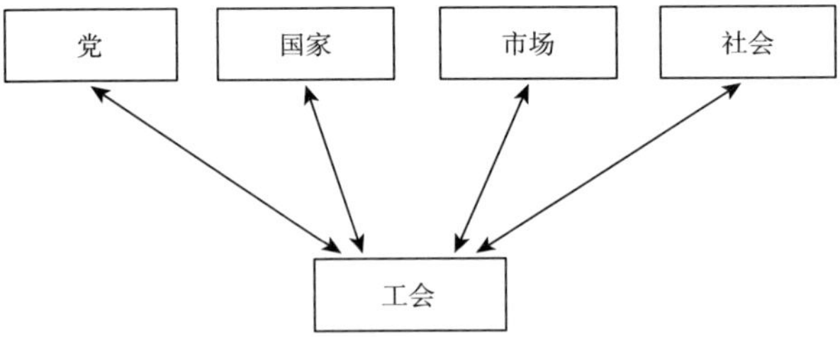

图 7　中国工会的多维结构模型

本章将从四个维度分析改革开放以来工会面临的结构关系中的角色调适，四个维度的结构关系分别为工会与党、工会与国家、工会与市场（资本与劳动）、工会与社会的结构关系。中国工会的角色调适就是在这四个维度结构关系的转型中实现的。

一、工会与党：中国共产党领导的群团组织

1. 工会在中国共产党“差序格局”[①]中的定位

关于党与社会的政治结构，邹谠曾将发端于延安时期的政治结构比喻为同心多级的金字塔，纵向上自上而下贯通，横向上向内不断内聚。[②]在党与社会关系层面，林尚立指出，中国共产党处于政治体系的中心位置，不同层次的组织按照党的控制能力、政治需求情况等如水波状向外辐射发散，形成“轴心—外围”结构。[③]其中工会等群团组织就处于外围组织 A 的位置（如图 8 所示），还有一些协会和统一战线组织等处于外围组织 B 的位置（如图 8 所示），以此类推，再向外发散。距离中心越远，党的控制力越弱，同时说明对党执政的重要性也在减弱。革命年代党的外围

---

① “差序格局”概念是费孝通先生运用社会结构分析方法对中国传统社会的定位。中国乡土社会以宗法群体为本位，人与人之间的关系，是以亲属关系为主轴的网络关系，是一种差序格局。在差序格局下，每个人都以自己为中心结成网络。这就像把一块石头扔到湖水里，以这个石头（个人）为中心点，在四周形成一圈一圈的波纹，波纹的远近可以标示社会关系的亲疏。本书中借用“差序格局”概念形容党与其外围组织的结构关系，也是犹如中心向外扩散的水波纹一样。

② 景跃进、陈明明、肖滨主编：《当代中国政府与政治》，北京：中国人民大学出版社，2016 年，第 105 页。

③ 林尚立提出的“轴心—外围”结构主要是从党与社会关系视角提出的，本书的“差序格局”更大意义上从党与外围组织关系角度讨论。参见林尚立：《中国共产党与国家建设》，天津：天津人民出版社，2017 年，第 190 页。

组织[①]和新中国成立以及改革开放后的外围组织不尽相同。[②]从形成原因来看，这种“差序格局”是动态的而非静态的，这种动态性一方面体现在党与外围组织的互动上，另一方面体现在外围组织与所联系群众的关系上，亦即与社会的互动关系上，外围组织以一定的社会群体为基础，随着社会群体的变化而变迁。“差序格局”可以用图8来表示：

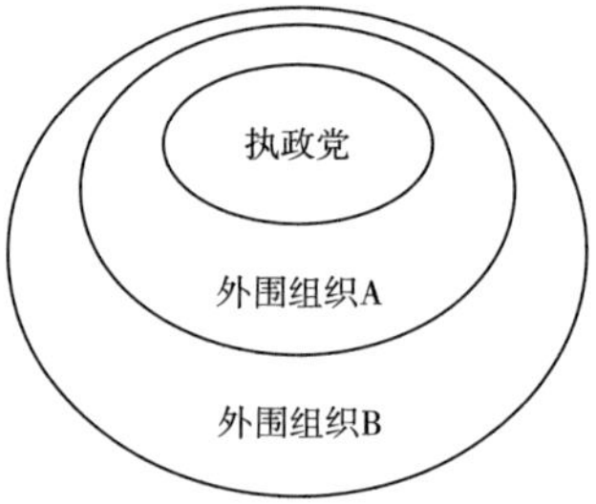

图8　执政党与社会关系的“差序格局”示意图

---

①　“土地革命时期的中国左翼文化团体（包括左联、社联、记联、音联、剧联、美联、教联、语联八个团体）、中国互济会、反帝大同盟；抗战前夕及抗战初期的中华民族解放先锋队（民先）；抗战后期及解放战争时期的民主青年协会（民协）、中国民主青年同盟（民青）、新民主主义青年社（新青社）、民主青年联盟（民联），是我党在国民党统治区长期残酷的地下革命斗争中，为适应复杂的环境和完成各个不同时期、不同方面的斗争任务而建立的秘密外围组织。这些组织受党直接领导，有较严密的组织系统和较严格的纪律；吸收成员是个别履行手续，参加后必须接受组织交给的任务，服从组织安排；这些组织斗争时间较长，在一省或数省有较大影响，起到了党的助手和联系群众纽带的作用。”参见《中共中央组织部关于确定党的秘密外围组织、进步团体及三联书店成员参加革命工作时间的通知》（1983年5月26日）。

②　参见林尚立：《中国共产党与国家建设》，天津：天津人民出版社，2017年，第205页；徐艳红、肖铁肩：《中国共产党外围组织产生和发展的政治逻辑——基于人民共和视角的考察》，载《青海社会科学》，2016年第1期；齐凌云《工会：外围组织与政治整合》，载《公共行政与人力资源》，2006年第4期等。

党的这种“差序格局”是革命年代自然形成的，从国共两党合作破裂开始，党不仅认识到革命领导权的重要性，而且对党核心地位的认识也更加深刻。1935 年，毛泽东在总结 1927 年大革命失败的教训时，指出大革命中缺乏中心支柱，大革命之所以失败就是因为缺乏革命的中心力量。他指出：“那时的革命统一战线没有中心支柱，没有坚强的革命的武装队伍，四面八方都造起反来，共产党只得孤军作战，无力抵制帝国主义和中国反革命的各个击破的策略。”“这就是缺乏革命中心力量招致革命失败的血的教训。”[①] 另外，革命年代对组织动员能力的需求、保密工作的需要等，也要求共产党对各类革命组织和对革命群众不能采取平行化策略，而要有所区别对待，而且军队作战更需要坚强有力的“中心支柱”。由此，中国共产党以党的建设为核心，形成了以政党建设推动革命整体发展的“轴心—外围”体系。

党在强化自身建设的同时，也把一切可以团结的力量都团结到自己的周围，在这个过程中，党的宣传工作、统战工作和组织工作都发挥了重要作用，党因此不断强大，社会也因此重新组织和整合。党实现这种“差序格局”，主要通过“领导战略”和“统战战略”两大战略。[②] 领导战略主要通过提高党的领导能力实现，其中民主集中制不仅成为重要的组织原则，也成为党保持核心地

① 中共中央文献研究室编：《毛泽东文集》(第一卷)，北京：人民出版社，1991 年，第 157 页。

② 林尚立：《中国共产党与国家建设》，天津：天津人民出版社，2017 年，第 193 页。

位的重要制度设计。统战战略的逻辑起点是阶级划分，在此基础上确定“差序格局”结构，在党的领导界线之外的群体和组织就进行统战，从而实现党的有效领导和党的意志得以贯彻落实。“统战”是一个更高明的领导战略，也是我们党的“法宝”之一，“它体现于政策、工作、行动，要在实际上实行领导，不要常常叫喊领导”，① “所谓领导权，不是要一天到晚当作口号去高喊，也不是盛气凌人地要人家服从我们，而是要以党的正确政策和自己的模范工作，说服和教育党外人士，使他们愿意接受我们的建议”。② 这就是毛泽东眼中的统战“领导权”③。在“差序格局”下，党通过领导战略和统战战略，形成了强大的“强中心—大外围”结构，并由此对中国社会产生向心性整合效应。

从党执政的实践可以看出，在发展自身组织基础上形成的党的外围组织网络十分广泛，尽管它分布于各种社会力量和社会阶层之中，但都聚集于党的领导，为党积聚力量的同时也为重新组织和聚合社会提供了组织网络。其中，工人阶级是党最坚实、最可靠的阶级基础，因此工会就一直在紧靠党核心的次外围位置。从大革命失败后到新中国成立的22年间，中国共产党与中国工会在第二次国内革命战争、抗日战争和解放战争三大历史时期，依

① 中共中央文献研究室编：《毛泽东文集》（第三卷），北京：人民出版社，1996年，第328页。

② 中共中央文献研究室编：《毛泽东文集》（第二卷），北京：人民出版社，1991年，第742页。

③ 中共中央文献研究室编：《毛泽东文集》（第二卷），北京：人民出版社，1991年，第742页。

据各阶段革命性质和任务特点实施领导与被领导，[①] 虽然中国共产党的生存和发展空间一度转移到农村，但工会一直都是党领导革命的重要战略资源，为此，中国共产党积极在城市中与国民党争夺工会的领导权，以保证党对工人阶级的领导和动员。[②]

除了在工人中建立外围组织外，中国共产党还在农民、青年和妇女中建立了自己的外围组织。比如第一次国内革命战争和第二次国内革命战争期间，农民协会协助党的领导开展农民组织动员工作，解放战争时期，农民协会在农村依然发展迅速。新中国成立前后，新解放区的农民协会会员达到 2400 多万人。[③] 党的二大、三大、四大、五大的决议案里，基本上都有关于工农运动和妇青运动的决议案，这说明党始终注重对工人、农民、妇女和青年的团结，并将结合相应的外围组织来领导和推动革命运动。[④]1928 年党的六大通过的《中国共产党组织决议案草案》就明确提出：“最广大的同情于我们的组织，自然是群众组织。我们吸引无党的工农群众，参加组织中间日常工作，比较吸引他们入共产党是容易得多。但是假使能以引导他们，使他们在党的指导之下，在职工会中为无党工人之最近的要求而奋斗；在农民协会中，为无党农民之最近的要求而奋斗，这便是吸引工农分子入党的第

① 颜辉、王永玺主编：《中国工会纵横谈》，北京：中共党史出版社，2008 年，第 49 页。

② 王永玺：《中国工会史》，北京：中共党史出版社，1992 年。

③ 中共中央文献编辑委员会编：《刘少奇选集》（下卷），北京：人民出版社，1985 年，第 29 页。

④ 林尚立：《中国共产党与国家建设》，天津：天津人民出版社，2017 年，第 196 页。

一步工作。”[①] 根据“差序格局”，工会、农民协会、青年团、妇女组织之外就是各类统一战线组织，团结一切可以团结的力量，为实现党的目标服务。早在 1950 年，周恩来在第一次全国统一战线工作会议上就提出：工会是工人阶级的群众组织，工会有统一战线性质。统一战线政治上是阶级联合，组织上就是党组织和党外组织的联系、团结和联合。

改革开放以来，在通过沈大伟所谓的“收缩”从而为社会提供了生长空间，在社会权利主体不断多元化的同时，执政党的“差序格局”事实上也面临多元化问题。工会在党的“差序格局”中事实上面临两方面的挑战。一方面，是工会自身角色调适中的工会作为党领导的人民团体，在面对市场经济的发展和劳动关系的多元，要想真正成为职工群众的代表，就要处理在党和群众之间寻求平衡的问题，如果工会一味地寻求自主性，那么就会从党的“差序格局”中脱离出去。另一方面，虽然工会是中国唯一具有政治合法性的工人阶级组织，但同时，劳动领域社会组织也在快速发展，从职能上对工会形成挑战的态势，工会如果不能更好地满足职工的合法诉求，其生命力和合法性就会受到挑战，在党的“差序格局”的地位也就会弱化。正如林尚立所说，经济社会对工会最大的挑战是工会如何在保证党的领导下，能够适应职工群众的变化，更好地巩固党的领导和执政的阶级基础和群众

① 中央档案馆编：《中共中央文件选集》（第四册），北京：中共中央党校出版社，1989 年。

基础。[①]

2. 党与工会：工人阶级的“先锋队”与“本队”

马克思主义认为，阶级是历史唯物主义的核心概念。今天很少有学者再去捍卫“阶级第一位”（class primacy）的刻板说法，但是，阶级在马克思主义中仍然占有重要的地位。一些具有马克思主义情怀的社会学家，如布洛维和赖特就认为：“作为阶级分析的马克思主义”是马克思主义社会学的核心。[②]不论学界和社会认知如何，中国共产党是马克思主义政党，工人阶级是中国共产党的阶级基础，这是一整套理论体系和实践基础作为支撑的。在卢森堡和卢卡奇看来，不产生阶级行动或者不具备产生阶级行动的意识不能被称为阶级意识，而具备这种能力的杠杆组织就是党。卢卡奇说：“党是他们最特有的、但是他们自己还不完全清楚的意志的客体化，是他们的阶级意识可以看得见的和有组织的形态”，[③]“党是无产阶级阶级意识的支柱，是无产阶级历史使命的良知”。[④]

从工会和党产生来看，正如戈德斯通指出的，制度化政治和非制度化之间并没有截然清晰的界限，政党、工会等制度化组织

① 韩福国等：《新型产业工人与中国工会——“义乌工会社会化维权模式”研究》，上海：上海人民出版社，2008 年，第 6–7 页。

② ［美］埃里克·欧林·赖特主编：《阶级分析方法》，马磊、吴菲等译，上海：复旦大学出版社，2011 年，第 2 页。

③ ［匈］卢卡奇：《历史与阶级意识》，杜章智、任立、燕宏远译，北京：商务印书馆，2016 年，第 99 页。

④ ［匈］卢卡奇：《历史与阶级意识》，杜章智、任立、燕宏远译，北京：商务印书馆，2016 年，第 97 页。

往往都是从社会运动产生的。[①] 中国工人运动孕育了中国共产党，中国工会是在党的领导下创建和运作的。从性质上看，工会是工人阶级的群众组织，与党具有共同的阶级基础。赖若愚曾有个形象的比喻，那就是共产党是工人阶级的先锋队，工会是工人阶级的本队，党通过工会去联系本阶级群众。因此，党赋予工会双向功能：一方面，工会了解职工情绪、意愿和需求，作为党制定路线、方针、政策的依据；另一方面，工会教育职工正确理解和自觉接受党的政策，主动为实现党的目标而奋斗。党和工会有共同的目标任务，工会要认同党的纲领，同党中央在政治上保持一致。但是工会是一个独立的群众组织，不是党的一个部门，因此，不能要求各级工会同各级党委在所有问题上都用一个腔调说话，应该允许工会从自身的特点出发，在国家政治、经济和社会生活的一些方面具有自己的立场、态度和声音，独立负责地开展工作。

从历史上看，工人阶级只有在 1921 年中国共产党成立后，才实现了由“自在”到“自为”的转变。因此工人阶级的阶级性是以自觉接受党的领导为前提和标志的。在《中国共产党第一个决议》中，就明确规定“本党的基本任务是成立产业工会”。[②]1929 年第五次全国劳动大会上通过的《工会组织问题决议案》中，强调

① ［美］杰克·戈德斯通：《国家、政党与社会运动》，章延杰译，上海：上海世纪出版集团，2009 年，第 2 页。

② 刘明逵、唐玉良主编：《中国近代工人阶级和工人运动》（第 4 卷），北京：中共中央党校出版社，2002 年，第 31–33 页。

“必须普遍地在产业区域的工人中建立强固的赤色工会组织”，[①] 这是大规模组建赤色工会的宣言，也是工会与党的密切关系的写照。从中国工会章程发展史可以看出，新中国成立之前的工会章程并没有明确规定党和工会的关系，在1950年第一部《工会法》中也未作表述，这是由于革命年代工会与党的密切关系是不言而喻的，是通过战争考验的。1953年，新中国成立后召开的第一次全国代表大会——中国工会七大，通过的章程则明确了工会与党的关系，即“中国现代的工人运动，是在中国工人阶级自己的政党——中国共产党产生以后，并在中国共产党的直接领导下，沿着胜利的道路发展起来的。中国工会把广大工人群众团结在中国共产党的周围，成为党与群众联系的纽带”。[②]1978年，中国工会九大通过的章程开篇就是工会与党的性质定位：“中国工会是中国共产党领导的工人阶级自愿结合的群众组织。”[③] 这个角色定位成为此后修订《中国工会章程》的明确表述。

然而，在党和工会具有共同的阶级基础上，改革开放以来，随着社会主义市场经济的发展，工人阶级本身发生了变迁。首先

---

① 《工会组织问题决议案》(1929年11月11日第五次全国劳动大会通过)，载中华全国总工会组织部编:《中国工会章程简史》，北京：中国工人出版社，2018年，第176页。

② 《中华人民共和国工会章程》(1953年5月10日中国工会第七次全国代表大会通过)，载中华全国总工会组织部编:《中国工会章程简史》，北京：中国工人出版社，2018年，第187页。

③ 《中华人民共和国工会章程》(1978年10月21日中国工会第九次全国代表大会通过)，载中华全国总工会组织部编:《中国工会章程简史》，北京：中国工人出版社，2018年，第204页。

是规模的迅速增长。新经济成分的发展和大规模城乡人口流动，带来大量工人阶级的新成员。其次是职工队伍结构的变化，表现在职工依存的所有制形式多样化，非公有制企业职工的比重逐年上升；产业分布发生改变，第三产业职工的比重大幅增加；职业结构类型更加多元化，增加了非公有制企业的经营管理人员和销售人员等，知识分子的比重大大增加。最后是内部阶层的明显分化，工人阶级中多元阶层的形成。在工人阶级内部，开始形成大量低收入的劳动群体。这包括城镇化进程中大量进入城市工作的农民工，也包括随着国企改革的深入推进而形成的一批下岗失业人员。

2003 年 9 月，中国工会十四大提出，工人阶级是"包括广大知识分子在内的，由各种所有制企业、各种机关事业单位的全体体力劳动者和脑力劳动者构成的统一整体"。"工人阶级"的含义在变更，身份、阶层和利益出现分化。长期以来，"工人阶级"是一个政治化的概念，内涵的政治性和外延的不确定性是它的基本特征。其结果就是没有一个确定意义上的"工人阶级群体"，这个阶级在所有人都为其贴上标签时反而"失踪"了。汪仕凯提出，工人阶级是政治阶级和社会阶级并存的范畴，正由政治阶级转向社会阶级。[①] 这样就面临一个政治意义上的工人阶级与社会意义上的工人阶级的分化。

这是对理论界提出的一个新课题。2000 年，江泽民同志在广

① 汪仕凯：《阶级与公民之间的政治：职工代表大会的实践空间与转型逻辑》，上海：上海人民出版社，2013 年，第 286–301 页。

东考察时提出“三个代表”重要思想，从党的性质的角度根本上界定了党的阶级基础问题，也就是说党既是工人阶级的先锋队，也是中华民族的先锋队。党面向急剧变迁的社会进行了扩容和吸纳，企业家群体入党解决了党的社会基础问题。因此，工会作为工人阶级“本队”，也在一定程度上面临工人阶级政治结构变迁的问题。1979 年，邓小平重申“知识分子是工人阶级一部分”的论断，党的十五大报告进一步加以明确。中国工会十四大明确提出“农民工已经成为我国工人阶级的新成员和重要组成部分”。随着经济社会发展和社会群体分化的加剧，工会的阶级性和群众性之间的张力也会日益凸显，这样就需要进一步加强政治吸纳，将更多的新经济组织、新社会组织群体纳入工人阶级范畴中来。同时，工会在实际上已经在应对工人阶级分化的问题，那就是不论所有制形式，将职工都纳入工会的工作范畴，比如工会的集体协商，实际上重点在非公有制企业，那么大量的企业职员，实际上都在工会政治吸纳范围内。

3. 坚持党的领导与工会独立自主依法依章程开展工作的关系

政治组织之间存在内在张力是由各自的性质、代表群体等不同决定的，因此，任何相互关联的政治组织之间都会存在内在的张力。笔者想强调的是，工会与党的内在张力并非政治实践中存在的，而是理论上的。从历史上看，自工会成立以来，自觉接受党的领导就成为根本的政治原则和优良传统。即使新中国成立初期工会一些领导人被错误批判为“经济主义”“工团主义”，中国工会坚持党的领导也一直没有动摇。从中国工会七大报告到中国工会十七大报告，都旗帜鲜明地突出坚持党的领导这个主题。工会与政党的联系是历史性、国际性现象，工会保持“中立”是不可能的。中国共产党与工人阶级利益的共同性、目标的一致性，决定了坚持自觉接受党的领导是中国工会的历史选择，是做好工会工作的根本政治原则和本质要求，也是中国工会区别于西方资本主义国家工会的根本特点和政治优势。

戴维·阿普特指出，“在发展中国家，国家与社会之间存在着一种特定的关系——它们通过政党团结在一起”。[①] 那么这种张力如何体现呢？一方面，从属性上看，工会是职工自愿结合的群众组织，具有代表、表达、协调职工利益的功能（在后文也将详细论述），那么工会的政治属性与政党是类似的，具有“准政党组织”的特征。因此，工会只有坚持自觉接受党的领导，才能保证不会出现“民主代表机制”的悖论。另一方面，工会如何在党的政治领导下独立自主开展工作，也就是工会独立自主的限度问题。1928 年，党的六大职工运动决议案中强调“党与工会组织上的界限要分明”。然而，新中国成立初期对工会的“工团主义”“经济主义”的批判对工会组织独立自主性是很严重的损害。邓小平提出“党和国家领导制度的主要弊端之一就是权力过于集中，未能很好地发挥政权机关和社会组织的作用”[②]。20 世纪 80 年代末的工

① ［美］戴维·阿普特：《现代化的政治》，陈亮译，上海：上海人民出版社，2011 年，第 137 页。

② 邓小平：《党和国家领导制度的改革》（1980 年 8 月 18 日在中共中央政治局扩大会议上的讲话），载邓小平：《邓小平文选》（第二卷），北京：人民出版社，1983 年，第 339 页。

会改革设想流产也是工会改革的一次尝试。因此，合理地把握独立自主的范围和限度，就显得非常重要。

二、工会与国家：一体化的瓦解与国家权力的代理

我们要考察工会与国家的结构关系问题，首先，借用邹谠的全能主义模式来描述改革开放以前和改革开放初期的中国国家与社会关系状态；其次，在工会与国家结构关系上，随着转型的深入，私营企业的蓬勃发展，国家权力逐渐从社会特别是企业中退出，而这种情况下对国家政权是有一定风险的，至少在党的认知中，存在无法控制的隐忧，这也是“三个代表”重要思想的时代意义，工会在企业中作为国家权力延伸角色出现，成为工会—国家关系的新特点。

1. 全能主义模式下国家与工会的一体化

全能主义（totalism）是邹谠为解释20世纪中国政治中国家—社会关系而提出的具有中文语境的概念，也可以称为一种解释范式。这个理论范式对于中国工会所处的国家—社会结构转型以及工会组织转型，同样具有很强的解释力。全能主义指的是政治权力可以侵入社会的各个领域和个人生活的诸多方面，在原则上不受法律、思想、道德的限制。另外，全能主义是国家与社会之间状态的抽象连续体，介于无国家的社会和无社会的国家之间。[①]改革开放以前和改革开放初期的中国是全能主义比较贴切的状态，

① 邹谠：《二十世纪中国政治：从宏观历史与微观行动的角度看》，香港：牛津大学出版社（中国），1994年，第223–230页。

国家对社会具有全面的控制性，随着市场经济的不断成长，社会的力量也在增长，法制、舆论监督等在不断完善，应该说中国已经逐步走出全能主义模式。

全能主义模式下的政党—国家，政党是集政治组织与社会组织于一身的“中心支柱”。新中国成立后，一些社会团体成为民主党派，1950 年，工商业者联合会逐渐成立以取代曾经的商会、行会，民间自发成立的具有社会代表性的社会团体和社会组织基本不复存在，或者在政党主导下数量很少，主要是在科技和学术领域中，经由政府倡导和支持建立了一些团体，在其他许多领域中大多不再有民间性质的社团存在。[①] 据统计，20 世纪 50 年代，全国性的社团只有 44 个，20 世纪 60 年代也不超过 100 个，地方性社团约 6000 个。[②] 在计划经济条件下，一方面，其组织单位特别是基层党支部在实质上发挥着社会组织的公共服务职能；另一方面，通过在企业和社会组织中设立党组织，并通过这种制度化强化对社会组织的政治领导，形成一种“过度组织化的社会”。[③] 在这种情形下，政党—国家吞噬了社会，工会组织等人民团体也成为政党—国家的政策执行机构。正如林尚立指出的，党组织对社会进行了同构性整合，这样社会组织等存在的空间大大受到了挤压或

① 朱英：《20 世纪中国民间社团发展演变的历史轨迹》，载《华中理工大学学报》，1994 年第 4 期。

② 俞可平：《治理与善治》，北京：社会科学文献出版社，2000 年，第 329 页。

③ 孙国东：《让社会运转起来——能动性社会与功能主义的社会治理观论纲》，载郭苏建主编：《转型中国的国家与社会关系新探》，上海：格致出版社、上海人民出版社，2018 年，第 71 页。

者形式化、空洞化。整个社会成为政党组织原则下的复制品，社会萎缩为不以权利主张为目标的形式上的组织结合体。①

2. 后单位体制时代②工会作为国家权力的有效延伸

新中国成立后，党对社会的全面同构是通过公有制所有制结构和计划经济体制实现的。从组织形态上来看，就是单位制的组织方式，这是以苏联为模板的社会重组。“差序格局”的“轴心—外围”结构与网络化的单位体制结构相融合，党领导各级单位体系，其中包括工会、青年团、妇联等外围组织。③

“单位”是国家组织社会的一种特殊的制度安排，不仅是经济机构，也是社会机构，还是国家分配机制发生作用的载体，以及社会动员的主要单元。单位承担了社会整合、政治控制、行政管理和生活资源分配的功能④，在经济体制改革前是中国经济社会最重要的组织形态。关于单位体制和单位组织的研究，从 20 世纪 80 年代以来，涌现出很多研究成果，有的侧重探讨这一社会组织的瓦解过程，有的侧重从“单位人”向“社会人”的过渡，还有的侧重跨单位组织研究，对此学界特别是社会学界已有比较完整详

---

① 林尚立:《中国共产党与国家建设》，天津：天津人民出版社，2017 年，第 207 页。

② 当前，随着社会主义市场经济的不断完善和发展，我国最重要的组织体制——单位体制受到了前所未有的冲击，然而，正如一些社会学者提及的，单位体制并未瓦解，而是发生了转型，并且在一些社会部门仍然发挥不可替代的作用。因此，笔者这里用“后单位体制时代”来指代传统的单位体制弱化的状态。

③ 新中国成立后，农民协会没有保留，造成了一直存在农民组织化的空白。

④ 李路路:《单位制的变迁与研究》，载《吉林大学社会科学学报》2013 年第 1 期。

细的述评。[①]

单位制实际上是一种封闭式的劳动就业体制，即政府机构、国有企事业单位（包括准国营单位——大集体）都实行“统包统配”用工制度，俗称“铁饭碗”，职工到一个单位工作后，一直工作到退休，而且即使父母退休后，子女还可以顶替，有政府统一规定标准的低水平的等级工资制和终身的企业福利、保障制度。在这种体制中，一方面单位依附国家、个人依附单位是主要特点；另一方面则是国家对单位、单位对个人的控制关系。“人身的单位所有制，势必造成单位成员与单位之间的依附与控制关系。在单位制度下，所有社会成员的人生所需差不多全部仰赖于他们各自所归属的单位。”[②]

单位体制最大限度地加强了党对工会等群团组织的领导。一方面，政党—国家对社会的控制力达到峰值，尉健行在一次讲话中谈道：“在过去计划经济体制下，工资的晋升，包括企业一年给工人发几副手套，老实讲工会无权过问，厂长也没有多少权利，都是由政府统一规定的。劳动关系实际上是国家与职工的关

① 之所以涌现出这么多研究成果，归根结底还是单位体制发生了转型，而转型则是“单位”组织瓦解和社会组织形成的过程。参见李路路：《论单位研究》，载《社会学研究》，2002 年第 5 期；周雪光：《西方社会学关于中国组织与制度变迁研究状况述评》，载《社会学研究》，1999 年第 4 期；张静：《阶级政治与单位政治——城市社会的利益组织化结构和社会参与》，载《开放时代》，2003 年第 2 期等。

② 曹锦清、陈中亚：《走出“理想”城堡——中国“单位”现象研究》，深圳：海天出版社，1997 年，第 72 页。

系。”[①] 另一方面，根植于各种社会群体之中的外围组织也被区隔限定在党委框架内，从而丧失了向外延伸的动力和自主性，在服从党的领导过程中日益趋向政党化和官僚化。[②]

进入改革开放时期后，这种状况开始出现根本性变化。相对于政府，市场和社会逐渐获得了更多的自主性。在市场经济的推动下，对正常利益的追求使个人的利益逐渐从集体利益和国家利益中析分出来。在此背景下，社会发展不仅为党提供新的坚实的执政基础，也对原有社会格局造成一定程度的冲击。为此，党适时提出了加强社会建设的要求，确立了建设社会主义和谐社会的目标。在十六届六中全会上，通过了《关于构建社会主义和谐社会若干重大问题的决定》，党的十七大又把社会建设纳入中国特色社会主义建设总体布局。[③]

“社会革命重建政治权威机构或国家，社会与政治机构或国家间的关系的根本变化，是在同一过程中发生的。”[④] 党和国家逐步从社会中退出，这与西方社会自发生成是截然不同的，我国改革开放以来社会的重建是建立在国家对权力让渡基础上的。对于工会来说，国家从社会退出，国有企业仍然在政党—国家的绝对控制

---

① 尉健行：《工会的基本职责》，北京：中国工人出版社，2009 年，第 109–110 页。

② 林尚立：《中国共产党与国家建设》，天津：天津人民出版社，2017 年，第 198–200 页

③ 王长江：《中国共产党执政七十年党建经验再思考》，载《党政研究》2019 年第 4 期。

④ 邹谠：《二十世纪中国政治：从宏观历史与微观行动的角度看》，香港：牛津大学出版社（中国），1994 年，第 18 页

下，而大量发展起来的私营企业，政党—国家的权力缺乏有效和直接的渠道，私营企业也是劳动关系最复杂多样的社会领域。越是经济发达的地区，劳动争议就越容易展现出社会冲突的特征。特别是随着社会群体的流动，农民进城务工，成为真正意义上的工人，阶级间的分界线日益模糊，这些群体的诉求缺乏制度性渠道释放，对政党—国家都是比较危险的。这就为工会组织在蓬勃发展的私营企业中发挥国家权力延伸作用提供了空间。

从另一个层面来看，单位制弱化对工会组织也是巨大的挑战。虽然 20 世纪 80 年代以来的政治体制改革，给工会自主发挥作用提供了空间。正如 1980 年 8 月 18 日，邓小平在中共中央政治局扩大会议上说的："我们历史上多次过分强调党的集中统一，过分强调反对分散主义、闹独立性，很少强调必要的分权和自主权，很少反对个人过分集权。过去在中央和地方之间，分过几次权，但每次都没有涉及党同政府、经济组织、群众团体等之间如何划分职权范围的问题。我不是说不要强调党的集中统一，不是说任何情况下强调集中统一都不对，也不是说不要反对分散主义、闹独立性，问题都在于'过分'，而且对什么是分散主义、闹独立性也没有搞得很清楚。党成为全国的执政党，特别是生产资料公有制的社会主义改造基本完成以后，党的中心任务已经不同于过去，社会主义建设的任务极为繁重复杂，权力过分集中，越来越不能适应社会主义事业的发展。对这个问题长期没有足够的认识，成为发生'文化大革命'的一个重要原因，使我们付出了沉重的代价。现在再也不能不解决了。”[①] 然而，工会缺乏单位体制的依赖，也缺乏开展工作的抓手，对市场经济条件下如何做工作尚未积累足够的经验。当时的情形是，2003 年与 1999 年相比，国有企业工会组织数、会员人数下降 8%；非公有制企业近一亿名进城务工人员中，被组织到工会中来的不足 3500 万人。正如王沪宁所说的，在向市场经济体制转型过程中，变革的重点是单位体制的内在逻辑，而不是它的外在形态——重要的任务是在变革了传统单位体制的内在逻辑后，建立新的内在逻辑，并根据这一逻辑建立新的社会调控体系和资源分配方式。[②] 有的学者指出，通过独一无二的资源控制能力，国家不但延续了许多单位旧体制的生命，更加能够成为吸附各种新组织、在市场经济与全球化过程中同样如鱼得水的新力量。[③] 因此，工会进入市场经济条件下的社会动机与需求同政党—国家的要求是一致的。

三、工会与市场：在市场社会形成中的结构定位

如上节所述，政党—国家—工会结构关系的主要特征就是政党—国家通过单位制和党的执政差序格局，使社会和工会都成为政党—国家的一部分，或者社会作为与国家对立的功能隐藏起来，

---

① 邓小平：《党和国家领导制度的改革》，1980 年 8 月 18 日中共在中央政治局扩大会议上的讲话，载邓小平：《邓小平文选》（第二卷），北京：人民出版社，1983 年，第 339 页。

② 王沪宁：《从单位到社会：社会调控体系的再造》，载《公共行政与人力资源》，1995 年第 1 期。

③ 李友梅、黄晓春、张虎祥等：《从弥散到秩序："制度与生活"视野下的中国社会变迁（1921—2011）》，北京：中国大百科全书出版社，2011 年，第 216 页。

工会完全不具备社会组织特征。改革开放以来，这个结构体系逐渐发生变化，结构中新主体开始出现，社会逐渐从政党—国家分化出来，党也具备了一些社会组织的特点以加强与社会的关系。然而，与西方市民社会从市场中发育成长壮大的历程不同，我国的市场最开始是由政党—国家靠放松政府管制和给予政策性发展空间培育起来的，同时，社会组织也逐步成长起来，成为社会特性的主要载体。因此，改革开放以来，我国的市场与社会可以看作这个新的结构体系中的两个主体，市场与社会一定程度上呈现出脱钩的特征。在市场中，随着新型劳动关系的出现，资本和劳动的分化也越来越明显，强资本弱劳动的格局越来越清晰。这种结构关系可以通过图 9 表现出来。

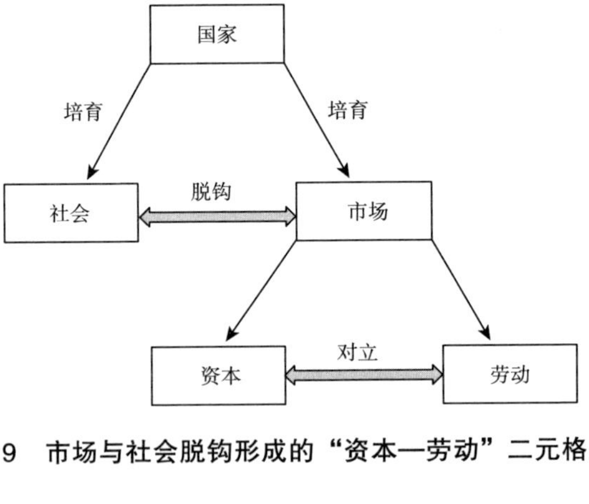

图 9　市场与社会脱钩形成的“资本—劳动”二元格局

1. 工会角色调适的结构性压力：阶级政治的“衰落”

市场的发育以及其带来的国家—社会关系的变化与阶级政治是此消彼长的，阶级政治是新中国成立后政治的主要形式。1956

年，对资本主义私人所有制的社会主义改造基本完成，在大陆消灭了资产阶级，阶级与阶级对抗走向消亡。然而阶级和阶级斗争的观念及其实践却日益兴盛，以至于国家与社会的治理纳入“以阶级斗争为纲”的轨道，从1958年到1978年的近二十年里，阶级斗争基本主导了中国政治的主旋律。改革开放后，随着市场、资本的出现和发展，作为社会经济结构变化产物的中国社会分层结构开始逐步形成，“一部分人先富起来”不仅仅是一个财富增值的现象，很大程度上是资本、财产和权力社会化分配过程的结果。[①]事实上的阶级和阶级分层虽然还在，但已经成为冰山水面之下的部分，而水面之上，“阶级”与阶级话语逐渐缩小其使用范围。我国阶级阶层政策最重大一次转变莫过于改革开放以后淡化“阶级”而突出“阶层”。[②]

从国际政治发展来看，19世纪末到20世纪初，工业革命的发展推动阶级政治走向高潮。然而，第二次世界大战后特别是20世纪60年代以来，自由主义政治的中心单位，即以阶级组成为中心的集团政治在发生变化，社会认同转向了负责公民利益的公共组织。这种发展主要基于技术和劳动分工的发展，劳动者个体需要更多的教育，这对公共组织权威的参与提出了更高的要求。马歇尔在剑桥大学两次著名的演讲准确地勾勒了战后资本主义发展的

① 汪仕凯：《阶级与公民之间的政治：职工代表大会的实践空间与转型逻辑》，上海：上海人民出版社，2013年。

② 冯仕政、朱展仪：《当代中国阶级阶层政策的转变与社会治理》，载《江苏行政学院学报》，2018年第3期。

主要趋势：公民权责发展导致了个体依赖向国家层次的集中，这种集中化发展首先是从突破阶级的局限开始的。马歇尔提出，现代资本主义社会有两种主要结构：一种是社会阶级结构，另一种是公民权责（citizenship）及其相关的制度结构，两者遵循各自不同的原则。前者的原则是集团不平等，基于对不平等财产拥有的保护；后者的原则是人的层面即个体的平等，要求现代国家的公民平等享有各种权利和义务。他进一步认为，公民权责制度化发展缓解了阶级冲突。公民权责制度结构主要包括其著名的三项权利：公民权利（保障个体自由必需的权利）、政治权利（公民参与政治事务的权利）和社会权利（社会福利平等享有的权利）。这三项权利及其支撑性的社会制度，被统称为公民权责体制的发展，有的被称为公民权，公民和国家的直接联系也因此增加，某种程度上，代替了阶级、身份团体从前起到的作用。这种全面制度化发展，使阶级集聚个人的作用下降，阶级紧张也因此得到了缓解。[①] 马歇尔说，随着资本主义逐步成为一种社会体制，随着阶级结构在体系中的演变，公民权责由一种源于市场体系，并支持市场体系的权力体系，变为一种对阶级集团制度有消解作用的组织体系。[②] 这样，公民权责的发展事实上改变了国家权力的本质，把君主权威改变为当代公共政权，即宪政国家组织，把反映支配性

---

① 张静：《法团主义》（第三版），北京：东方出版社，2015 年，第 136 页。

② T.H.Marshall, *Citizenship and social Class*, in T.H.Marshall: *Class, Citizenship and Social Development*, Chicago University Press, 1973.

阶级利益的政权改变为保护所有公民利益的政权。[1] 公民权责的发展引发了现代社会的急剧变迁，社会认同与依赖结构集中化，个体逐渐脱离局部性的组织单位如家族、种族、地方共同体、社团、阶级等，转向更大的政治单位——国家，这个过程打破了由社群边界维持的分割结构，建立了同构性的统一体制。其结果是，社团的内聚地位被弱化，而国家内聚地位得到强化。通过对公民权利的确认和释放，政治、经济和社会的制度化关系得以重组，从而形成新型的现代政治体系——宪政国家。

按照马歇尔的理论，只要走向以公民权责为核心的发展道路，阶级政治衰落是必然的。这也就解释了为什么中国改革开放以来的政治发展，不能既坚持无产阶级专政的阶级政治道路，又走出中国特色社会主义市场经济的发展道路。

那么阶级政治衰落对中国工会产生怎样的影响呢？让我们首先回到中国政治的语境。1949 年新中国成立以来到 1978 年十一届三中全会这 30 年，阶级政治一直是中国政治的主旋律。在马克思主义经典作家那里：1. 无产阶级专政是社会主义时期的政治。2. 社会主义时期是不断革命的。不断革命就是消灭阶级差别、资本私有制、资本主义社会的国家机器、资产阶级的意识形态。3. 社会主义是向共产主义的“过渡时期”。它是一种“暂时的形式”。4. 无产阶级专政首先是“粉碎资产阶级的反抗”。5. 无产阶

① 曾荣光：《公民权责的发展——公民与国家之间权力关系的建构》，载文思慧等：《公与私：人权与公民社会的发展》，香港人文科学出版社，1995 年，第 39 页。

级的专政就是工人阶级的统治。6. 巴黎公社就是无产阶级专政的模板。1977 年党的十一大报告在对毛泽东的无产阶级专政理论概括总结的基础上提出无产阶级专政下继续革命理论，也就是说阶级斗争仍然是社会主义社会的主流，必须坚持无产阶级对资产阶级的专政，并在此基础上继续革命下去。[①] 从一定程度上看，1978 年中国共产党的十一届三中全会是对阶级斗争的决裂。阶级政治的矛盾核心是敌我矛盾，划分敌我的标准是政治运行的重要基石，而改革开放以后阶级政治的式微，一方面是对斗争哲学的摒弃；另一方面，也是更重要的一点是随着所有制和产权体制的改革，划分敌我的标准已经无从下手了。

阶级政治的消解让工会的天然合法性受到冲击，工人阶级话语式微让工会不得不面对日益发展起来的市场和日益多元化的社会。在无产阶级专政条件下，工会具有天然的合法性。虽然工会组织只是无产阶级的本队，距离先锋队在思想觉悟和组织形态上还不够成熟，但是阶级斗争的需要赋予工会在政治上更大程度存在的意义。阶级政治衰落的直接表现就是“阶级不见了”，工人阶级也处于令人尴尬的境地。这不仅是在话语上，更深层次的是政治逻辑已经转换了。正如马歇尔所说的，从社会阶级结构转向了公民权责及相关的制度结构，工会如果不及时转型，也将面对无所适从的境地。

① 《中国共产党第十一次全国代表大会报告》，人民网，中国共产党历次全国代表大会数据库。

2. 市场经济发展导致工会与社会关系的变化

与阶级政治衰落相对应的就是市场与社会的发展。我们为什么要关注市场与社会的关系呢？因为随着阶级政治的衰落，工会被政党—国家推向社会，其直接面对的就是市场。市场的发展以资本和企业为代表，工会在这种结构中成为劳动（劳动者 / 劳动力）的“代言人”。一般来说，在国家—社会关系下，市场是社会的组成部分，然而如果市场发展不加限制，将会侵蚀社会。因此，这里我们主要关注的：一是在国家与社会关系框架下，国家的放松管制给市场发展腾出了空间，这是市场作为一种独立力量成长的开始，也是中国市场发育与西方市场经济不同所在；二是市场通过商品化和资本的强势迅速成长为波兰尼式的社会反动力量。

波兰尼主要观点是关于市场与社会的，可以归纳如下：一是能够完全自我调节的市场根本不存在，其是构想出来的“乌托邦”。[①] 二是市场与社会的脱钩（dis-embedded）。类似于马克思的“商品拜物教”，市场原则主导下的社会试图将劳动、土地和货币都商品化，因而最终陷入“一切人对一切人的战争”。三是社会面对市场的侵蚀将发起自发的社会保护运动，来抵御市场的自发调节性引发的商品化霸权。四是事实上人类社会 19 世纪以来经历了市场脱钩与社会保护运动同时并行的双向运动（double movement），而在这种双向运动中不断引发政治冲突。因此，社会迫切需要发现和重建。五是与“市场社会”不同，要打造一个

① ［英］卡尔·波兰尼：《巨变：当代政治和经济的起源》，黄树民译，北京：社会科学文献出版社，2013 年，第 1 页。

“社会市场”，也就是公共物品（public goods）等公益产品不受市场的等价交换原则控制，而应该由社会保护或规制（regulation）起来。马克思主义也认同社会的“反向运动”，但是把它看作一种阶级的运动。而在波兰尼看来，“反向运动”并不是某一阶级的运动，而是整个社会的需求。六是在社会市场中，市场并不是完全隐匿，而是非完全的自我调节状态，也就是说解除了资本的绝对控制。七是国家在管理土地、劳动力和货币这三大要素上发挥着基础性作用。波兰尼理论的重要意义在于对资本主义特别是自由主义的批判，但是并不认为资本主义会自己毁灭，同时给出了有别于共产主义和社会主义的另一种选择。这其实是一种折中状态，调和了市场与社会。因此，波兰尼的理论也越来越受到政治社会学的重视。[①] 波兰尼理论的价值在于他将国家与社会关系看作一个复杂体系的结构，这种结构的均衡性不能被任何单一要素打破，如果哪个要素出现支配态势，必然引起整个结构的反弹和制衡。对于本书的研究对象来说，工会虽然不在波兰尼的论述范畴之内，但是作为介于国家与社会之间的一个中观要素，同时又与市场有着密切的对立和关联，波兰尼的结构互动性为研究分析中国工会角色调适和功能变迁提供了重要的分析视角。

那么，我们回到中国市场的发展过程。王绍光把新中国成立后的历史分为三个阶段，第一个时期是 1949 年至 1984 年伦理经

---

① 奥勒姆的《政治社会学》教材第五版中专门加了一章评述波兰尼的“政治、法律与市场道德”，详见［美］安东尼·奥勒姆、约翰·戴尔著：《政治社会学》（第五版），王军译，北京：中国人民大学出版社，2018 年，第 98–100 页。

济（moral economy）阶段，在这个阶段，社会隐含在国家中，通过这种特殊的机制安排来进行基本社会保障，市场基本上不起作用。经济关系完全和社会政治关系关联在一起，所有政策既是经济政策也是社会政策。第二个时期从 1985 年到 1998 年，其间最重要的口号就是"效率优先、兼顾公平"。在这个阶段，政府只有经济政策，没有社会政策。第三个时期从 1999 年开始到现在，中国第一次出现社会政策，并随之不断发展完善。①

新中国成立后的很长一个时期，我国实行单一的公有制经济，搞的是"一大二公"。20 世纪 70 年代末和 80 年代初，改革开放政策逐步成为党的主导政策和党内共识，在"不换思想就换人"的压力下，市场在政党—国家与社会的夹缝中不断成长起来。而最初的私营企业是在乡镇企业和专业市场的推动下发展起来的，乡镇企业的发展带动了私营经济的产生。1988 年以前，私营经济并未以一种独立的经济成分出现，还只是一个雏形，资金实力不够雄厚，生产规模不大，雇工人数较少，劳资关系属于初步形成时期。对于初期私营企业的发展，政府采取了十分慎重的态度，当时的方针是"看一看""不干预"。党中央在 1983 年发布的《当前农村经济政策的若干问题》中提出，对私营经济采取"不宜提倡，不要公开宣传，也不要急于取缔"的"三不政策"。1987 年，党的十三大对私营经济作出了肯定性结论。党的十三大报告指出："私营经济是存在雇佣劳动关系的经济成分。但在社会主义条件下，

① 王绍光：《波兰尼〈大转型〉与中国的大转型》，北京：生活 · 读书 · 新知三联书店，2012 年，第 95 页。

它必然同占优势的公有制经济相联系，并受公有制经济的巨大影响。实践证明，私营经济一定程度的发展，有利于促进生产、活跃市场、扩大就业，更好地满足人民多方面的生活需求，是公有制经济必要的和有益的补充。”1988 年，全国人大通过的宪法修正案增加规定：“国家保护私营经济的合法权益和利益，对私营经济实行引导、监督和管理。”从此，雇佣劳动为基础的私营经济取得了合法地位。党的十三大之后，国家陆续出台了规范私营企业劳资关系的条例和规定，要求劳资双方签订劳动合同，并对劳动用工、工资待遇、保险福利、劳动安全与卫生作出明确规定。1988 年 7 月 1 日，国家颁布《私营企业暂行条例》，其中第五章“私营企业的劳动管理”对私营企业劳资关系各个方面作了完整的规范性规定，要求私营企业招用职工必须按照平等自愿、协商一致的原则，以书面形式签订劳动合同，确定双方的权利和义务，并规定了劳动合同的具体内容；突出了私营企业工会的作用，认为工会有权代表职工与企业签订集体合同，依法保护职工的合法权益；同时支持企业的生产经营活动，并对劳动争议也作出了具体的规定。1989 年 9 月，劳动部颁布《私营企业劳动管理暂行规定》，对私营企业用工和劳动合同、工资待遇、保险福利、劳动安全与卫生作了更加详细的规定。针对姓“资”、姓“社”的争论，1992 年邓小平视察南方并发表了重要讲话，为私营经济的发展扫除了思想上的障碍。党的十三大之后，国家陆续出台了规范私营企业劳资关系的条例和规定，要求劳资双方签订劳动合同，并对劳动用工、工资待遇、保险福利、劳动安全与卫生作出了明确规定。

1993年召开的十四届三中全会通过《中共中央关于建立社会主义市场经济体制若干问题的决定》，正式以中央文件形式对采取市场经济予以确定，其影响深远，被称为“前无古人的创造性事业”[①]。其中明确指出，“建立社会主义市场经济体制，就是要使市场在国家宏观调控下对资源配置起基础性作用。为实现这个目标，必须坚持以公有制为主体、多种经济成分共同发展的方针，进一步转换国有企业经营机制，建立适应市场经济要求，产权清晰、权责明确、政企分开、管理科学的现代企业制度；建立全国统一开放的市场体系，实现城乡市场紧密结合，国内市场与国际市场相互衔接，促进资源的优化配置；转变政府管理经济的职能，建立以间接手段为主的完善宏观调控体系，保证国民经济的健康运行；建立以按劳分配为主体，效率优先、兼顾公平的收入分配制度，鼓励一部分地区一部分人先富起来，走共同富裕的道路；建立多层次的社会保障制度，为城乡居民提供同我国国情相适应的社会保障，促进经济发展和社会稳定。”[②]同时，该决定指出，“当前培育市场体系的重点是，发展金融市场、劳动力市场、房地产市场、技术市场和信息市场等。改革劳动制度，逐步形成劳动力市场。我国劳动力充裕是经济发展的优势，同时也存在着就业的压力，要把开发利用和合理配置人力资源作为发展劳

---

① 尉健行：《在全总十二届一次执委会第二次全体会议上的讲话》，载全国总工会政策研究室编：《中国工会十二大以来重要文献选编》，1998年，第4页。

② 《中共中央关于建立社会主义市场经济体制若干问题的决定》（中国共产党第十四届中央委员会第三次全体会议1993年11月14日通过）。

动力市场的出发点。广开就业门路，更多地吸纳城镇劳动力就业。鼓励和引导农村剩余劳动力逐步向非农产业转移和地区间的有序流动。发展多种就业形式，运用经济手段调节就业结构，形成用人单位和劳动者双向选择、合理流动的就业机制。”[①] 十四届三中全会是中国走向市场经济的重要会议，奠定了中国市场经济发展的基础。由计划经济向市场经济过渡，从根本上看是资源配置方式的转变。在计划经济条件下，资源配置是由一系列指令性计划来完成，在市场经济下，资源配置是在国家宏观调控下由市场起基础性作用。国家大力发展各类商品市场、劳动力市场、技术和信息市场，加快市场体系建立。企业以市场为中心，以市场为导向，围绕市场搞好生产经营、提高经济效益。随着改革的深入，国有企业通过转换经营机制，实行政企职责分开，所有权和经营权分离，扩大了生产经营自主权，实行不同形式的承包经营责任制，发展了一批企业集团，也出现了企业的兼并重组，有的还实行了外资嫁接、一厂多制，进行了股份制试点。企业逐步成为自主经营、自负盈亏、自我发展、自我约束的市场竞争主体和独立的法人实体。[②]1992 年，国有企业开始进行产权制度改革，大量中小国有企业和绝大多数集体企业在市场经济的冲击下纷纷转制、倒闭、拍卖、重组。一方面，从 1996 年到 2004 年，国有企业和

---

① 《中共中央关于建立社会主义市场经济体制若干问题的决定》（中国共产党第十四届中央委员会第三次全体会议 1993 年 11 月 14 日通过）。

② 张丁华：《适应社会主义市场经济要求，努力做好新时期的工会工作》，载全国总工会政策研究室编：《中国工会十二大以来重要文献选编》，1998 年，第 104 页。

集体企业产权改革进入快车道。国有工业企业单位数量从1996年的11.38万个下降到2004年的2.53万个，减少了78%；集体工业企业单位数量从1996年的159.18万个下降到2004年的14.17万个，减少了91%。[①]另一方面，截至2017年底，我国民营企业数量超过2700万家，个体工商户超过6500万户，注册资本超过165万亿元。概括来说，民营经济具有“五六七八九”的特征，即贡献了50%以上的税收，60%以上的国内生产总值，70%以上的技术创新成果，80%以上的城镇劳动就业，90%以上的企业数量。2013年11月25日，十八届三中全会上提出，经济体制改革的核心问题就是处理好政府和市场的关系，使市场在资源配置中起决定作用。

然而，这里我们并非为“市场”唱赞歌，从工会的角度看，恰恰相反，我们关注的是市场的外部性或者市场与社会的脱钩以及对社会的侵蚀。这里的“脱钩”，借用的是波兰尼“脱嵌（disembedded）”的概念。按历史常理，市场从社会中来，应该受到社会的规制，然而市场从市场脱嵌出来，波兰尼写道：“这就是市场对经济体制的控制会对社会整体产生决定性的影响，即视社会为市场的附属品，而将社会关系嵌含于经济体制中，而非将经济行为嵌含在社会关系里。”[②]波兰尼认为，资本主义的悲哀就在于

① 中国国家统计局编：《中国统计年鉴1996》，北京：中国统计出版社，1996年，第411页；中国国家统计局编：《中国统计年鉴2006》，北京：中国统计出版社，2006年，第505页。

② ［英］卡尔·波兰尼：《巨变：当代政治与经济的起源》，黄树民译，北京：社会科学文献出版社，2017年，第110页。

市场逐渐走向社会的对立面。在波兰尼看来，市场、市场经济和市场社会是不同的概念。市场就是买卖消费品的地方，而市场经济是指当一般消费品甚至劳动力、土地和货币也都变成商品，变成市场交易的标的物时，才是市场经济。当等价交换、供求关系、价格竞争等市场经济原则把所有人赖以生存的必需品都变成商品来交易，买得起的人就消费，买不起的人就不能消费时，就出现了市场社会。[①] 在市场社会中，市场原则无孔不入，人们的福祉取决于其支付能力。

从思想层面来看，20 世纪 90 年代中国新左派思潮的兴起，引发了对资本的质疑和讨论。新左派的主要主张就是反对资本权势，反对跨国公司的“统治”，反对政治权势，批判市场经济，仇恨“市场拜物教”，要求扩大民主，嘲讽现代性以及与现代性相关的理性和启蒙精神。[②] 新左派集中火力批判市场经济，新左派学者陈学明说：“中国面临的问题是市场经济的消极面造成的。”他给出的理由是：“市场经济把劳动者推向市场，使劳动者成为工具和商品；市场经济是效率与资本的结合，追求利润最大化，不考虑劳动者境遇；市场经济把人与人之间的关系变成竞争关系，造成以邻为壑；市场经济必然导致两极分化。”[③] 汪晖在《当代中国的思想

---

① 王绍光：《波兰尼〈大转型〉与中国的大转型》，北京：生活·读书·新知三联书店，2012 年，第 18 页。

② 马立诚：《最近四十年中国社会思潮》，北京：东方出版社，2015 年，第 72–73 页。

③ 陈学明：《正视市场经济的负面效应》，载《社会科学报》，2010 年 6 月 24 日。

状况与现代性问题》中说：“中国的启蒙主义面对的已经是一个资本主义化的社会：市场经济已经日益成为主要的经济形态，中国的经济改革已经把中国带入全球资本主义的生产关系之中。”[①]

从现实来看，贫富差距过大和阶层固化就是市场与社会脱钩的后果，普通工人享有的保障越来越少，这导致了收入差距、卫生服务差距、接受教育差距等，不平等在不断扩大。改革开放前，中国的基尼系数很低。市场原则不仅侵蚀了社会领域，还对政治领域有直接的影响。有学者认为改革进程中形成了一种“政治市场”，即不同利益集团通过交易或者合作，政治市场中的权力、地位、层级等，都是个人获得利益的条件。[②] 习近平反复强调的反对将市场交换原则带入党内，也是从这个角度说的。

面对市场与社会的脱钩，工会该何去何从呢？上一节我们关注了工会从政党—国家中分离出来，那么面对强势的市场，工会则将作为社会的一部分，并发挥自我保护运动的作用。按照卡尔·波兰尼的说法，就要通过社会的自我保护运动，使社会“再嵌入（re-embedded）”于社会之中。这种社会的自我保护运动，其实是社会以国家为中介并经由国家强制力实施的保护运动。至于自我保护运动的方式，我们将在后文中提到，包括工会维护职工合法权益的自主行动，从组织、制度和观念层面加强对政治吸

① 汪晖：《去政治化的政治》，北京：生活·读书·新知三联书店，2008年，第80–81页。

② 边燕杰、张展新：《市场化与收入分配——对1988年和1995年城市住户收入调查的分析》，载《中国社会科学》，2002年第5期。

纳和制度化能力等，都成为面向市场的主要措施。

3. 工会在“强资本弱劳动”结构中的定位

这里的“劳动（labor）”与“资本”相对，是比较通行的说法，主要指的是作为市场要素之一的劳动力。我国市场经济早期，为避用劳动力市场或劳动市场，而用劳务市场来代替。市场与社会脱钩的主要表现就是劳动力商品化，这是个可以追溯到马克思的命题。

马克思第一次提出“异化劳动”思想是在其《1844 年经济学哲学手稿》中，他认为劳动（自由自觉的活动）是人类的本质，但在私有制条件下却发生了异化。其具体表现是：其一，人与劳动活动相异化。其二，人同自己的类本质相异化，即人同自由自觉的活动及其创造的对象世界相异化。其三，人同自己的劳动产品相异化。其四，人同人相异化。因为当人同自己的劳动产品、自己的劳动活动以及自己的类本质相对立的时候，也必然同他人相对立。马克思借助异化劳动概念，初步探讨了人类历史发展的客观规律，通过异化劳动的扬弃来说明共产主义的历史必然性，在马克思主义形成史上起过重要作用。在马克思成熟时期的著作中，虽然还曾讲到异化劳动，但已不再作为说明历史的理论和方法，只是作为描写资本主义社会中雇佣劳动和资本对抗关系的概念。如《1861—1863 年经济学手稿》中，谈及劳动和资本的对立关系，“工人必然会越来越贫穷，因为他把劳动作为财富的生产力让渡出去；而资本把劳动作为这种生产力来占有。可见，劳动和劳动产品所有权的分离，劳动和财富的分离，已经包含在这种交换行为本身之中。……劳动转化为资本，从潜在意义上来说，是资本和劳动交换的结果。这种转化只有在生产过程本身中才得到实现”。①

卢卡奇《历史与阶级意识》的中心概念“物化”贯穿全书，他直接从马克思《资本论》中对“商品拜物教”的分析出发得出这个概念，与马克思1844年手稿关于“异化”的概念不谋而合，指的是人的劳动成为对他来说是客观的和对立的东西。②主要表现为，“生产者同生产总过程的资本主义分离，劳动过程被肢解为不考虑工人的人的特性的一些部分，社会被分裂为无计划和无联系盲目生产的个人等”。③

人能不能被商品化？这是波兰尼一直思考的问题。他提到在英格兰，1563年的《技工法》、1601年的《伊丽莎白济贫法典》实际上都是把劳动力“国有化”而非“商品化”，把劳动力从市场的危险地带迁移出去，不能使之变成一般的商品。“在同业公会制度下，如同在以往历史上每一个经济制度下一样，生产活动的动机和条件都曾被包含在总体社会组织之中。师傅、学徒工之间的关系、行会的规矩、徒弟的数目以及工人的工资，都受到同业公

---

① ［德］马克思、恩格斯：《1861—1863年经济学手稿》，载中共中央马克思恩格斯列宁斯大林著作编译局译编：《马克思恩格斯全集》（第32卷），北京：人民出版社，1998年，第183-184页。

② ［匈］卢卡奇：《历史与阶级意识》，杜章智、任立、燕宏远译，北京：商务印书馆，2016年，第7页。

③ ［匈］卢卡奇：《历史与阶级意识》，杜章智、任立、燕宏远译，北京：商务印书馆，2016年，第79页。

会和城镇的习惯和章程的管制。”[①] 在法国，直到 1790 年才废除了同业公会和封建特权。英格兰在 1813 年到 1814 年才废除《技工法》、1843 年才废止《伊丽莎白济贫法典》。工业革命和资本原始积累的后果很明显，就是恩格斯笔下描绘的工人阶级悲惨的状况和图景：“资产阶级，不管他们口头上怎么说，实际上只有一个目的，那就是当你们的劳动的产品能卖出去的时候就靠你们的劳动发财，而一到这种间接的人肉买卖无利可图的时候，就让你们饿死。”[②] 因此，如果一个国家朝着自由市场方向转型太快，社会肯定会遭受劫难，必然会激起社会的“反向运动”。

为什么要从劳动力商品化说起？这与工会有什么关系？因为这是我国劳动力市场发展必须正视和跨越的理论问题。虽然当前劳动力市场的概念已经司空见惯，但是要跨过马克思劳动异化、“商品拜物教”等反对劳动力商品化的论述，从实践中进行探索，还是需要很大的勇气的。只有解决了劳动力商品化的问题，才为劳动力市场发展扫清了理论障碍。然而，接下来，劳动力商品化的必然逻辑之一就是“强资本弱劳动”，谁来保障弱势一方的劳动者利益？当然，政党—国家的社会保障体系责无旁贷，而作为社会的重要组成部分，工会就义不容辞地担负起这个责任。这也是讨论工会与劳动这对结构性关系的原因所在。

---

① 王绍光：《波兰尼〈大转型〉与中国的大转型》，北京：生活·读书·新知三联书店，2012 年，第 32 页。

② ［德］马克思、恩格斯：《英国的工人阶级状况》，载中共中央马克思恩格斯列宁斯大林著作编译局编：《马克思恩格斯文集》（第 1 卷），北京：人民出版社，2009 年，第 385 页。

我国劳动用工制度经历了新中国成立后的非市场化过程以及后来的一系列市场化改革。1952 年,政务院颁布了《关于劳动就业问题的决定》,该决定阐明了劳动力的统一介绍要逐步向统一调配过渡。[①] 同年 12 月,劳动部党组的《关于劳动力调配工作的初步意见》指出:“目前情况是,不仅劳动力分配很不合理,而且劳动力流动现象主要还是受资本主义自发规律的支配,挖工跳厂的情形很严重。估计这种情况到明年大规模建设开始后,还会更加严重。因此,积极准备统一调配劳动力的工作是很必要的。”1954 年 3 月,劳动部召开了全国建筑工人调配会,要求各地有计划有组织地供应基本建设的劳动力,保证国家基本建设任务的完成。1955 年 4 月,中央指出:“一切部门的劳动调配必须纳入计划,增加人员必须通过劳动部门统一调配,不准随便招收人员,更不准从农村中招收人员。”[②] 同年 5 月,劳动部召开第二次全国劳动局长会议,明确提出了劳动力统一招收和调配“统一管理、分工负责”的基本原则、办法和劳动部门的管理权限。1955 年 12 月,中央批准了劳动部党组的报告,其主要内容是:“第一,国营、私营工商企业需要雇佣工人职员时,预先提出所需人员的条件和待遇,报送劳动局审查,由劳动局所属的劳动力调配机构统一介绍,在

---

① 《中央人民政府政务院关于劳动就业问题的决定》(1952 年 7 月 25 日),载中共中央文献研究室编:《建国以来重要文献选编》(第三册),北京:中央文献出版社,1992 年,第 294 页。

② “中共中央关于第二次全国省市计划会议总结报告的批示”,载中共中央文献研究室编:《建国以来重要文献选编》(第六册),北京:中央文献出版社,1992 年,第 148 页。

指定登记的失业人员中选择，不经批准，不得登报或出布告自由招雇，不得雇佣在职在校人员，不得到外地或乡村招雇，以制止从农村招工，私招乱雇。第二，在职工调动方面，允许各产业部门或企业主管部门对所属企业的职工在本系统内调整，但是大批调动到外地的，要征得地方劳动部门的同意。第三，新建扩建的工矿企业，需要增加劳动力，应提出年度、季度、月度的增加劳动力计划，报劳动力调配机关，由调配机关按计划调配供应劳动力。”[①] 这标志着全国统一的劳动力调配制度的建立。

对于劳动力而言，改革开放以前，“中国工人对国营企业的依附是共产党社会的基本模式的一个变种。在这里面，劳动力不是被当作商品，而是被当作政治与经济资源，而企业则是满足工人各方面需求的主要来源”。[②] 中国的改革开放，最开始放开的是商品市场。改革开放之前，政府规定价格，一种商品的价格可能十几年都不会变动。改革先改商品价格，1979 年到 1983 年，中国出现了零星的市场，但作用有限，行政干预依然非常强，非市场体制与关系依然占据上风。1980 年 8 月，中央召开了全国劳动就业会议，提出了“三结合”的就业方针，也就是在国家统筹规划和指导下，实行劳动部门介绍就业、自愿组织起来就业和自谋职业相结合。这种双轨制就业模式的实行，是对“统包统配”劳动就

① 袁伦渠主编：《中国劳动经济史》，北京：北京经济学院出版社，1990 年，第 93–94 页。

② ［美］华尔德：《共产党社会的新传统主义》，香港：牛津大学出版社（中国），1996 年，第 84 页。

业制度的一个关键性突破。1981 年 7 月，国务院公布《关于城镇非农业个体经济若干政策性规定》，认可了雇佣劳动和雇工的合法性。1982 年底，全国有上海等 9 省市自治区试行劳动合同制，共招收合同制工人 16 万人。1984 年底，全国各省市自治区都在不同程度试行劳动合同制度，全民所有制企业共招收合同工人 172.4 万人。1986 年 7 月 12 日，国务院发布《国营企业招用工人暂行规定》，从 1986 年 10 月 1 日起，在国营企业新招收的工人中，普遍实行劳动合同制度（如图 10 所示）。1986 年，工资合同制改革实际上是把劳动力商品化，"铁饭碗"变成合同用工。到了 1986 年和 1987 年，出现了"劳动优化组合"，人不工作了还是工厂的人，还可以拿工资，只是奖金没了。从此，出现了一套相互关联的市场制度，如产品市场、金融市场等，等价交换、供求关系以及市场竞争的原则慢慢在中国出现，但还没有波及非经济领域。20 世

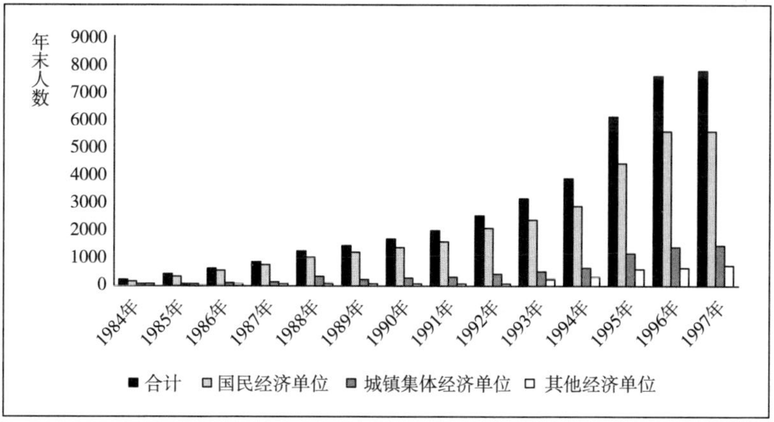

图 10　20 世纪 80 年代初至 90 年代末我国合同制职工人数变化情况（单位：万人）

纪90年代初，邓小平南方谈话后，土地开始商品化，资金开始商品化，市场经济露出雏形。一步步地，所有的所谓生产要素——劳动力、土地、货币——都商品化了，由此产生市场经济。市场原则开始侵入非经济领域，成为整合社会生活甚至政治生活的主要机制。①

社会主义市场经济的建立，推动了企业劳动关系的改变。尽管不同所有制和不同经济方式企业的劳动关系多种多样，但劳动关系都呈现出企业化、市场化、契约化的特征。其一，劳动就业通过市场来实现。我国的劳动用工过去由国家统一管理，由劳动行政主管部门按计划给企业分配用工指标。随着劳动制度的改革，企业普遍推行了劳动合同制度，劳动者与用人单位以平等自愿、协调一致为原则，确立劳动关系，明确双方的权利义务。用工主体由国家变为企业，职工身份由国家职工变为企业职工。劳动合同制落实了企业的用工自主权，保障职工的择业自主权，使劳动关系更具有灵活性，职工的流动性也相应增加。职工在获得自主择业权的同时，承担了自己择业的责任和失业的风险。其二，实行以按劳分配为主，多种分配方式并存的制度，职工的收入拉开差距。在计划经济条件下，国家直接控制企业职工的工资分配，职工收入与企业生产状况没有直接关系，职工吃的是平均主义的“大锅饭”。在改革中，国有企业普遍实行了工资总额与经济效益挂钩，职工报酬与个人劳动贡献挂钩的办法。实行按劳分配，体

① 王绍光：《波兰尼〈大转型〉与中国的大转型》，北京：生活·读书·新知三联书店，2012年，第101页。

现效率优先、兼顾公平的原则，拉开了职工收入的差距。改革还形成了分配主体和分配渠道的多样化，有的职工除了劳动收入，还会有一定的其他收入。其三，职工的社会保障由企业负担变为社会、企业、个人合理负担。过去的企业是一个“小社会”，“大而全”“小而全”，有各种生活福利设施，职工生老病死都由企业包下来。市场经济条件下，职工住房、食堂、托幼、学校等生活福利设施将逐步与企业分离，实现社会化、商品化。养老保险、医疗保险由单位和个人共同负担，实行社会统筹和个人账户结合。失业保险和工伤保险由企业负担，按职工工资总额一定比例统一筹交。[①]但是，劳动力商品化的必然结果就是“强资本弱劳动”格局的形成。这在马克思和恩格斯笔下得到淋漓尽致的展现，并由此构成其阶级理论的基础。恩格斯写道:“社会战争，一切人反对一切人的战争已在这里公开宣告开始。正如好心肠的施蒂纳所说的，每一个人都把别人仅仅看作可以利用的东西；每一个人都在剥削别人，结果强者把弱者踏在脚下，一小撮强者即资本家握有一切，而大批弱者即穷人却只能勉强活命。”“因为这个社会战争中的武器是资本，即生活资料和生产资料的直接或间接的占有，所以很显然，这个战争中的一切不利条件都落在穷人这一方面了。穷人是没有人关心的；他一旦被投入这个陷入的旋涡，就只好尽自己的能力往外挣扎。如果他侥幸找到工作，也就是说，如果资产阶级发了慈悲，愿意利用他来发财，那么等待着他的是勉强够

① 张丁华:《适应社会主义市场经济要求，努力做好新时期的工会工作》，载全国总工会政策研究室编:《中国工会十二大以来重要文献选编》，1998 年，第 105 页。

维持灵魂不离开躯体的工资；如果他找不到工作，那么他只有去做贼（如果不怕警察的话），或者饿死，而警察所关心的只是他悄悄地死去，不要打扰了资产阶级。”[①]“强资本弱劳动”格局在中国的直接表现就是贫富差距、阶层固化和引起社会媒体关注的“黑砖窑”、富士康“十三跳”等一系列事件，其背后就是劳动力面对强大的资本的无奈。劳动分配率（劳动报酬占 GDP 的比重）下降，2005 年下降到 41.4%，资本分配率的比重提高，达到了 1/3 以上，同时，高收入阶层收入增长速度远快于低收入阶层。[②]资本的强大还表现为利益群体的结构化。自 1995 年以来，社会财富在配置上贫富分化的趋势更加明显，财富集中化程度更高，分化的形式和由此造成“社会结构紧张局面开始严峻”[③]。

自 21 世纪以来，中国出现了市场与社会再挂钩的现象，也就是发生了强大的社会“反向运动”，中国正在逐步从市场社会退出，向“社会市场”[④]迈进。例如，从 2002 年推出城市低保政策

---

① ［德］马克思、恩格斯：《英国的工人阶级状况》，载中共中央马克思恩格斯列宁斯大林著作编译局编：《马克思恩格斯文集》（第 1 卷），北京：人民出版社，2009 年，第 385 页。

② 李友梅、黄晓春、张虎祥等：《从弥散到秩序：“制度与生活”视野下的中国社会变迁（1921—2011）》，北京：中国大百科全书出版社，2011 年，第 216 页。

③ 李强：《中国社会分层结构的新变化》，载李培林、李强、孙立平等：《中国社会分层》，北京：社会科学文献出版社，2004 年。

④ 社会市场（social market）是王绍光提出的与波兰尼“市场社会”相对的概念，即国家为保护人与自然进行干预的市场经济的机制，它是以社会为依归的。这种市场不是自我调节的市场，是受到限制的市场。社会市场出现在德国基本法里，说明德国宪法要求建立社会市场而非自由市场。参见王绍光：《波兰尼〈大转型〉与中国的大转型》，北京：生活·读书·新知三联书店，2012 年，第 52–53 页。

开始，每年财政支出的前三项基本上都是加大社会保障投入。党的十八大以来，民生建设更是践行“以人民为中心”发展思想的重要领域，这样的例子有很多，如我国已经建立起了世界上覆盖人群最多的社会保障制度。截至2016年底，基本养老、失业、工伤、生育保险参保人数分别达到8.88亿人、1.81亿人、2.19亿人、1.85亿人。基本医疗保险覆盖人数超过13亿人，全民医保基本实现。[①] 与此同时，工会的劳动者代表性身份就凸显出来，这是在资本—劳动结构下，工会的必然定位。如果将此前工会与政党—国家的关系因素考虑进来，可以用图11来表示[②]：

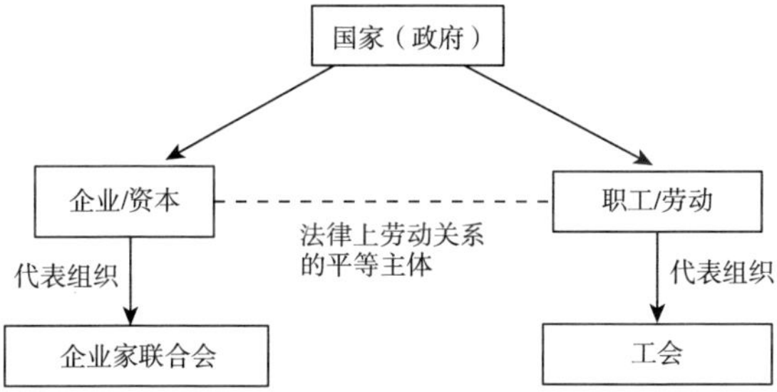

图11　改革开放以来形成的劳动关系三方结构

四、工会与社会：强化工会的“社会组织”身份

根据梅因提出的“从身份到契约”的著名论断，中国经济体

① 人力资源和社会保障部：《党的十八大以来人力资源和社会保障事业发展的主要成就》，人力资源和社会保障部网站，2017年7月28日。

② 参考陈骥政府—工会—企业三方格局图表，见陈骥：《改革中的工会和工会的改革》，北京：中国工人出版社，1999年，第162页。

制的转型实质上就是单位组织转向契约组织的过程。其中，单位组织是以抽象整体利益为主，而契约组织是以具体个人利益为导向。① 从与政党国家一体化中分离出来的工会组织，最关键的问题也是如何重新建构其社会组织身份，在社会不断建设中找到其定位。总体来说，其关系如图 12 所示：

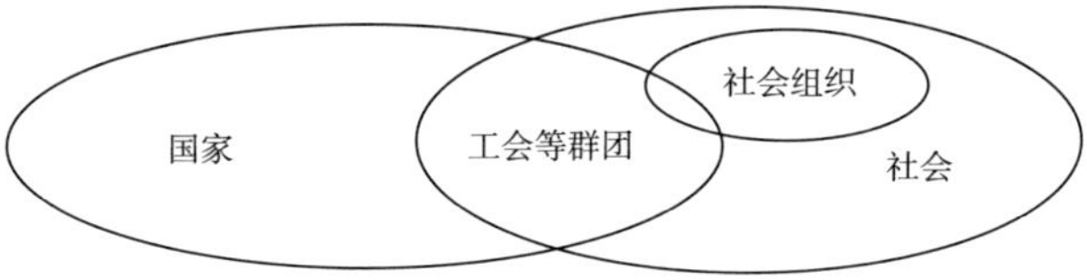

图 12　工会与社会的关系示意图

1. 改革开放以来职工的组织需求

首先，正如张静指出的，改革开放以来的职业群体普遍面临“组织”身份的缺位和重新认同问题。随着单位体制的解体或弱化，职工与单位的关系被职员与公司的关系取代。从整个社会群体来说，这不仅是一种经济关系的改变，即原来由国家发工资、给福利，现在由私营企业老板发工资，从另一个角度讲，其中也包含深层次的社会关系的转变，关键就在于张静强调的社会成员在一个社会中组织定位的缺失。② 改革开放以前，单位——不管是机关还是国营企业、事业单位——都为职工提供了一个在社会中定位自身的组织身份。改革开放以后，越来越多的原国企职工

① 曹锦清、陈中亚：《走出“理想”城堡：中国“单位”现象研究》，深圳：海天出版社，1997 年。

② 张静：《法团主义》（第三版），北京：东方出版社，2015 年，第 186–190 页。

“下海”、新生代农民工在城市打工、新经济组织中雇员有的连雇佣关系都不明确……一系列社会变迁带来社会成员组织身份的迷失。人天生是社会动物，需要在社会关系中寻求价值定位和相互扶持。因此，不同领域的社会群体必然寻求成立和加入能够带来组织身份感的组织。

以国有企业职工为例，中国在从政企一体化体制走向市场体制的初期，社会保障体制还未建立起来，这就造成了“组织真空”。一方面，旧体制已经难以为继，企业无法继续原来的就业终身制，对员工的无限责任变成有限责任，企业职工必须从“企业人”转变为“社会人”[①]。另一方面，就业及社会保障制度没有建立完全，原来有企业承担的职责，政府和社会无法承接。不仅是体制保障问题，更重要的是组织归宿，很多国企员工几十年作为“企业人”已经与企业融为一体，对企业形成强烈的组织依附性。因此，即使可以忍受物质的匮乏和收入的锐减，但是不能承受失去组织承载的打击。

再以农民工群体为例，在对义乌市农民工的调研中，可以清楚地看出，老乡关系在介绍工作中的作用以及农民工的组织需求。问卷调查显示，“通过老乡介绍进厂”的比例高达58.99%，“没有组织替自己说话，心理缺乏归属感”这一选项占比达24.27%。[②]义

---

① 邵宁主编：《国有企业改革实录（1998—2008）》，北京：经济科学出版社，2014年，第213-214页。

② 韩福国等著：《新型产业工人与中国工会——“义乌工会社会化维权模式”研究》，上海：上海人民出版社，2008年，第58页。

乌市苏溪镇胡宅、蒋宅两大村庄，外地务工者大大超过本地村民，每村多达 8000 余人。这些务工人员多以团体就业，以老乡为联系纽带，形成了地方性自我保护势力。更有人以收取“关系疏通费”为名，向同乡人收取每人每月 10 元的“保护费”，干起了带有黑社会性质的霸道勾当，甚至对企业主进行恐吓和威胁。据调查，安徽“定远帮”、江西“玉山帮”、衢州“开化帮”等农民工的自发组织一度在义乌中小企业十分活跃，并得到一部分农民工的信赖。[①] 对城市社会极其陌生且松散的农民而言，如果没有组织的途径，他们甚至缺乏一个迅速进入城市工作场所的通道，老乡关系就是那装马铃薯的“麻袋”。《国务院关于解决农民工问题的若干意见》中有两条突出规定了组织的功能和意义。第 29 条规定在做好对农民工的法律服务和法律援助工作中，“有关行政机关和行业协会应引导法律服务机构和从业人员积极参与涉及农民工的诉讼活动、非诉讼协调及调解活动”。这里突出了行业协会的功能空间。第 30 条明确规定工会在维权中的功能空间，以及要强化工会维护农民工权益的作用：“用人单位要依法保障农民工参加工会的权利。各级工会要以劳动合同、劳动工资、劳动条件和职业安全卫生为重点，督促用人单位履行法律法规规定的义务，维护农民工合法权益。充分发挥工会劳动保护监督检查的作用，完善群

① 韩福国等：《新型产业工人与中国工会——“义乌工会社会化维权模式”研究》，上海：上海人民出版社，2008 年，第 97 页。

众性劳动保护监督检查制度，加强对安全生产的群众监督。”[1]

正如霍尔所说：“建立组织的目的是为办成个人无法办到的事情，……组织为个人或群体的利益服务，对利益的控制决定了组织的取向，反过来又对更广泛的社会产生影响”。[2] 农民工作为一个弱势群体，老乡之间的相互介绍和帮带，成为农民工进入城市的最为主要和原始的渠道，老乡关系成为一个“非正式”“松散型”的组织形态长期存在。就像进入异地大学的学生基本上都参加过老乡聚会一样，农民工的老乡关系也是在城市流动性中的“精神和文化的无形社区”归属。

这种基于老乡关系形成的组织形态，也有学者称其为“原生组织”。[3] 这种原生组织是劳工社会组织最基本的形态，一般是一种非正式组织，也是非政府组织。某种程度上，这类原生组织充当了满足农民工公共需求的资源整合中介。[4] 那么工会组织与农民工原生组织从组织层面有哪些特征呢？这可以从表 3 的对比中得到体现[5]。

---

① 《国务院关于解决农民工问题的若干意见》，载《人民日报》，2006 年 3 月 27 日。

② ［美］理查德 ·H. 霍尔：《组织：结构、过程及结果》，上海：上海财经大学出版社，2003 年，第 6–20 页。

③ 韩福国等：《新型产业工人与中国工会——“义乌工会社会化维权模式”研究》，上海：上海人民出版社，2008 年，第 88 页。

④ 何艳玲：《问题与对策：民间组织在农民工中的活动研究》，南方网，2006 年 4 月 29 日。

⑤ 韩福国等：《新型产业工人与中国工会——“义乌工会社会化维权模式”研究》，上海：上海人民出版社，2008 年，第 90 页。

表 3　工会与农民工原生组织功能对比

类别	组织优势	组织劣势
工会组织	体制内组织 与党和政府联系密切 容易获得体制内支持 组织体系健全 经济活动能力强 政治动员能力强	功能单一 行动方式传统不够灵活 代表性单一
农民工原生组织	草根性 回应性 实效性 创新性	组织发展易偏差 组织经济保证低 组织体系单一

以农民工群体作为案例的典型性在于，农民工在进城之前，并未有“单位”与公共制度相连接，只要有单位，就等于有了诉求回应人。也就是说，农民工进入国家公共体系的制度化渠道基本等于零。工会作为具有体制内背景的组织，其重要性就显现出来。因此，我们可以得出结论：工会与社会的联系，其实并不抽象，就是通过与不同类型社会群体建立联系的模式。通俗地说，就是工会与职工群众的关系问题。

2. 工会与所联系社会群体的关系

工会系统内常说的一句话是：“工会跟党走不是问题，问题在于职工群众是否跟着工会走。”1994 年，尉健行也说过：“工会工作一方面要时刻不脱离党的领导，另一方面要时刻不脱离职工群众。这两方面哪个方面把握得不好，工会工作都将铸成历史大错。”“从中国工会的历史和现实情况看，工会工作所取得的每一个成绩，都是把党的要求和职工群众的意愿创造性地结合与统一起来的结果。工会密切联系职工群众，把广大职工更好地团结在党的周围，这是关系到党对工人运动领导权的重大问题，万万不可掉以轻心。”[①] 这些都指向了一个问题：工会与社会群体之间的关系决定了工会的合法性和其社会组织定位的有效性。

正如法团主义理论所说，社会组织的基本功能就是可以把组织内分散的个体联结起来，使组织内分散的甚至是非理性的利益表达转变为组织化的理性利益诉求；在社会治理中的重要功能是把弱小的个体力量通过一定的规则转变为强大的组织力量，并凭借组织的力量与其他组织在相互博弈过程中达到利益均衡；在国家治理体系中最重要的功能就是将抽象的整体的国家和具体的分散的社会个体联结起来，使国家的整体利益与个体的特殊利益之间更容易达成妥协、统一。所以，工会的联结功能主要体现在三个方面：将单个的职工个体联结起来，使其成为组织中的一员，有组织力量可以依赖；使职工群体更有组织化，增强了职工群体与资本一方的博弈力量，也为职工群体和其他社会群体的平等交流提供了一个平台和渠道；使职工群体的利益诉求得到组织化的表达，以更好地参与到国家治理体系中。

对于政党来说，如何与最广大的群众建立广泛而有效的联系，是各国执政党都在努力破解的问题。以美国为例，托克维尔曾经

---

① 尉健行：《坚持用邓小平建设有中国特色社会主义理论武装头脑和指导工会工作——在全总十二届三次主席团会议上的讲话》（1994 年 6 月 26 日），载全国总工会政策研究室编：《中国工会十二大以来重要文献选编》，1998 年，第 57 页。

大加赞赏美国公民社会的发达，大量社会联合会由民间人士自发组成，它们不仅参与经济——商务和企业事务，而且还参与社会和政治事务——宗教的、道德的、严肃的、轻松地……各种类型应有尽有。[①] 特别让托克维尔赞叹的是，美国民间非营利组织的发达，大量社会成员参与其中，这些社会组织不断创造新的公民权空间和扩大公民的社会参与，公民可以在社会事务中直接发生作用。具体到中国工会，从理论上讲，中国工会是中国共产党领导下的工人阶级群众组织，党不仅通过自身严密的组织网络与群众建立联系，也需要工会等群团组织发挥桥梁和纽带的作用。具体如图13所示：

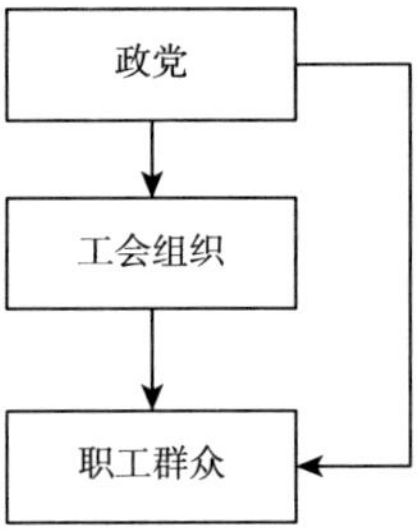

图 13　政党—工会—群众关系图

3. 工会对劳动关系领域社会组织的联系引导

20 世纪 80 年代末，在全球社会悄然兴起了“结社革命”，“中国也是全球结社革命的一部分”。[②] 中国的社团革命首先表现为社会

---

① ［法］托克维尔：《论美国的民主》，曹冬雪译，北京：译林出版社，2012 年。

② 王绍光、何建宇：《中国的社团革命——中国人的结社版图》，载《浙江学刊》，2004 年第 6 期。

组织的井喷式发展。在从计划经济到市场经济的改革进程中，政党—国家逐渐放松对社会的全面控制，从而产生了一系列新的社会空间，各种社会组织作为新的组织实体和“社会”的代表力量正在进入这一领域。社会组织，又被称为非政府组织、民间组织、非营利组织，被视为现代社会的三大支柱之一。[①]作为政府和企业之间的第三部门，社会组织在解决政府失灵和市场失灵、维护社会平稳发展等问题上担当着重要角色。改革开放以来，随着经济社会迅速发展，我国的社会组织大量涌现，呈现出发展快、种类多、领域广的特征。截至2015年10月，全国各类社会组织约470万个，增长率一直保持在10%至15%。[②]2016年3季度，仅在民政部登记在册的社会组织已达67.52万个。[③]可以说，社会组织在参与社会治理方面发挥着越来越重要的作用。

作为党联系职工群众的桥梁纽带，工会与社会组织特别是劳

---

① 我国学者经常用“中介组织”“第三部门”“社会团体”“非营利组织”“非政府组织”和“民间组织”等概念统称。所谓非营利组织，是指在政府部门和以营利为目的的企业之外的，以非营利为目的、从事公益事业的一切志愿团体、社会组织或民间协会。在西方各国，非营利组织和非政府组织这两个概念并没有明显的区别，但一般将从事跨国性活动的非营利组织称为非政府组织。社会组织这个概念第一次提出是在党的十六届四中全会的决定上，在党的十七大报告中得到进一步确认。民政部2007年确定启用“社会组织”这一新概念，不再沿用“民间组织”。参见袁浩、刘绪海：《社会组织治理的公共政策研究》，广西师范大学出版社，2014年；杨晓梅：《论发挥社会组织在社会建设多元主体中的作用》，载《广东行政学院学报》，2011年1期。

② 数据来源于《中华全国总工会关于推进工会联系引导劳动关系领域社会组织工作的意见》。

③ 根据民政部网站数据计算得出，其中社会团体32.8万个，民办非企业34.2万个，基金会5204个，http://www.mca.gov.cn/article/sj/。

动关系领域的社会组织之间存在深刻的联系。事实上，学界和实践中也尝试将工会打造成为枢纽型社会组织。[①]在2011年以前，学界对工会与枢纽型社会组织关系的研究非常少，主要还集中在介绍推进枢纽型社会组织建设的经验做法，归纳枢纽型社会组织的概念、特征、意义等，也有部分基于实践的思考。[②]自2012年开始，工会作为枢纽型社会组织的新话题开始出现，并针对典型个案剖析的居多。例如，以广东省的实践探索为研究对象，有的分析工会构建枢纽型社会组织的优势和困境，[③]有的认为职工服务类社会组织联合会应凝聚更多的社会力量，[④]还有的认为构建社会组织枢纽式服务平台的做法有益于社会管理创新。[⑤]再如，也有以改革、

① “枢纽型社会组织”一词最早出现于2008年，北京市委、市政府提出构建社会组织“枢纽型”工作体系的工作思路，并于2009年认定了首批工青妇团体为枢纽型社会组织，随之认定了4批36个市级枢纽型社会组织（参见《北京市社会建设实施纲要》，北京日报，2008年9月27日；《关于加快推进社会组织改革与发展的意见》，北京社会建设网，http://www.bjshjs.gov.cn。）广东虽没有认定资质，但在《中共广东省委广东省人民政府关于加强社会建设的决定》中，明确提出要构建枢纽型社会组织体系，并开始了实践探索。

② 例如尹志刚、李泓：《关于构建“枢纽型”社会组织工作体系的调查与思考》，载《北京行政学院学报》，2009年第6期；崔玉开：《“枢纽型”社会组织：背景、概念与意义》，载《甘肃理论学刊》，2010年第5期；卢建、杨沛龙、马兴永：《北京市构建社会组织“枢纽型”工作体系的实践与策略》，载《社会组织管理新探》，2011年第9期。

③ 姚仰生：《工会构建枢纽型社会组织的优势与困境——以广东省为例》，载《天津市工会管理干部学院学报》，2016年1期。

④ 石晓天：《工会枢纽型社会组织建设现状及其反思——以广东省为例》，载《中国劳动关系学院学报》，2015年4期。

⑤ 岳经纶、陈泳欣：《社会管理创新与“枢纽型”社会组织的打造——以广东省总工会为例》，载《黑龙江社会科学》，2013年第4期。

创新为话题，有的从政治社会转型与工会改革角度为切入点，[①]还有的从参与社会治理创新角度为切入点。[②]总之，学界对于工会应作为枢纽型社会组织发挥作用的观点基本持肯定态度。

关于劳动关系领域社会组织，根据全国总工会《关于推进工会联系引导劳动关系领域社会组织工作的意见》的界定，是指其工作内容与职工的劳动就业、技能培训、收入分配、社会保障、安全卫生等劳动经济权益和民主政治权利以及精神文化权益等方面相关的社会组织。从实践中看，与工会职能相关的社会组织主要有两类：维权类社会组织和职工服务类社会组织。在目前的情况下，工会对维权类的社会组织团结转化还不够，联系更多的是职工服务类社会组织。而职工服务类社会组织有许多职能并未完全涵盖在劳动关系领域中，如家庭生活、心理咨询等。

购买服务已成为工会联系引导劳动关系领域社会组织最主要的手段。购买公共服务能够直接密切工会组织与社会组织之间的互动联系，推动相关工作开展。北京市总工会于2013年率先设立了社会工作部，目前已购买社会组织服务项目353个、管理岗位79个，累计服务职工40万余人次，涵盖心理健康、职业发展、文体娱乐等各个方面；通过购买服务，同时团结凝聚了一批社会组织，形成朋友圈，并在社会组织中推动党建和工建工作，已有5

① 王向民、吕鸽:《政治社会转型与工会改革：将工会建设成枢纽型社会组织》，载《工会理论研究》，2013年第1期。

② 余茜:《自适应协同：工会枢纽型社会组织参与社会治理创新的协同机制研究》，载《天津行政学院学报》，2016年第6期。

家社会组织建立了党支部，3 家社会组织单独建立了工会。广东工会也是通过购买服务的方式，带动社会组织参与职工服务：对职工有需求，而社会组织有能力且适合承担的项目，由职工服务类社会组织联合会委托社会组织承担，并通过工会或政府购买、工会众筹等方式解决资金问题。中山市联合会委托“中山市阳光心理咨询服务中心”开展“心灵港湾”项目，每年为职工提供 1000 多人次心理咨询；广州市工会与“广州市红娘协会”合作，近 3 年组织婚恋主题交友活动 46 场。陕西省总工会职工法律服务中心先后和 22 家律师事务所建立合作关系，聘请了 19 位律师，截至 2016 年 6 月，已为职工群众咨询 40290 人次，代书 623 件，协调劳动纠纷 553 件，代理仲裁或诉讼 742 件，提升了维权工作水平。通过购买服务，工会可以充分借助市场、专业性社会组织的力量，满足职工群众多样化需求，同时也将劳动关系领域社会组织吸纳到社会治理范畴内，成为工会工作延伸的臂膀。

Jude Howell 研究了 2012 年以来中国工会和政府对劳动关系领域社会组织在态度和政策上的转折性变化，即由过去的排斥转为“邀请它们共同参与舞蹈”。[①] 这一研究还认为，中国劳动关系领域社会组织的兴起，一方面，使党和政府更加积极地支持工会，扩大会员基础；另一方面，社会组织的快速发展也对工会工作提出了更高要求，促进了工会的创新发展。

社会治理是一项庞杂繁复的系统工程，随着新势力新元素的

---

① Jude Howell, *Shall we dance? Welfaristincorporation and the politics of state-labour NGO relations in China, The China Quarterly*. 2015.

出现，对于工会来说，参与社会治理，更是一场资源与人心的争夺战。在这场战役中，工会必须树立阵地意识，彰显自身特色。维护职工合法权益是工会的基本职责，也是工会区别于其他社会组织的王牌，特别是以购买服务的方式对其他社会组织进行联系引导时，要分清这些社会组织的功能是服务类还是维权类的：对于服务类的，可以借助社会各类组织的专业优势为职工服务，如技能培训、律师服务等，甚至可以拓宽购买服务的范围；但在进行服务过程中，也要做好宣传，让职工明确服务活动是由工会开展的，逐步树立起工会意识。对于维权类的，如劳资纠纷调解、职工慰问等，工会必须当仁不让、一马当先，充分发挥作用，维护好职工权益。

综上所述，我们对这一章的内容作一个小结。本章主要分析了中国工会角色调适和功能变迁的结构关系及其定位。结构是形塑位于其中行动主体的重要力量。改革开放以来的中国工会，处于一个急剧变化的政治和社会结构中，最重要的是政党—国家对权力的直接管控放松。在放权和分权的过程中，单位制不断解体，社会从国家中逐渐分离出来，以及由此衍生的市场力量的崛起，使劳动力也不得不卷入这个改革的洪流中，成为市场中的一个组成要素。而市场的逻辑是资本主导的逻辑，资本与劳动的对立成为日益重要的矛盾体。

首先，工会与政党—国家的结构关系。改革开放的过程是政党—国家的权力“剥洋葱”的过程，从而为社会权利主体的不断产生让渡了空间，这是我国改革开放的主要特点，这也是我国社会组织产生方式的独特之处。在这个过程中，原本属于全能主义模式下政党—国家一部分的工会与政党—国家的关系也开始出现松动，并且政党—国家放权的同时，也在通过“委托—代理”方式延伸和保持自身对社会的控制力，工会在党“差序格局”中的定位也面临日益多元化的格局。对工会影响最大的是单位体制的解体，国家政权在基层特别是企业的表现形式出现了较大的变化，工会在一定程度上充当了国家政权延伸的角色。然而，正因为此，这种延伸本身的“权力”为工会角色调适和功能变迁提供了充足资源的同时，也逐渐成为工会角色调适和功能变迁的“包袱”。

其次，工会与市场的结构关系。这种关系在“资本—劳动”的二元对立中表现出来。随着阶级政治的弱化和消解，工会在“工人阶级”的日益模糊中也不断迷失。然而，随着市场经济的发展，市场力量成为社会的主导力量，资本控制了社会的各个领域和角落。一定程度上出现了波兰尼担心的“市场社会”，市场原则掌控了一切。对于工会来说，其主要依靠对象——劳动力，也成功商品化并被迫纳入“强资本弱劳动”的格局，工会不得不重新面对如何在不影响经济发展的大局和前提下，真正成为劳动一方的代表组织。这是结构赋予工会的压力，也是工会角色调适和功能变迁的动力。

最后，工会与社会的结构关系。社会从政党—国家的日益分离其实并不取决于社会力量自身，而是取决于政党—国家给予的自主空间。很多学者都鲜明指出了这一点。同时，社会也在不断分化，这主要是由于社会是由利益多元的团体和个体主导的，利益分化必然导致社会多元化。在这种情况下，工会不得不面对成为多元化社会组织中的一员的事实和压力，同时，工会也要直接面对职工群众，一方面，来自职工群众对组织身份的日益增长的迫切需求；另一方面，也是政党—国家对工会的要求所在。

因此，在多维结构场域的结构化互动中，正如上一章指出的，工会角色调适和功能变迁实际是一个政治组织社会化和社会组织政治化的双向运动，在此过程中，工会实际扮演了双重角色。一方面，随着计划经济向市场经济转型的完成和政府从绝大部分企业中的完全退出，企业内部的劳资关系已经褪去计划经济的色彩。在这种情况下，工会有代表工人的主体性和能动性，承担劳动经济利益代表的角色，这是下一章论述的重点。另一方面，政党—国家要求工会在有需要时将工人的利益诉求上传到国家的决策系统中，同时又要确认工会具有工人代表的垄断性和掌控性。

在这里还要注意的是，工会与党的关系以及工会与国家的关系的角色调适更体现出“中国特色”，也就是说，虽然工会与党以及工会与国家的关系也在不断调适，但是主基调并没有变迁，而工会与市场、工会与社会的关系则呈现出与时代变迁相对应的更剧烈的变化。因此，从结构主义的角度来看，国家—社会关系理论并不能完全适应中国政治发展的复杂性，这也是笔者在后文中讨论政治社会的必要性所在。

第四章

作为能动主体的中国工会

改革开放后，党执政逻辑的转型为工会自主行动提供了发展空间，中国工会自身其实一直在思考和拷问自身存在的价值以及职能的发挥问题。曾任中华全国总工会副主席、党组副书记、书记处书记的陈秉权曾对记者说："中国的工会问题，有它特定的社会历史条件，是受中国的政治、经济、文化条件制约的。""新中国建立初期，随着全党的工作重点转移到城市中来，我国的工会运动曾经发挥了重要的作用。但是由于后来我国实行高度集中的经济管理体制和与之相适应的政治体制，就必然出现工会等社会组织居于什么地位，具有哪些职能，发挥何种作用，甚至有没有必要存在等问题。……这种状况只有通过改革才能解决"①。笔者认为，任何组织都有自己的利益以及为争取集团利益最大化的倾向和行动取向。在国家—社会框架下，工会的政治属性毋庸置疑。同时，随着改革开放的推进，工会凸显社会属性的冲动越来越明显，工会也体现出越来越强的行动能力。工会不仅是结构关系的被动接收者，也是影响结构关系的能动者。

一、维护与整合：回归自身价值的行动转型

关于工会维权的自主性和行动逻辑，当前学者更倾向于微观

---

① 陈秉权：《中国工会的改革与建设（1984—1993）》，北京：中国工人出版社，1996 年，第 103 页。

研究，对工会在具体维权案件的选择、工会的行动取向等进行分析。如陈峰的研究表明，工会在介入劳动争议案件时有着明确的选择特征，而且会极力规避政治风险，很少会触碰政治底线。[①] 王向民认为，工会的法团主义制度框架以及相对弱势的自身力量，使其必然选择那些必胜的维权案件。[②] 笔者认为，工会作为自主行动的主体，工会维权服务自主性背后是工会与党、政府关系的深层逻辑，应该从宏观的视角、历史的变迁角度对其维权服务的行动逻辑进行考察。值得借鉴的是，张允美通过对 1949 年至 1990 年工会与政党—国家之间的关系的历史梳理，指出在一定的制度安排内，中国工会是开展国家与社会之间冲突的一个场所；工会的行为受其组织集体利益和其成员个人利益的支配；在每一个关键时刻，工会都有自觉表达劳动者利益的倾向。[③] 笔者与张允美的思路有相似之处，但不同之处在于，笔者认为工会自主行动出于自身理性选择的考虑，有处理与政党—国家关系的权衡和考量，但并非处在政党—国家的对立面。这种过分强调工会与政党—国家冲突的视角和逻辑也是非常危险的。

1. 新中国成立后工会确立维权职能的探索及长期影响

新中国成立初期，有关在社会主义体制下工会的作用和目的

---

① Chen Feng，*Between the State and Labor: The Conflict of Chinese Trade Unions´ Double Identity in Market Reform*，*The China Quarterly*, 2003. p176.

② 王向民:《准官僚组织的自主性》，上海：世纪出版集团、上海人民出版社，2014 年，第 214 页。

③ ［韩］张允美:《理顺与冲突中国工会与党、国家的关系》，载香港中文大学《二十一世纪》(网络版)，2003 年 9 月。

的问题，中国工会面临着两种困境，一是工会应该维护劳动者大众的利益，二是工会服务于经济建设搞好生产，也就是面临维护和生产的双重压力。虽然这双重职能在理论上意味着两个职能之间的同等性，但实际上由于完成社会主义建设的新的历史任务和“克服落后性”的革命的历史条件，工会便侧重于“为生产动员劳动者”的任务。1950年的第一部《中华人民共和国工会法》虽然明确了工会具有保护工人、职工群众利益的职责和权利，但由于对新民主主义条件下工人和职工的利益问题上存在很大分歧。该分歧的存在主要是因为公营企业的工人群众的利益和企业利益具有一致性，那么工人的个体利益在公营企业中是否应该存在。因此，工会的这一职能在私营企业比较容易理解，在公营企业认识分歧很大。于是，围绕工会的地位、职责和任务，新中国成立初期便展开了争论。

第一，李立三对国营企业中“公私兼顾”问题的诠释及受到“工团主义”的批判。

时任中华全国总工会主要负责人李立三从对国营企业“公私兼顾”问题的诠释，进而回答了公营企业中工会与行政的关系、工会存在的客观性等问题。“公私兼顾”是毛泽东根据新中国的经济构成提出的新民主主义国民经济的指导方针，对其进行解读就产生了思想交锋。这场争论最初发生在李立三和陈伯达之间，而后又发生在邓子恢和高岗之间。李立三针对当时公营企业不存在“公私兼顾”问题提出，一方面公营企业与私营企业利益应该兼顾，另一方面在公营企业中，国家利益与工人个人的利益也应该兼顾。兼顾公营企业中工人的个人利益问题，也就是承认公营企业中存在工人的个人利益。工人和企业之间、整体利益和个人利益之间会发生矛盾，所以要求兼顾，既照顾集体，也照顾个人。认为只要阶级觉悟提高，工人不吃饭不穿衣也可以做工是不现实的。关于人民民主专政条件下，工会存在的客观必然性问题，李立三指出，工会之所以必要，仍然是为了代表和维护工人阶级的利益，包括当前利益和长远利益、个人利益和整体利益，否则工会就成了多余的。① 与此同时，1950 年 7 月，时任中共中南局第三书记邓子恢在中南总工会筹委扩大会上的报告中，对人民民主专政条件下，工会工作的立场问题、工会代表工人利益问题、工会工作的方法和作风问题等提出见解。邓子恢强调工会应明确站在工人阶级的立场上，从工人阶级的立场出发说话、办事、看问题、处理问题。这一点，工会与代表四大阶级利益的政府立场应该有所区别，与公营企业中的行政管理者的立场也有所不同；在工会代表工人利益问题上，邓子恢和李立三持相同观点，认为“工会之所以需要，主要是为了代表工人阶级的利益”，而且工会代表了工人的所有利益，应该受到兼顾，只强调其中一部分而忽略另一部分是不对的。

李立三和邓子恢的观点比较具有代表性，比较客观反映了人

① 以上论述摘自 1951 年 3 月《李立三在第二次全国电业会议上的讲话》《李立三在轻工部纺织部的全国国营企业负责干部会议上的报告》以及 1951 年 4 月《李立三在北京各机关党委和〈学习〉杂志联合主办的报告会上的讲话——公营企业工会工作中的公私兼顾问题》，《中国工会运动史料全书 · 综合六卷》电子版，第 1–30 页。

民民主专政条件下，公营企业中工会和党政关系、工会的性质和定位问题，但当时他们的观点却受到指责和批判。时任中共东北局第一书记高岗对邓子恢的观点不满。高岗认为，公营企业“是社会主义性质的企业，其中没有阶级矛盾与剥削关系，因而行政与工会之间，也就没有什么具体立场的不同，而只有分工的不同，组织形式与工作方法的不同”。他指责邓子恢的文章“混淆思想”，是“机会主义原则和理论”。[①]1951 年 4 月，高岗为《东北日报》主持起草社论稿《论公营工厂中行政与工会立场的一致性》，针对邓子恢的观点进行驳斥，曾多次请求中央公开发表而未获批准。1951 年 12 月 13 日，全国总工会党组扩大会议对李立三的观点集中进行了批判，认为李立三“扩大公私矛盾，把党政工三方面各顾各地对立起来”，“代表落后工人，片面强调生活福利问题”，是“分配中心论”，“在工会工作的根本方针上，犯了狭隘经济主义错误”，并给其戴上“经济主义”“工团主义”“主观主义”三顶帽子，并调离全国总工会领导工作岗位。[②]

第二，刘少奇对国营工厂内部矛盾和工会工作的定性。

不仅高岗对邓子恢的观点不满，陈伯达对李立三的观点也不赞同，曾与其发生激烈争论，这些情况促使了刘少奇的研究和思考。他在反复阅读和分析李立三、邓子恢、高岗等人的文章后，写了《国营工厂内部的矛盾和工会工作的基本任务》，认为新中国的国营企业经过民主改革后，没有阶级矛盾和剥削关系了，但

① 《中国工会运动史料全书 · 综合六卷》电子版，第 43–47 页。

② 《中国工会运动史料全书 · 综合六卷》电子版，第 81–95 页。

仍存在工厂管理机关和工人群众之间的矛盾和关系，以及由这个矛盾和关系所引发出来的各种问题，存在公私矛盾。但这一矛盾是可以和解、调和的，是“工人阶级和人民内部的矛盾和关系”，“应该用同志的、和解的、团结的办法来处理”。[①] 对于人民民主专政条件下工会存在的客观必然性问题，刘少奇从两个方面进行了解释。一方面，由于国营工厂内部存在公私矛盾，当工厂管理机关与工人群众之间出现矛盾时，工会就应该代表工人群众与工厂管理部门进行协调，可以通过签订集体合同或协议等形式进行处理和解决；另一方面，工人阶级中的中间和落后群体加入工会的动机，就是想要通过工会这个组织来维护他们的利益，“如果工会不能实现他们的这个目的，如果工会脱离了保护工人利益这个基本任务，那么他们就会脱离工会，甚至还会另找办法来保护他们的利益。”[②] 因此，“共产党赞成工人们团结在工会之内，为保护自己一切正当的不容侵犯的利益。而在工会中工作的一切共产党员务必是最周密地关心工人群众一切经济的、政治的和文化的福利，即使最微小的事情，也必须予以关心，只要工人群众的这些要求无损于工人阶级领导的国家及其经济发展，无损于劳动人民的其他部分，亦即无损于工人阶级根本的、整体的和长远的利益，就应该力求满足工人群众的这些要求。”[③]

---

① 《中国工会运动史料全书·综合六卷》电子版，第 50 页。

② 中共中央文献研究室编：《刘少奇论工人运动》，北京：中央文献出版社，1988 年，第 407 页。

③ 中共中央文献研究室编：《刘少奇论工人运动》，北京：中央文献出版社，1988 年，第 407 页。

第三，赖若愚对工会维权服务理论问题的探索及受到“宗派主义”的批判。

赖若愚代替李立三主持全国总工会工作期间，对工会理论进行了新的探索，提出了比较完善的工会思想和观点。他强调维护工人阶级经济利益，认为只要是“在发展生产的基础上，根据需要与可能的原则来改善群众的生活，而不是离开劳动生产率的提高、离开需要与可能而片面地谈改善生活，那就不是经济主义”[①]，突出了工会的维护职能，强调维护职能是工会最基本的社会职能，也是工会组织区别于党组织、国家行政机关的本质特征。他针对当时有些人对工会维护作用认识不清、发挥不够，提出工会的“独特任务论”，即在工人阶级掌权的国家中，发展生产固然重要，但这并不是工会的独特任务，而保护职工的物质利益与民主权利才是工会的独特任务。他反对那种关于掌权后的国家保护工人阶级利益而工会则失去保护作用的错误主张。赖若愚的工会思想在1958年5月召开的全国总工会党组第三次扩大会议上受到了严厉的批评，将其定为“严重的右倾投降主义和宗派主义的错误”，而且“属于反党、反人民、反社会主义性质”。直到十一届三中全会后，才推翻这些不实之词，并肯定其基本思想观点的正确性。[②]中国工会七大、中国工会八大的方针，也转变为以生产为中心，生

① 《中国工会运动史料全书·综合七卷》电子版，第103–105页。

② 参见1979年6月18日《中华全国总工会党组关于全总党组第三次扩大会议的复查报告和中共中央的批示》，载中华全国总工会干部学校党史工运史教研室编：《建国以来工运历史教学参考资料（二）》，第599–626页。

产、教育、生活三位一体，不再明确提出维护职能。由于不承认或淡化工会的维护职能，实际上否定了社会主义时期工会存在的必要性。从1957年反右直到“文化大革命”结束，由于极“左”路线的影响，中国工会运动遭到严重摧残。在“大跃进”中，刮起了“工会消亡”风，大批工会被取消。直到“文化大革命”结束才开始全面恢复。

2. 工会维权观的重新确立：中国工会九大的历史转折点

历史制度主义强调制度变化体现的是激进的间断模式（episodic），也就是说，历史制度主义强调环境变化和制度变化之间、理想效果和实际效果之间的偏差，以及历史的无效率性和偶然性（contingency）。因此，历史制度主义关注政治经济危机重塑社会关系和制度的历史转折点（historical junctures）[①]。按照历史制度主义强调的，重大事件的冲击以及关键时间和关键人物起到重要作用，从这个意义上来看，对于工会组织来说，1978年中国工会九大和邓小平的讲话可以说是再造了工会。

新中国成立后，生产模式是中国工会的基本模式，通过对李立三、赖若愚等的批判，已经上升到政治高度。经过“文化大革命”的冲击，对于工会定位的指导思想再次走入混乱。工会到底是否有存在的必要？工会要发挥怎样的作用？这一系列问题是邓小平等推进改革开放也要面临的问题。中国工会九大是改革开放新时期召开的一次重要会议，对工会来说具有十分重要的历史意

---

① Ikenberry. G. John, *Conclusion: An Institutional Approach to American Foreign Economic Policy*, *International Organization* 42(1):219–43.

义，可以说，正是中国工会九大特别是邓小平在大会上的定调致辞，为社会主义新时期工会维权观确定了核心和灵魂。[①] 从此，工会重新思考怎么在改革开放新形势下处理好党、工会与群众关系这一深层次问题，奠定了工会维权服务基本职责的主要框架。

工运领域是“文化大革命”的重灾区，曾炮制所谓“工运黑线统治论”“三会一团”[②] 等。“文化大革命”中全国各级工会组织系统在夺权风暴中普遍被砸烂，以“工代会”取而代之。1975 年，邓小平主持中央日常工作，提出全面整顿的方针，其中包括工会工作的全面整顿。1975 年 9 月，他在中国工会九大工作报告送审稿上批示：“工会不能光谈抓阶级斗争，对生产、生活福利还是要抓。不能因为批了唯生产力论，就不敢抓生产了。不要因为批了福利工会以后，对职工生活就不管了。”[③]1977 年 8 月，党的十一大提出，要加强党对工会、共青团、妇联等群众组织的领导，把这些组织整顿好、建设好，充分发挥它们应有的作用。[④] 应该说，工会恢复活动是党的全面整顿的一部分。1978 年 3 月，汪东兴在接见全国总工会机关领导小组成员时说：“党的十一大已经开了，对第十一次路线斗争作了总结，五届人大开了，科学大会也开了，解决工会的问题成熟了，我也可以抽出一些精力管管你们的工作

① 颜辉、王永玺主编：《中国工会纵横谈》，北京：中共党史出版社，2008 年，第 88 页。

② “三会一团”即生产工会、全民工会、福利工会和工团主义。

③ 李桂才主编：《中国工会四十年资料选编》，沈阳：辽宁人民出版社，1990 年，第 897 页。

④ 中共中央办公厅：《中国共产党第十一次全国代表大会文件汇编》，北京：人民出版社，1977 年。

了。……工会九大一定要开好。”[①]

1978年10月，中国工会九大召开，邓小平在致辞中明确提出：“工会再不是有些人所认为的那种可有可无的组织了。”“工会要努力保障工人的福利，我们的国家还很落后，工人的福利不可能在短期间有很大的增长，而只能在生产增长特别是劳动生产率增长的基础上逐步增长。但是，这决不能成为企业领导不关心工人福利的借口，尤其不能成为工会组织不关心工人福利的借口。在目前的条件下，企业领导在这方面还是有大量的工作应该做，工会组织有更大量的工作应该做。工会组织要督促和帮助企业行政和地方行政在可能的范围内，努力改善工人的劳动条件、居住条件、饮食条件和卫生条件，同时要在工人中间积极开展各种形式的互助活动。”“无论要做好以上哪一项工作，工会组织都必须密切联系群众，使广大工人都感到工会确实是工人自己的组织，是工人信得过、能替工人说话和办事的组织，是不会对工人说瞎话、拿工人的会费做官当老爷、替少数人谋私利的组织。工会要为工人的民主权利奋斗，反对形形色色的官僚主义，它本身就必须是民主的模范。”[②] 邓小平的群众思想是有一定渊源的，早在1957年工会为争取维护职工群众权益而掀起讨论时，邓小平就说过：“工会的屁股应当坐在群众那里。企业中，行政应更多地从国家方面考虑问题，工会应当更多地站在群众方面看问题，代表群

① 《中国工会运动史料全书·综合十一卷》电子版，第32页。

② 中共中央办公厅、中华全国总工会研究室编：《中央领导关于工会工作的讲话选编》，2010年8月。

众利益。这两方面有矛盾，但两个片面结合起来就全面了。”[①]

党的十一届三中全会后，邓小平、叶剑英等先后对工会问题做过多次指示和谈话，如1979年9月，叶剑英在庆祝中华人民共和国成立三十周年大会上的讲话就指出，“工会、青年团、妇联等团体是广大群众的重要代表者……一定要坚决维护自己所代表的群众的利益，积极解决他们日常生活中的切身问题，反对不关心群众痛痒的官僚主义”。[②]这些集中反映了党对工会工作指导思想的转变，从工会职能上看，在强调工会以四化建设为中心，为实现经济战线重大改革做贡献之外，还特别强调工会是职工群众的重要代表者，不仅要维护国家和集体利益，还要坚决维护职工群众的具体利益，让工会的维权职能再次成为与生产职能并列的重要职能，这可以说是工会工作指针的一次革命性转变。

正是在邓小平这种指导思想影响下，党的十一届三中全会后，全总党组成立历史专案复查小组，对新中国成立后在工会历史上造成极大影响和严重后果的全国总工会党组第三次扩大会议错误批判赖若愚等人的历史冤案进行复查。1979年9月，中央正式批转了全国总工会党组的《复查结论》和《复查报告》，决定撤销1958年错误批判赖若愚等人的中央文件，为赖若愚等人彻底平反。1980年3月20日，党中央在北京为李立三举行了追悼会，指出

① 邓小平1957年3月在太原的一次讲话。载中华全国总工会编：《邓小平论工人阶级和工会工作》，北京：中国工人出版社，1994年，第112页。

② 中华全国总工会干部学校党史工运史教研室编：《建国以来工运历史教学参考资料（二）》，1982年，第627页。

李立三在主持全国总工会工作期间，“贯彻执行了党中央的工作方针，主持制定了《中华人民共和国工会法》，在组织全国工人阶级为巩固新生的人民政权，恢复国民经济，开展劳动竞赛，提倡企业民主管理，建立劳动保险制度，以及在劳动保护、群众工资和劳动立法等方面做了大量的工作”①，这就在事实上为1951年全国总工会党组第一次扩大会议对李立三的批判进行了平反。为赖若愚、李立三平反，重要意义在于对新中国成立以来工会理论的是非以及给工会干部头上戴的“经济主义”“工团主义”帽子的平反和解放。工会维权不仅不是犯错误的表现，而且成为工会的重要职责，这在很大程度上激发了工会维权的自主性。

3. 社会利益整合需求与工会突出维权职能

工会在职能上突出维权，是一个解除思想禁锢的过程。1979年10月，倪志福在执委会议的报告中指出，“坚决维护群众的切身利益，切实解决当前职工生活中迫切需要解决而又可能解决的问题。坚决维护职工行使当家做主的权利，积极推行职工代表大会制。”②1983年召开的中国工会十大，重新强调工会一定要维护职工的合法权益，一定要在党的领导下，有职有权、独立负责地开展工作，并明确了工会的基本工作方针是：“以四化建设为中心，为职工说话、办事，维护职工的合法权益，加强对职工的思

① 中国工运学院编写组：《邓小平工人阶级与工会思想研究》，北京：中国工人出版社，1994年，第107页。

② 倪志福：《全总常委会向九届二次执委（扩大）会议的工作报告》（1979年10月31日），载中华全国总工会干部学校党史工运史教研室编：《建国以来工运历史教学参考资料（二）》，1982年，第650页。

想政治教育和文化技术教育，建设一支有理想、有道德、有文化、守纪律的职工队伍，充分发挥工人阶级在社会主义物质文明和精神文明建设中主力军作用。”[①]原中华全国总工会政策研究室主任陈骥曾指出：1983年，工会十大筹备期间，大家认为全国总工会有责任向党中央提出一个简明的工会工作方针，请中央审定。大家对以四化建设为中心没有异议，对工会的维护和教育这两大作用也有共识，但在重点上有不同意见。有的强调教育，有的强调维护。这样就有一个教育放在前面还是维护放在前面的问题。在向中央汇报后，胡乔木在讨论妇联报告时说，妇女运动是女权运动，妇联的工作方针应该是维护妇女儿童的合法权益，工会也应该如此。中央书记处会议同意胡乔木的意见。这样，工会十大就突出了维护职能。[②]这意味着工会职能理论的重要转变。也就是说，工会的各项社会职能并不是并列的，维护是基本的、主要的职能。此后，这一理论转变又被多次政策化、方针化[③]，从而形成了以工会维权作为基本职责的思想基础。1983年3月14日，胡耀邦主持召开中央书记处会议讨论中国工会十大工作报告，单列一条指出：“工会的性质和任务应当是在党的领导下、代表工人阶级利益、为工人阶级办事的群众性组织。新中国成立以后，在‘左’的思想

---

① 中国工运学院编写组：《邓小平工人阶级与工会思想研究》，北京：中国工人出版社，1994年，第110页。

② 陈骥：《改革中的工会和工会的改革》，北京：中国工人出版社，1999年，第123页。

③ 冯同庆：《工会学——当代中国工会理论》，北京：中国劳动社会保障出版社，2010年，第79页。

指导下，工会工作受到了很大的干扰，长期强调党的领导（这是应当的），但忽视了工会是工人阶级的群众组织的特点，在一定程度上，工会变成了行政机关，脱离了工人群众。这种状况必须改变。今后工会工作一定要从自己是党领导下的群众组织这个特点出发，切切实实地为职工办事，办些具体的好事，把职工的积极性调动起来；一定要维护职工的根本利益，勇敢地扶持正气，压制邪气，在社会和国家生活中起积极作用；一定要面向工厂、面向工人，密切联系群众，反映职工的呼声和要求，真正成为'职工之家''工人之友'。"①

中国工会十大报告指出："必须要正确理解工会组织代表和维护职工利益的问题。……国家的具体制度还难免存在某些弊端，有官僚主义现象，有违法乱纪的情形，还有敌对分子的破坏和捣乱，因而职工群众的特殊利益和切身利益在某种情况下受到损害或者侵犯是难以避免的，这就不仅需要党和政府采取措施，而且需要工会加以维护。"②如果说工会自身对"维护职工权益"的这种"辩解"还有些自说自话的意味的话，那么1987年党的十三大提出的"两个维护"思想为工会维权再次背书和敲下了实锤。党的十三大明确指出："使各种群众团体能够按照各自的特点独立自主地开展工作，能够在维护全国人民总体利益的同时，更好地表达

---

① 中共中央办公厅、中华全国总工会研究室编：《中央领导关于工会工作的讲话选编》，2010年8月，第8页。

② 《中国工会运动史料全书·综合十二卷》电子版，第65页。

和维护各自所代表的群众的具体利益。”①

1987年和1988年，工会系统举办了大量的学术理论研讨会，就工会的基本职能问题、党与工会的关系等问题展开讨论，对工会领域的思想解放起了很大的促进作用。工会改革的努力集中表现在1988年10月全国总工会十届六次执委会议制定的《关于工会改革的设想》中。1988年10月召开的中国工会十一大，提出“以经济建设为中心，立足改革全局，把发展生产力和维护职工利益结合起来，增强基层工会活力，实现工会的群众化、民主化，团结广大职工为建设有中国特色的社会主义而奋斗”的方针，中国工会十一大最主要的成绩就是，确立了“一个中心、两个维护、全面履行四项职能”的指导思想，也就是在社会主义初级阶段，工会要遵循以经济建设为中心，在维护全国人民总体利益的同时，更好地表达和维护职工群众具体利益的基本指导原则，全面履行维护、建设、参与和教育的职能。

关于在社会主义市场经济条件下职工权益如何维护的问题，在邓小平南方谈话后又引起各界人士的关注和讨论。1994年12月，全国总工会召开的十二届二次执委会议明确了工会工作的总体思路，认为维护是工会的基本职责，是工会服务于党的中心工作的主要手段。通过维护职工的合法权益，广大职工的积极性得以调动，这成为促进改革、发展和稳定的重要基础。工会有多项社会职能，而维护是最基本的职能，其他职能是在维护的基础上

① 《中国共产党第十三次代表大会报告》，人民网，中国共产党历次全国代表大会数据库。

发挥作用的。工会服从服务于党的中心工作有多种方式和手段，但最核心、最主要的方式和手段是维护。尉健行对工会的这一转型做了比较精辟的总结：“工会的性质作用，决定了工会必须更好地贯彻执行党的群众路线，时刻与职工群众保持密切的联系。这是工会工作的生命线，是工会赖以生存和发展的根本。离开职工群众，失去了职工群众的信任、拥戴与支持，工会就失去了存在的前提，丧失了安身立命的基础。职工要求组织和参加工会的目的简单而明确，就是要工会作为他们利益的代表者和维护者，能为他们说话办事。如果工会不能密切联系群众，不能代表维护职工的利益，不能为职工说话办事，不仅与工会的性质相悖，而且从根本上脱离了职工群众，发挥党密切联系职工群众的桥梁纽带作用也就无从谈起。”①

进入 21 世纪，我国经济关系深刻变动，劳动关系矛盾增多，复杂性、冲突性增强，工会面临维护职工权益的要求更加迫切。中国工会作为党领导的社会主义工会，是否维权、能不能维权、如何维权、以什么样的理念和方式来维权，成为摆在中国工会面前的重要课题。王兆国指出，维权观是工会维权工作根本宗旨、重要原则、核心理念、途径方式等的集中体现，事关维权工作的性质、方向和成效。作为职工利益的代表者、维护者，各国工会都致力于维护职工权益，这是工会运动的普遍规律和一般要

---

① 尉健行：《坚持用邓小平建设有中国特色社会主义理论武装头脑和指导工会工作——在全总十二届三次主席团会议上的讲话》（1994 年 6 月 26 日），全国总工会政策研究室编：《中国工会十二大以来重要文献选编》，1998 年，第 55 页。

求；但究竟维护什么、怎样维护、以怎样的理念和方式来维护，往往因工会所处的社会背景、历史条件不同而存在很大差异。在社会主义市场经济条件下，在国际工运格局深刻变化的格局下，工会维权工作面临十分复杂的经济、社会和政治条件，做好工会维权工作，不仅要有自觉的维权意识，更需要以科学的维权理论为指导，立足国情会情，着眼时代发展，树立“以职工为本，主动依法科学维权”的维权观，把握维权工作的正确方向，提高维权工作科学化水平。[①] 在王兆国的主导下，中国工会把握工会维权工作的特点和规律，着眼于全面发挥工会的社会作用，全面履行各项社会职能，突出维护职能，坚持“组织起来、切实维权”的工会工作方针，把维护职工合法权益贯穿于改革、发展、参与、帮扶的全过程，提出了“以职工为本，主动依法科学维权”的工会维权观，系统回答了工会“维护什么、怎样维护”的时代课题。2005 年 12 月，全国总工会十四届三次执委会议作出《关于加强协调劳动关系、切实维护职工合法权益、推动构建社会主义和谐社会的决定》。2006 年 12 月，全国总工会十四届十一次主席团（扩大）会议明确提出了中国特色社会主义工会维权观，构建了系统完整的工会维权理论体系。

从社会学角度看，尽管工会组织的维权有效性还有待进一步提升，但已经为职工群众消解不满情绪提供了一条制度化渠道。20 世纪 90 年代后期以来，我国经济改革过程中积累的各类矛盾呈

---

① 王兆国在全国总工会十四届十一次主席团（扩大）会议、全国总工会十四届四次执委会议等会议上的讲话。

总体爆发趋势，这又直接导致了党的政权合法性危机。[①] 频发的社会冲突事件和由此造成的广泛社会影响，使党感受到了来自社会底层日益加剧的不满，社会冲突的成因与防范机制不但成为专家们的研究热点，也成为决策者制定社会政策的重要组成部分。

随着我国社会的经济成分、组织形式、就业方式和分配方式日趋多元化，劳动关系主体利益也逐渐明晰化、类型多样化、合同化、运行市场化、规范法治化，随之而来的劳动争议也日益增多。从现实的情况看，一些企业劳资矛盾尖锐，劳动者的基本权益得不到保障，侵犯职工合法权益的情况时有发生（如图 14 所示）。一些领域劳动关系矛盾呈现出多发、频发态势，如产业结构转型升级涉及职工分流安置的矛盾增多；分享经济迅猛发展，网络约车、电商平台、共享平台等新兴业态不断涌现，劳动关系主体构成更加复杂，对传统劳动关系规制模式和劳动基准的制定与执行构成重大挑战；劳动者维权意识增强，其利益诉求及其表达方式更加多样化。

劳动者维权意识增强以及集体主张权利诉求日益明显有如下三个原因。第一，劳动关系的主体还不成熟，主体行为不规范。一些私营企业的雇主为了更多更快地赚钱，对工人采取早期资本主义的甚至包括人身限制的管理方式，以攫取超额剩余价值。而劳动者大部分是农民工，由于劳动力市场的供过于求，他们更关注的是自己的就业岗位。第二，劳动关系双方的力量对比不平衡，

---

① 何清涟：《代序：改革深化的终结与重塑社会认同的困境》，载何清涟、程小农主编：《中国改革的得与失》，香港：香港博大出版社，2007 年，第 2 页。

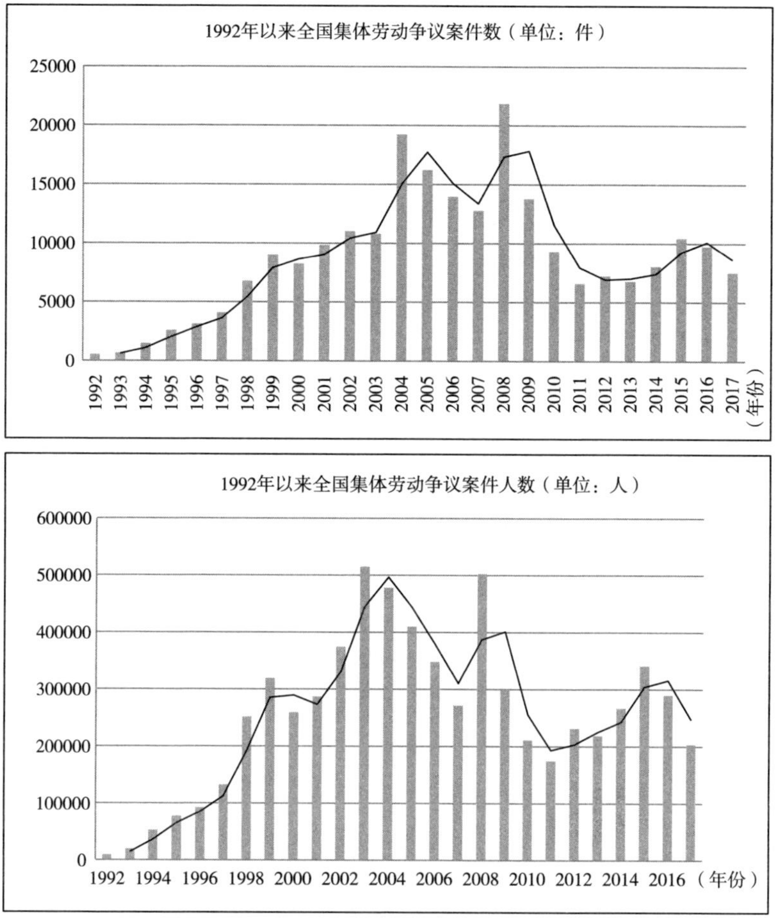

图 14　1992 年以来全国集体劳动争议案件数与涉及人数发展对比图

劳动者的合法权益得不到有效保障。由于“强资本弱劳动”的格局在相当长的时期内存在，特别是一段时期内就业供过于求的压力长期存在，总量上制约非公有制企业职工权益与要求的伸张。在这种情况下，企业为了利润最大化的目标，不断牺牲和侵害工人的利益。第三，非公有制企业劳动关系运行不规范，劳资矛盾和劳资冲突不断。在劳动者权益不断受到侵害，又缺乏正规渠道和机制予以解决的情况下，劳动者不得不用一些非规范手段来表达自己的权益。

正如江泽民 1989 年提出的："工人、农民、知识分子在工作和生活中都不可避免地会遇到若干矛盾，或者产生若干问题。从自然科学的原理看，这些矛盾和问题积聚起来，往往会形成一定的能量，如果这种能量积聚越来越大，不能及时化解，最后一下子释放出来，就可能起破坏作用。这就需要一个民主的渠道来反映这种矛盾和问题，来宣泄这种能量。作为工人群众自己的组织，工会最了解工人，应该成为充分反映工人群众的意见和要求的重要渠道。"①1995 年，胡锦涛在全国总工会十二届三次执委会议上的讲话中指出："工会是党领导的职工自愿结合的工人阶级群众组织。工会的这一性质决定了工会必须代表和维护职工的合法权益，这也是《中华人民共和国劳动法》赋予工会的权利。在发展社会主义市场经济的条件下，特别是非公有制经济成分增加，劳动关系发生深刻变化的新情况下，突出工会的维护职能，强化工会的维护职能是十分必要的，也是正确的。这样做，有利于克服工会工作中不同程度存在的行政化倾向和官僚主义作风，有利于增强工会组织的凝聚力和战斗力。……在履行维护职能时，一定要坚

① 中华全国总工会、中共中央文献研究室编：《毛泽东邓小平江泽民论工人阶级和工会工作》，北京：中央文献出版社，2002 年，第 163 页。

持维护全国人民总体利益与维护职工群众具体利益的统一。”[①]

4. 生产与维权的调和策略

随着工会维权职能的凸显和确立，有一个悖论不得不从理论和实践上加以厘清和破解，即如何把发展社会生产力和维护职工利益统一起来。对于这个问题，从李立三到赖若愚，都没有很好地解决。因为，在计划经济条件下，企业的所有体制都是公有制，企业是党和国家在经济领域的代理人，工会要维权似乎就要与企业管理走向对立面。而改革开放以来，工人阶级利益群体发生分化，维权的代表性也成了问题，同时，以经济建设为中心的主流价值观也对维权这种社会冲突思维产生抵触。如果这个悖论不能很好地解决，工会角色调适和功能变迁就不能很好地往前走下去。正是在这个背景下，“两个维护”从理论上很好地化解了这个悖论。

“两个维护”就是工会维护总体利益与维护具体利益相统一，即在维护全国人民总体利益的同时，更好地维护职工群众的合法权益。[②] 为什么维护全国人民的总体利益与维护职工合法权益是一致的？在我国，建设有中国特色社会主义的奋斗目标的集中代表者包括工人阶级在内的全国人民的总体利益，离开了这个总体利益，职工的具体利益是难以实现的。这就要求工会必须全面履行维护、建设、参与、教育等各项社会职能，把广大职工紧密团结

① 胡锦涛在全国总工会十二届三次执委会议上的讲话。

② 中华全国总工会编：《中国特色社会主义工会发展道路学习读本》，北京：中国工人出版社，2012 年，第 79 页。

在党和政府周围，引导职工为实现党的中心任务和奋斗目标多做贡献。同时，要针对社会主义市场经济条件下劳动关系出现的新变化，更好地代表和维护职工的具体利益，切实把维护职工合法权益放到突出位置，密切联系职工群众，关心职工群众的疾苦，积极反映他们的意见和要求，竭诚为他们办实事、办好事，使工会真正成为职工之家。

首先，尽管大部分公有制企业已经改制为现代企业制度，实现了产权明晰、权责明确、政企分开、管理科学，企业经营自主权得到落实，经营者与劳动者利益开始分化，但是由于生产资料仍然归劳动者所有，劳动者仍然是企业的主人，因此就其劳动关系的性质来看，企业与劳动者双方的利益在根本上是一致的，是和谐的、非对抗性的。当然，公有制企业劳动关系的非对抗性，并不意味着就没有矛盾，在一些效益不好的企业尤其是转制企业中，职工权益受到侵犯的事件屡有发生。企业改革之后，如何协调企业经营者与劳动者的关系，仍然是需要认真研究和解决的问题。

其次，对于非公有制经济来说，在生产资料私有以及企业与职工的雇佣劳动关系中，雇主有着为了最大限度地获取劳动者的剩余价值的倾向，而这必然会关系到职工在工资、劳动时间、劳动强度、劳动安全等方面合理利益的实现。因此，在这样的劳动关系中不可避免地会存在一定程度的对抗性。但是，社会主义市场经济条件下劳动关系与资本主义条件下私有制经济的劳资关系有着很大区别。非公有制经济是社会主义市场经济的重要组成，非公有制经济中正常的劳动雇佣关系也是法律保护下的平等关系的体现，被雇佣的职工从本质上依然是国家的主人。新中国成立前夕，全国第六次劳动大会为解放区制定的工运方针，就是“发展生产、繁荣经济、公私兼顾、劳资两利”，就是政治与经济、长远与眼前具体利益相结合。刘少奇在《关于工会工作问题的报告》中指出：“在我们这里发展生产，是全体人民的要求，也是我们工人的要求”；“不论公营或者私营工厂的工会同志，都须注意，使生产发展，因为只有生产发展了，工人的生活才能提高改善。”[①]

曾任中华全国总工会副主席、党组副书记、书记处书记的陈秉权说得比较直接：“新中国成立以后，我们强调全社会利益一致性比较多，而忽视了人民内部还存在各种利益群体，还存在各种社会阶层利益的差异性和矛盾性。这就必然导致在实践中否认各种社会组织，特别是工会存在的必要性。我们的党、政府是代表人民利益的，代表工人阶级利益的；工厂的党委、厂长也都是代表人民利益、代表工人阶级利益的，而工人阶级利益又是与全体人民的利益高度一致的，还要工会来代表职工利益干什么？这是造成忽视工会，甚至工会消亡的一个主要依据。新中国成立后的工会曾不止一次地受到错误批判，特别是所谓‘经济主义’，实际上就是工会要不要保护工人的具体利益的问题。”[②] 对利益分化事

① 中共中央文献研究室、中华全国总工会编：《刘少奇论工人运动》，北京：中央文献出版社，1988 年，第 364 页。

② 陈秉权：《政治体制改革与工会》，载陈秉权：《中国工会的改革与建设（1984—1993）》，北京：中国工人出版社，1996 年，第 103 页。

实的肯定是工会在维护职工权益上迈出的重要一步。“在过去很长一段时期内，由于种种历史原因，往往忽视利益的差异性，使工会难以充分体现群众组织的特点。如果说在计划经济条件下这个问题还显得不太突出，那么在发展社会主义市场经济的今天，由于利益格局的调整和利益的多元化，这个问题就显得更加突出了。在根本利益一致的前提下，工会应该也必须更多地从职工群众方面考虑和提出问题，处理问题的方式方法也应该与党政有所不同。”[①]“这个问题是在改革开展和深化的条件下逐步看清楚的。”“在社会主义的初级阶段，多种经济成分、多种经营方式和多种分配方式的存在，使大家看到了社会利益的多样性。我国不仅存在工人阶级、农民，而且还存在个体劳动者，存在私人经济和外资企业，各种关系是错综复杂的。即使在工人阶级内部，还有体力劳动和脑力劳动的差别，还有这部分同那部分不同劳动条件和发展水平的职工的利益差别。这种情况就是到了社会主义的发达阶段也会存在。这就不仅需要党和政府正确处理各种利益的关系，而且还需要工会和其他社会组织来维护自己组织成员的具体利益，调节相互间的矛盾。”[②]

这个问题的现代化意义就是工会维权是否就要与雇主或企业方走向冲突和对立。进入现代化语境，界定全国人民总体利益和

---

① 尉健行：《坚持用邓小平建设有中国特色社会主义理论武装头脑和指导工会工作——在全总十二届三次主席团会议上的讲话》（1994 年 6 月 26 日），载全国总工会政策研究室编：《中国工会十二大以来重要文献选编》，1998 年，第 55 页。

② 陈秉权：《政治体制改革与工会》，载陈秉权：《中国工会的改革与建设（1984—1993）》，北京：中国工人出版社，1996 年，第 103 页。

职工具体利益，换句话说就是社会冲突与一致的认识论。新中国成立后，有一个时期认为工人阶级内部是没有矛盾的、一致的，“文化大革命”中更多的是社会冲突论。改革开放后，人们发现承认矛盾而又能协调解决的社会功能论是可行的。[①]因此，工会的社会功能组织作用应该得到重视。事实上，工会“两个维护”理论初衷在于调和生产和维护的关系，这是解决工会维护职能的历史遗留问题。随着市场经济的发展，工会搞生产的问题已经不像改革开放以前和初期那么重要，当下不论是国有企业还是私营企业，都建立了比较健全的现代企业制度，其中就包括激励机制，调动职工积极性主要靠企业制度。因此，工会维权职能主要是处理与企业的关系，而非与国家的关系。从强调维权是工会基本职责以来，工会的主要问题不是维护总体利益不够，而是维护职工群众的具体利益不够，那么工会维权是否就一定要用对抗模式呢？从冯同庆的社会功能理论到工会实践中的集体协商而非集体谈判，都说明非对抗性的中国工会是主要特点。

二、建设与动员：工会“搞生产”的行动惯性

本节以劳动竞赛为切入点进行分析，关注的是工会的建设职能，即吸引职工群众积极参加改革，努力完成国家经济建设和社

① 冯同庆编：《工会学——当代中国工会理论》，北京：中国劳动社会保障出版社，2010 年，第 155–156 页。

会发展任务的职能。[①] 关于服务经济建设，游正林的《工会如何搞生产？——李立三、赖若愚的探讨及其启示》专门围绕工会组织、教育工人恢复和发展生产，分别回顾了李立三和赖若愚对这个问题的探讨过程。[②] 笔者认为，新中国成立后到改革开放以来，工会生产动员的建设职能是党的要求使然，毕竟对政党—国家来说，国家建设是摆在第一位的。然而，随着改革开放的推进，工会“搞生产”既有“发展是第一要务”的结构性压力，也有工会的行动惯性使然因素。在这里，笔者选择了劳动竞赛作为工会建设职能的一个缩影和小切口，从劳动竞赛来看，工会进入生产模式后，生产动员就必然成为第一选择，即使没有新中国成立初期的“经济主义”“工团主义”压力，工会“搞生产”的行动惯性也是很强的。在此基础上，笔者进入相对微观的分析视角，工会在企业中开展劳动竞赛的策略与布洛维“生产政体”的分析框架有很强的契合性。当然，布洛维分析的是资本主义体制下劳动如何成为资本的妥协产物并产生认同的，与我们这里的社会主义市场经济体制是有本质差别的。

1. 劳动竞赛的发展历程

中国工人的劳动竞赛[③]，是在革命根据地开始出现，新中国成

---

① 陈骥：《改革中的工会和工会的改革》，北京：中国工人出版社，1999 年，第 224 页。

② 游正林：《工会如何搞生产？——李立三、赖若愚的探讨及其启示》，载《江苏社会科学》，2011 年第 3 期。

③ 社会主义劳动竞赛，2014 年之后更名为劳动和技能竞赛，这里为了保持历史的连续性，仍沿用劳动竞赛这一名称。

立后广泛开展起来的。组织职工开展劳动竞赛是中国工会各级组织的一项经常性工作，是工会组织特别是新中国成立以来围绕中心服务大局的重要体现，也体现了工会的自主行动惯性和路径依赖。与开展劳动竞赛性质相类似的还有劳模评选表彰、开展职工技术协作、合理化建议等，都是工会组织围绕经济生产活动、为提高生产效益和质量而开展的活动，这些活动都具有社会主义特色，其起源可以追溯到苏联的工会运动，即1919年莫斯科“星期六工人义务劳动”，两者具有相类似的列宁主义理论渊源。十月革命胜利不久后，列宁首先提出：“当社会主义政府执政时，我们的任务就是要组织竞赛。”[①]“组织竞赛在苏维埃政权的经济任务中应当占有显著的地位。”[②]

早在第二次国内革命战争时期，中国共产党领导的苏区公营企业就开始组织职工劳动竞赛。到了抗日战争时期，随着抗日民主根据地公营企业的扩大，劳动竞赛开展得更加广泛，其中最突出的是陕甘宁边区农具工厂的“赵占魁运动”，被边区总工会树为“工人旗帜”的典型。通过开展“赵占魁运动”，陕甘宁边区各工厂平均增产达30%至50%，有的高达120%至150%。[③]

解放战争时期，各解放区先后开展了以“生产立功运动”和

---

① 列宁：《怎样组织竞赛？》，载中共中央马克思恩格斯列宁斯大林著作编译局编：《列宁全集》（第33卷），北京：人民出版社，2017年，第204–213页。

② 列宁：《“苏维埃政权的当前任务”一文的初稿》，载工人出版社编：《列宁斯大林论工会》，北京：工人出版社，1981年，第177页。

③ 倪志福主编：《当代中国工人阶级和工会运动（下）》，北京：当代中国出版社，1997年，第5页。

“献纳器材运动”为中心的劳动竞赛，“生产立功运动”促进了解放区工业生产的全面发展和提高，“献纳器材运动”即动员工人把过去护厂、护矿斗争时分散隐匿在自己家中的物资器材自觉献纳出来，解决恢复生产原材料不足的困难[①]。

新中国成立后，在国民经济恢复时期，劳动竞赛的形式由创造生产新纪录运动发展到全国范围内的爱国主义增产节约运动。工会组织劳动竞赛的方法，则是着重抓住先进典型，大力总结推广先进经验和先进操作方法。1950 年 9 月召开的全国工农兵劳动模范代表会议上，毛泽东向大会致祝词[②]。从此，劳动模范评选表彰成为工会的一个品牌。有计划的经济建设时期，劳动竞赛以技术革新、改进操作法、安全生产为方向，以开展合理化建议、订立集体合同为主要手段，以开展先进生产者运动为主要形式，规模由企业内部班组、个人之间扩展到厂际竞赛。1956 年，社会主义改造基本完成，全国劳动竞赛统一称为社会主义劳动竞赛。

改革开放以来，特别是 1982 年党的十二大提出全面开创社会主义现代化建设新局面以来，劳动竞赛日益成为工会的主要手段和抓手，并不断配合经济体制改革。为适应企业推行以承包为主的多种形式的经济责任制，劳动竞赛不断与经济责任制和管理现代化相结合。其主要形式也日益固定延续下来，主要表现为：建

---

① 这个活动最初是从东北开展起来的，后来推广到了全国。鞍山钢铁厂老工人孟泰，带头从废料堆中找材料、捡零件，建立了全国著名的“孟泰仓库”。

② 倪志福主编：《当代中国工人阶级和工会运动（下）》，北京：当代中国出版社，1997 年，第 6 页。

立从上到下的竞赛管理机构，开展群众性合理化建议和技术革新运动以及围绕重点建设项目开展竞赛。同时，1985年开始，全国总工会建立了每年向各行各业做出优异成绩的先进单位和先进模范人物授予"五一劳动奖状"和"五一劳动奖章"制度。以上这些比较成体系化的举措，成为工会开展劳动竞赛的一般模式，至今仍在沿用。

2. 工会向生产模式转换的路径依赖

从工会的性质来看，组织罢工是通行做法。一般来说，罢工模式是工会的一般模式，也是工会的主要工作方式。当前，其他国家工会仍将罢工作为最常见的维权方式。中国共产党领导下的工会成立之初，也将组织罢工作为重要的动员方式。邓中夏所撰写的《中国职工运动简史（1919—1926）》一书，基本上就是中国工会组织工人阶级罢工的简史。1922年，第一次全国劳动大会反复强调的一个问题就是"一家工会举行罢工，为表示支持，其他各工会要采取共同行动"，最终决议就是"言论、集会、结社、罢工自由；实行八小时工作制，保护女工、童工；在工人运动中摒弃行帮和同乡会的观念；制定工会法、劳动保护法和工厂法"。[①]"中国'现代式的'工会运动，是1921年中国共产党成立后开始的。"[②]中国共产党成立后，通过中国劳动组合书记部及其各地

① ［日］中村三登志：《中国工人运动史》，王玉平译，北京：工人出版社，1989年，第25页。

② 邓中夏：《中国职工运动简史（1919—1926）》，北京：人民出版社，1949年，第1页。

分部，在全国范围内掀起了轰轰烈烈的罢工运动。1922 年 1 月至 1923 年 2 月，共有 130 多起罢工运动发生，这推动了中国历史上第一次全国性工人运动高潮的形成。1921 年，刚成立的中华海员工业联合总会就向英国轮船公司提出增加工资、工会有权介绍海员就业、签订雇工合同时工会有权派代表参加三项要求，并于次年发动香港海员大罢工，由最初的 1500 多人迅速发展到 10 万人，并实现工人同盟罢工，迫使香港当局答应了工人提出的要求和条件。从 1922 年 1 月香港海员大罢工到 1923 年“二七惨案”，短短 13 个月中，全国共发生罢工百余次，参加人数在 30 万人以上。第一次全国劳动大会的召开和劳动立法运动的开展，推动了全国罢工高潮和工会组织的进一步发展。在 1922 年 5 月到 1923 年 2 月初，京汉铁路工人大罢工前的 9 个月里，全国各地普遍开展罢工运动，形成了上海区等多个罢工重点区。①1923 年的京汉铁路工人大罢工及“二七惨案”，对工会的罢工模式是比较大的一次冲击。国民大革命时期，罢工模式是中国工会在共产党领导下开展工人运动的主要模式，“二七惨案”后，罢工模式逐渐不可持续，北方和长江流域的工人运动由于遭到军阀的镇压而陷于消沉，中国共产党意识到，工人阶级在反帝反封建斗争中，必须寻找同盟军，必须联合农民、城市小资产阶级和民族资产阶级建立统一战线。

大革命失败后，中国共产党在如何认识革命的性质、对象、动力、前途等重大问题上，存在分歧和争论。在这种情况下，中

① 中国工运研究所编：《新编中国工人运动史》，北京：中国工人出版社，2016 年，第 86 页。

共六大在莫斯科召开，会议通过了《职工运动决议案》，针对一些盲目组织罢工的“左”倾错误做法进行纠偏，在斗争策略方面，要求“革命工会应当领导工人日常生活的经济斗争去团结群众”，而不是动辄组织政治罢工和暴动；在组织罢工时，斗争口号不宜过高，并且“一切罢工都需要有非常谨慎的预备”。在组织形式上，《职工运动决议案》提出要利用一些合法的形式组织群众，包括领导群众自发的“兄弟会”一类的组织，达到争取群众的目的。[①] 中共六大的路线和策略贯彻不久就发生了逆转，1929 年共产国际执委会十次全会通过了《关于中国共产党在工会中的工作的决议》，不顾国民党的禁令和镇压，强调要努力使赤色工会自行公开和独立领导工人斗争，明确提出消灭黄色工会的口号。第五次全国劳动大会据此也提出了不切实际的任务要求，要求系统地组织本产业、本地区的同盟罢工，进而把全国的工人斗争“汇总联系起来，形成总的进攻形势”“与敌人作坚决的死战”。[②]1930 年 6 月 11 日，中共中央政治局会议通过李立三《新的革命高潮与一省或几省的首先胜利》的决议，提出组织政治罢工、开展武装暴动的策略，标志着以李立三为代表的“左”倾冒险主义在党内占了统治地位。“立三路线”“用命令的方式去调动散沙一般的罢工群

① 《中国共产党第六次全国代表大会职工运动决议案》，载中央档案馆编：《中共中央文件选集》（第 4 册），北京：中共中央党校出版社，1989 年，第 220 页。

② 《中央通告第七十号——目前政治形势与党的中心策略》（1930 年 2 月 26 日），载中共中央文献研究室、中央档案馆编：《中共中央文件选集》（第 6 册），北京：中共中央党校出版社，1989 年，第 16–19 页。

众作直接行动”,[①] 导致不仅同盟罢工搞不起来，而且工会在各地斗争中的影响也大大减少。1930 年 7 月至 9 月，工会领导的 42 次罢工中，胜利的只有 16 次，成功率下降为 38.1%。[②] 紧随“立三路线”之后的是王明“左”倾冒险主义。与此同时，党内出现分裂的危机，中共中央委员、中华全国总工会党团书记罗章龙和上海工联党团书记王克全等人，利用部分干部对未能彻底纠正“左”的不满，进行反党宗派活动，在 1931 年 1 月 1 日通过的《全总党团决议》中，要求引进“工人同志”和“能干的干部”，来改造党的中央领导机关，并在四中全会后擅自建立“中央非常委员会”，进行分裂党和工会的活动。虽然这些人被及时开除出党，但是对党和工会的损失很大。这次分裂活动一定程度上对工会可能产生的“工团主义”埋下伏笔，同时，工会的罢工模式随着对党内“左”倾的批判逐渐式微，党内对通过罢工发动暴动、夺取政权这种冒险主义做法的认识也日渐清晰，这也是毛泽东“农村包围城市”的现实基础。随着抗日救亡运动和统一战线的成立，在国统区举行罢工也越来越脱离大局的要求。1939 年 4 月，中共中央发出了《开展职工运动与“五一”工作的决定》，规定工人运动必须贯彻与各抗日党派、各抗日团体进行统一战线的方针，依据各地不同的情况，运用一切可能去组织各种工人团体，把工人组织起来，解决工人失业、饥饿的问题与改善工人阶级的政治经济文化

---

① 罗迈:《立三路线在江苏工作中的检阅》，载《实话》，1931 年第 9 期。

② 中国工运研究所编:《新编中国工人运动史》(上卷)，北京：中国工人出版社，2016 年，第 146 页。

地位，以增加抗战建国的力量。4 月 28 日，中共中央在《“五一”节宣传要点》中，提出要加强工人运动的统一战线，巩固和扩大工人组织。① 由此，工会的罢工模式逐渐脱离主流模式，成为工人运动的手段之一。解放战争时期的国统区，工人罢工一度兴起，主要包括大后方工人要求失业救济和保障生活的工潮、收复区工人要求复工救济的斗争、在业工人要求改善生活待遇的罢工斗争，这些斗争在形式上都是经济斗争，提出的要求、条件都是经济性的。正如 1946 年 3 月 2 日《新华日报》在题为“严重的工潮如何解决”的社论中指出：造成波及各大城市和各个交通产业部门的罢工，是由于“抗战胜利后，国民党政府坚持内战独裁政策，使广大工人群众依然受到严重的生活威胁、失业恐慌和政治压迫所致”。②

与国统区相对比，随着抗日战争和解放战争的推进，根据地和解放区工人运动的主要任务是生产支前和为经济发展服务。1947 年 2 月 7 日，《解放日报》根据中共中央指示，在为纪念“二七斗争”24 周年发表的《中国工人阶级今天的任务》社论中，号召解放区一切直接和间接参与兵工生产的工人，开展“新英雄主义的竞赛”，为多造武器弹药而斗争。铁路工人和各种运输工人，应该更加加紧生产，“为保证人民解放军的足食足衣，加强解

① 中国工运研究所编：《新编中国工人运动史》（上卷），北京：中国工人出版社，2016 年，第 222 页。

② 中国工运研究所编：《新编中国工人运动史》（上卷），北京：中国工人出版社，2016 年，第 267 页。

放区各方面的力量而立功”。其目的：一是在思想上激发工人的革命热情，发扬工人的新英雄主义精神；二是在政治上培养工人为人民服务的自觉性，克服一切个人主义思想；三是在组织上培养积极分子，提拔大批工人干部；四是在领导上改进工作方法，提高干部素质，加强内部团结，领导工人巩固和发展生产；五是在技术上发挥工人阶级的创造性，鼓励发明、革新，提高生产技术，克服狭隘的经验主义保守思想。其中，晋冀鲁豫边区的增产立功运动非常有代表性。1947 年 2 月，晋冀鲁豫边区职工总会向全区职工发出号召，开展一个全面改造、全面提高的大生产运动，并提出具体要求：第一，贯彻“劳资合作、公私两利”的方针，对生产工作、群众工作和领导工作进行全面改造，以发展生产、支援前线。第二，企业和职工都要制定出提高自己、提高生产的计划，深入开展新英雄主义的竞赛，争当劳动英雄，争创模范工厂，为人民建立更大更多的功劳。第三，贯彻群众路线，关心群众生活，使职工集中精力努力生产。第四，教育与团结职工，提高积极性与责任心，并组织群众性的检查总结及技术研究，培养工人干部。[①] 由此，工会以生产为中心的模式逐步确立。1948 年 8 月，第六次全国劳动大会确定的“发展生产、繁荣经济、公私兼顾、劳资两利”总方针，在新中国成立后，成为工会相当长一个时期的指导方针。

① 中华全国总工会中国职工运动史研究室编：《中国工会历史文献》（第 5 卷），北京：工人出版社，1958 年，第 147 页。

新中国成立前夕，毛泽东在中共七届二中全会上强调，“只有将城市的生产恢复起来和发展起来了，将消费的城市变成生产的城市了，人民政权才能巩固起来”。他还强调，城市中其他的工作，包括工会的工作，都应该围绕生产建设这个中心工作并为这个中心工作服务。[①]1950年6月，《中华人民共和国工会法》公布，其中第九条对工会的工作进行了规定，共包括四项。其中第一项是“教育并组织工人、职员群众，维护人民政府法令，推行人民政府政策，以巩固工人阶级领导的人民政权”，第二项则是“教育并组织工人、职员群众，树立新的劳动态度，遵守劳动纪律，组织生产竞赛及其他生产运动，以保证生产计划之完成”。[②]1953年召开的中国工会七大，也是新中国成立后召开的第一次工会全国代表大会，正式确定“以生产为中心，生产、生活、教育三位一体”的工会工作方针。

改革开放以来，社会主义市场经济体制不断改革完善，以经济建设为中心成为党和国家工作的主旋律，“发展是第一要务”成为政治正确的标准，也日益成为党和国家政治和社会系统从上到下的共识。1992年《中华人民共和国工会法》第八条、2001年修订的《中华人民共和国工会法》第七条、2006年《企业工会工作条例》等都有关于工会组织职工提高劳动技能和提高劳动生产率，

---

① 中华全国总工会、中共中央文献研究室编：《毛泽东邓小平江泽民论工人阶级和工会工作》，北京：中央文献出版社，2002年，第36–37页。

② 中华全国总工会办公厅编：《建国以来中共中央关于工人运动文件选编》（上册），北京：中国工人出版社，1989年，第3–9页。

努力完成生产任务和工作任务的相关规定。由此观之，生产模式已经成为工会工作的主要模式之一，而且根深蒂固，在《中华人民共和国工会法》这样的根本大法中都明确作出规定。

在上文历史梳理的基础上，我们认识到，工会“搞生产”并非工人阶级的自发选择，而是工会组织的自主选项。在生产模式下，工会开展劳动竞赛几乎是持续时间最长、历史最悠久的职能表现形式。这里我们不禁要问：为什么工会能够如此长时间坚持开展这项工作？从理性选择角度来看，工会的行动动力从何而来呢？游正林通过对某国有工厂工会的考察，揭示了国有企业工会的实际行动逻辑，即工会实际上建设职能的发挥远远超过其维护职能，因为这是风险小、见效快的最优选择。游正林同时提出这种“超常规做大蛋糕”做法的普遍性。[①]这里我们结合历史制度主义的路径依赖和理性选择理论做一分析。

历史制度主义强调，一旦制度形成，然后自我强化，扭转成本非常高，初始制度的选择将严重阻碍后续制度的选择。由于制度和历史的发展存在路径依赖，因此，初始阶段在权力上占据主导地位的一方在社会经济政治资源的分配上将不断扩大优势，形成一种报酬递增或者正反馈效应。[②]工会“搞生产”也是这样，这样的制度雏形在革命战争年代就已经建立，这也是我们为什么要

① 游正林：《政绩驱动下的工会行动——对F厂工会主动介入生产管理过程的调查与思考》，载《学海》，2011年第1期。

② 马得勇：《历史制度主义的渐进性制度变迁理论——兼论其在中国的适用性》，载《经济社会体制比较》，2018年第5期。

从20世纪20年代开始梳理工会建设职能的原因。而工会罢工模式被中国革命实践证明是行不通的，“农村包围城市”道路决定了工会罢工是失败的选择。从20世纪20年代到新中国成立后，工会“搞生产”就成为党和国家对工会的固化认知，这种制度的路径依赖已经形成，要扭转过来成本非常高。李立三、赖若愚关于工会生产和维护的争论就十分生动地验证了路径依赖的强大性和先后下台的高昂成本。改革开放以后，工会走上了转型之路，但是工会“搞生产”的制度已经固化下来。“在历史发展过程中如果选择了特定模式的话，很有可能会排斥其他更为有效地解决问题的办法。”①

另外，从理性选择理论来看，“个体被假设为自主的和利己的行为者，他们用任何决策情境使他们的利益最大化。”②这里不专门引用理性选择制度主义的理论，单单从成本收益分析的角度分析组织行为偏好，就可以一目了然。正如游正林分析的那样，工会搞劳动竞赛其实不是职工需求驱动的，而是工会自主行动的选择。其收益是十分明显的，首先，在发展是第一要务的政治导向下，连共青团这样的组织都曾经被分配了招商引资任务，对工会“老大哥”来说，搞些生产动员工作还是“讲政治”的表现。而且对工会来说，李立三、赖若愚等“经济主义”“工团主义”的帽子戴

---

① ［韩］河连燮：《制度分析：理论与争议》，李秀峰、柴宝勇译，北京：中国人民大学出版社，2014年，第30页。

② ［美］盖伊·彼得斯：《政治科学中俄制度理论：新制度主义》，王向民、段红伟译，上海：上海人民出版社，2016年，第47–48页。

了很久，产生的压力是一直持续的。相对于维护职工权益等来说，搞劳动竞赛是不会有任何政治风险的。其次，对于工会自身来说，其先进性的主要体现就是围绕党和国家中心任务做力所能及的动员工作，工会开展劳动竞赛，有利于促进生产发展，企业是支持的，开展起来没有阻力。最后，搞劳动竞赛可以培养劳模，一定程度上提高职工收入，职工虽说支持度并不是特别高，但是并不反感。具体对比如表 4 所示：

表 4　工会搞劳动竞赛理性选择的成本—收益分析

成本	收益
较低的组织动员成本	A. 不会产生政治风险
	B. 充分体现工会组织先进性
	C. 企业行政支持，有利于促进生产发展
	D. 工会有抓手有话语权，职工不反感
	E. 工会主席“看得见”的政绩

因此，笔者认为，工会从罢工模式转向生产模式是历史形成的制度转换过程，而由此确立的工会“搞生产”制度框架则成为工会路径依赖的主要体现，即使没有新中国成立初期的关于维护职能的争论，工会仍然会沿着生产模式走下去。事实上，改革开放初期，确实产生过关于“竞赛”与“竞争”的争论，曾有人建议以竞争的责任制取代劳动竞赛。当时全国总工会及时召开会议统一思想，指出劳动竞赛与承包经营责任制是互相依存、互相促进的关系，劳动竞赛的指标和内容寓于承包经营的目标，劳动竞

赛和竞争是互有联系、互相促进的关系。而竞争是从企业外部给企业的一种强制力，其动力是价值规律，劳动竞赛是从企业内部的一种内在激励机制。[①] 并引用列宁的定论："社会主义者从来没有抨击过组织竞赛，他们只是抨击竞争。竞争是资本主义社会所固有的一种特殊形式的竞赛，是各个生产者争夺面包、争夺市场上的势力和地位的斗争。消灭竞争不过是消灭生产者争夺市场而引起的斗争，而绝不意味着消灭竞赛，相反，正是消灭了商品生产和资本主义，才可能为组织人与人之间的而不是兽与兽之间的竞赛开辟了道路。……因此，正是现在，按社会主义原则组织竞赛应该是我们的一项最重要而又最有成效的改造社会的任务。"[②] 由此可见，劳动竞赛作为工会体现建设职能的主要行动方式是难以撼动的。

3. "制造同意"：工会生产动员的行动策略

这里我们还要回到劳动竞赛的具体运作机制上来，为什么生产模式下劳动竞赛成为最主要的形式？其主要根源在于劳动竞赛对工人的生产积极性或劳动热情的动员作用。比如，李立三就说过，"在资本主义和官僚资本主义下，提高工人的生产积极性的方法是压迫……而我们新民主主义国家所采用的方法与此不同，我

① 倪志福主编：《当代中国工人阶级和工会运动》（下），北京：当代中国出版社，1997 年，第 26 页。

② 列宁：《"苏维埃政权的当前任务"一文的初稿》，载工人出版社编：《列宁斯大林论工会》，北京：工人出版社，1981 年，第 177 页。

们完全要依靠工人阶级的自觉。"[①] 要把生产搞好，就得提高工人的积极性主动性，提高工人的劳动热情和自觉性，而这就需要有效的载体，组织劳动竞赛就是其中之一。李立三和赖若愚也曾认为，组织劳动竞赛是工会推进生产工作的重要方法，甚至是建设社会主义的基本方法。改革开放以后，对劳动竞赛的重视程度丝毫未减，2009 年习近平总书记就曾说："长盛不衰的社会主义劳动竞赛活动，主题始终紧扣时代脉搏、围绕党和国家中心工作展开，领域不断拓宽，内涵不断丰富，方式不断创新。可以说，群众性劳动竞赛活动锻造了劳动模范，而劳动模范的成批涌现推动了劳动竞赛活动不断向深度和广度进军。"[②]

劳动过程是经典马克思主义理论的核心关怀。当代美国著名劳工社会学家麦克·布洛维为其著名的《生产的政治》撰写的导言，其标题是"把工人带回分析的中心"，旨在强调劳工研究的重要意义。[③] 他通过运用民族志的参与观察法，力图通过对工作现场的呈现来阐明一个关于资本主义劳动过程的理论框架。[④] 在"没有人强迫"的情况下，为什么每个人依旧拼命地工作，努力地完成任务?

---

① 中国工运学院编:《李立三赖若愚论工会》，北京：档案出版社，1987 年，第 45 页。

② 2009 年 4 月 28 日，习近平在庆祝五一国际劳动节暨保增长促发展劳动竞赛推进大会上的讲话。

③ Michael Burawoy, *The Politics of Production: Factory Regimes under Capitalism and Socialism*. Landon: Verso. 1985.

④ ［美］麦克·布洛维:《制造同意——垄断资本主义劳动过程的变迁》，李荣荣译，北京：商务印书馆，2008 年。

在这个问题上，马克思认为是由于强制。布洛维认为，在生产过程中，同意的元素和强制共同塑造了工人的行为。《制造同意——垄断资本主义劳动过程的变迁》一书关注的就是这些同意的元素以及它们如何相互作用，从而使得工人主动愿意去完成任务，甚至超额完成任务。这种同意包括工人和资本家两个层面，这里我们主要关注与劳动竞赛相关的工人层面的同意机制，布洛维称之为“赶工游戏”或“完成超额的游戏”。其基本内容包括：计件工资、分工协作和转移矛盾。计件工资指的是，如果工人完成了基本配额，超额部分就会得到奖励，这个基本配额会有一个默契的限量；分工协作指的是，要想完成超额工作量，就必须与辅助工人搞好关系，否则难以及时得到生产资料、小型工作和技术的支持；转移矛盾指的是通过赶工转移生产管理者与工人之间的矛盾，而转向不同工种之间的矛盾。[①] 这三个方面我们可以归纳为：超额激励、分工协作与竞争文化。

这里，我们可以将布洛维的制造同意公约到劳动竞赛运作机制上来。工会组织职工开展劳动竞赛的基本经验有：一是坚持以促进生产力发展为根本目的，精神鼓励与物质奖励相结合。二是要与企业的经营管理相结合，得到企业行政的支持。三是要与促进精神文明相结合，不断提高职工的思想素质和文化技术素质。几十年来，劳动竞赛已经成为培养社会主义新人和共产主义劳动态度的熔炉，提倡先公后私、先人后己，把国家和全体人民利益

① 陈周旺、汪仕凯：《工人政治》，上海：复旦大学出版社，2013 年，第 124 页。

放在第一位，教育职工树立发扬艰苦奋斗、勤俭节约精神，等等。[①] 这些基本经验与制造同意的过程相契合。

第一，劳动竞赛通过精神鼓励和物质奖励相结合特别是精神鼓励实现超额激励。劳动竞赛在发起初期就具有超额激励的制度安排，其内容主要是超额完成生产计划或按时完成临时增加的特殊生产任务，这在很大程度上保证了繁重的军需订货任务的突击完成。[②] 在物质奖励层面，劳动竞赛奖金一般是从企业奖励基金中提取，包括合理化建议奖金、先进个人奖金、先进车间或班组奖金等。虽然物质奖励逐渐淡化，但是精神奖励成为劳动竞赛的主要激励机制。根据全国总工会现行规定，劳动竞赛是评选劳动模范的必经渠道，而劳动模范不仅有疗休养等待遇，而且在政治上具有一定的特殊地位。因此，在计划经济时代，劳动竞赛具有积极的生产动员作用，而在改革开放以后，劳动竞赛的超额激励机制仍然不失为国有企业生产动员的工具，对于非公有制企业，“比学赶超”的劳动竞赛机制逐渐隐性化，关键绩效指标 (KPI) 考核等实际上充当了劳动竞赛机制的作用。

第二，工会与企业行政出于生产动员的共同目标，开展劳动竞赛容易得到企业行政的支持，同时给工人带来的利益性也容易得到工人的理解和参与，从而在协作性上具有一定优势。我国的

---

① 倪志福主编:《当代中国工人阶级和工会运动（下）》，北京：当代中国出版社，1997 年，第 22–24 页。

② 林超超:《生产线上的革命——20 世纪 50 年代上海工业企业的劳动竞赛》，载《开放时代》，2013 年第 1 期。

劳动竞赛经验主要是从苏联学习来的，斯大林将竞赛和竞争做了对比，说："有时人们把社会主义竞赛和竞争混为一谈。这是很大的错误。社会主义竞赛和竞争代表两个完全不同的原则。"[①]因此，竞赛的协作性是其基本特点，在实践中，劳动竞赛与职工技能培训、提高职工素质结合起来，"采取有效措施推动职工技术培训、技术交流、岗位练兵、技能比赛、师徒帮教和'五小'（小革新、小发明、小改造、小设计、小建议）等活动扎实有效开展"[②]，实际上，劳动竞赛成为企业搞职工技能培训的形式和载体，这也是劳动竞赛有效转化的一种方式。

第三，布洛维提到"制造同意"的另一个方面是营造一种竞争文化，同时缓解工人与管理者之间的直接矛盾。这里，劳动竞赛实际上成为政党—国家在企业这个微观层面对职工进行思想教育的载体。虽然塑造文化的取向与布洛维指代的不同，然而功能性特征是一致的。这种教育功能使得当前虽然已经实现计划经济向社会主义市场经济体制的转型，但劳动竞赛仍然成为塑造职工文化的工具。一方面，"通过劳动竞赛，可以促进职工群众和企业形成利益共同体，增进职工团结，从而促进企业和职工之间建立良性互动关系"；另一方面，"可以为广大职工提供正确的导向，如先进人物的优秀品质、团结互助的集体主义精神和大公无私的

① 斯大林：《群众的竞赛和劳动热情的高涨》，载中共中央马克思恩格斯列宁斯大林著作编译局编：《斯大林选集》（下），北京：人民出版社，1979 年，第 194–195 页。

② 《中华全国总工会办公厅关于印发〈关于加强劳动竞赛机制建设的意见〉的通知》（总工办发〔2012〕5 号）。

奉献精神等都会影响和感染职工，使职工树立正确的世界观、人生观和价值观。”①

三、参与和代表：工会、国家与工人的有效结合

孔飞力在研究中国近现代历史进程时，提出“内在导向”思想，其关注重点在地方层面及包括下层的社会层面，贯穿始终的是政治参与、国家对社会的控制以及国家与地方的关系。孔飞力选择的是以魏源为代表的文化精英和胥吏等地方官僚群体，以政治参与、政治竞争和政治控制为主轴，分析了中国现代国家的起源。②借鉴孔飞力的分析框架，工会的政治参与、国家对工会的控制以及工会与国家关系，也可以作为分析处于现代转型国家中工会“代表和参与”行动能力调试的合适工具。

1. 从参政议政到源头参与：工会参与国家政权的变迁

安戈和陈佩华指出，中华全国总工会一方面努力争取来自下面的支持，另一方面又要设法提高自身的地位。因此，该组织越来越主动地要求参与制定涉及工人利益的法律和行政法规。其举的例子是，在 1994 年起草《中华人民共和国劳动法》期间，全国总工会、劳动部和企业家协会三方采取了三种不同的立场：总工会为保护工人的合法权益进行了艰难的力争，最终获得了成功；

① 李玉赋主编：《工会劳动和经济工作概论》，北京：中国工人出版社，2018 年，第 14 页。

② ［美］孔飞力：《中国现代国家的起源》，陈兼、陈之宏译，北京：生活·读书·新知三联书店，2013 年，第 1–10 页。

负责经济发展的几个政府机构，如经济计划委员会、贸易委员会等，代表企业管理者的利益说话；劳动部则采取了调解人的立场。[①]而工会这种行动自主性并非改革开放后一下子就具有的，而是有一个渐进发展的过程。

（1）国家与工会一体化中作为国家劳动政策制定主体的工会

新中国成立后，由于人民政权和经济管理机关尚处于初创阶段，我国许多政治建设、社会改革和经济管理的工作是通过工会进行的，比如进行民主改革，组织职工迅速恢复和发展生产，帮助接管和改造官僚资本主义企业，监督私营企业，总结推广劳动模范先进操作方法，特别是在劳动政策方面，全国总工会受党中央委托，建立了工资制度和劳动保险制度。例如，全国总工会是《中华人民共和国劳动保险条例》的主要起草单位，其中第二十九条规定："中华全国总工会为全国劳动保险事业的最高领导机关，统筹全国劳动保险事业的进行。"第二十五条规定："各工会基层委员会，为执行劳动保险业务的基层单位。"根据《中华人民共和国劳动保险条例》规定，各级工会组织都设立了管理劳动保险的业务部门，并培训了一大批劳动保险专业干部和积极分子。1954年5月，劳动部关于将劳动保险工作移交全国总工会统一管理，原由劳动部管理的劳动保险业务由全国总工会接办。[②]直到1980年

① 安戈、陈佩华：《中国、组合主义及东亚模式》，载《战略与管理》，2001年第1期。

② 倪志福：《当代中国工人阶级和工会运动》（下），北京：当代中国出版社，1997年，第133页。

3 月，才改为各级政府劳动部门和各级总工会相互配合，共同领导劳动保险工作。“许多老的工会工作者特别留恋这个时期，赞誉为工会的黄金时期。”[①]

随着各级政权、经济管理机构和企事业行政机构的逐步建立健全，工会对国家的政治、经济、文化和社会事务的一些直接管理，逐步演变为参加管理。这种演变，同苏联建国初期的情况是类似的。因为列宁意识到，在一个较长的历史时期内，大多数工人阶级难以具备管理无产阶级国家机器需要的觉悟和专门的技能。因此，无产阶级专政不能直接由整个阶级的一切成员，也不能直接由该阶级的群众性组织来实现。只有工人阶级的先锋队——马列主义政党才能领导这个专政的实现，只有工人阶级管理人才组成的国家机关才能直接实现这个专政。

（2）工会参政议政的兴起和理论依据

在经济和政治体制改革的背景下，工会对参政议政表现出浓厚的行动热情。1985 年 11 月 5 日，中央书记处和国务院同意了全国总工会党组《关于工会参加党和政府有关会议和工作机构的请示》，这标志着改革开放以来工会参政议政向前迈了一大步。在这个请示中，全国总工会党组提出：“工会各种活动同国家经济建设和社会发展紧密相连。我们希望党和政府为工会组织在国家和社会生活及经济体制改革中更好地发挥作用，进一步创造必要的

---

① 中华全国总工会党组：《关于工会参加党和政府有关会议和工作机构的请示》，载中华全国总工会政策研究室：《工会多层次参政议政》，沈阳：辽宁人民出版社，1986 年，第 186 页。

条件。”同时，建议“一、中央、国务院及有关部委在研究、制定有关国家的经济和社会发展计划以及重大方针政策时，凡涉及职工切身利益问题时，通知全国总工会参加必要的会议或工作。二、吸收工会参加涉及职工利益的各项重大改革的领导机构。三、各产业部和地方也应参照上述原则，吸收产业工会和地方工会参与这方面的工作和活动。”[①] 由此正式掀开工会参政议政和源头参与的序幕。1985 年 11 月 13 日，全国总工会十届三次执委会通过《在经济体制改革中加强城市工会工作意见》，其中指出，“城市工会为了在参加城市改革中充分发挥作用，当前要抓好三个环节：第一要参政议政，积极参与城市经济体制改革和发展建设的重大决策；第二要关心城市全局，抓好两个文明建设，在建设社会主义新型城市中发挥作用；第三要围绕着搞活企业，继续加强基层工会建设，在抓基层、打基础上下功夫。”[②] 在这个《在经济体制改革中加强城市工会工作意见》中，明确指出工会的参政议政职能，同时认为我国宪法规定的“人民依照法律规定，通过各种途径和形式，管理国家事务，管理经济和文化事业，管理社会事务”中的“各种途径和方式”，就包括“工会参加无产阶级国家的

① 中华全国总工会党组：《关于工会参加党和政府有关会议和工作机构的请示》，载中华全国总工会政策研究室：《工会多层次参政议政》，沈阳：辽宁人民出版社，1986 年，第 18 页。

② 《在经济体制改革中加强城市工会工作意见》(1985 年 11 月 13 日)，载中华全国总工会政策研究室：《工会多层次参政议政》，沈阳：辽宁人民出版社，1986 年，第 22 页。

经济机关和国家机关的作用”。①

工会参政议政涉及工人、工会与国家政权关系的问题，按照马克思主义特别是列宁主义理论，工会和国家关系的基础在资本主义社会和社会主义社会是相互对立的。对资本主义制度来讲，国家和工会的关系是具有敌对性质的。资产阶级国家，为了本阶级的利益，经常力图使用一切受其支配的手段，甚至直接使用武力和镇压的手段，阻止建立工会，因为他们认为工会是反对统治阶级的力量。当工会成立已成为事实，工会运动开始向纵深发展时，资产阶级国家则千方百计企图把工会活动限制在纯经济领域。这点在美国等国家表现得尤其明显。工会在发展到一定阶段时，开始认识到，同资本主义国家斗争是不可避免的，甚至比反对企业主争取自己成员的直接利益更为重要。开始采取的斗争形式是为了废除旨在反对工人联合和工会的法律，后来发展为反对国家本身。工会成为工人运动的组织中心，“如果说工会对于进行劳资之间的游击式的斗争是必需的，那么它们作为彻底消灭雇佣劳动制度和资本统治的一种有组织的力量，就更为重要了”。② 马克思列宁主义进一步认为，革命工会同资本主义国家之间的对立是不可避免的。这种对立归根结底决定于劳动和资本的对立，反映到社

① 中华全国总工会政策研究室：《工会多层次参政议政》，沈阳：辽宁人民出版社，1986 年，第 22 页。

② ［德］马克思：《给临时中央委员会代表的关于若干问题的指示》第 6 节“工会（工联）它们的过去、现在和未来”（1866 年 8 月），选自中共中央马克思恩格斯列宁斯大林著作编译局编：《马克思恩格斯全集》（第 21 卷），北京：人民出版社，2003 年，第 272–273 页。

会形态上是工人阶级同资产阶级的对立。因此，工会同整个国家垄断制度之间的矛盾必将日益尖锐，只有通过社会主义革命的途径才能彻底解决这个矛盾。正如列宁在说明工会和资产阶级国家的关系时写道："一切工会运动的基本准则，它的第一个信条，就是不相信'国家'，只相信本阶级的力量。国家是统治阶级的组织。"[①]

在社会主义国家，工会和国家的关系是截然不同的。这是由于两者具有共同的阶级基础，无产阶级已变成统治阶级，两者都是无产阶级的组织。建立工会和国家的新关系的必要性是由建立新社会的极其复杂的任务所决定的，并且这个极其复杂的任务首先落到工人阶级肩上。因此，工会同社会主义国家关系的实质，是以团结和相互帮助代替对立和相互斗争。列宁在分析工会对于建立国家和建立政权机关、管理结构中的作用时指出，"工会不仅是一个机关，而且是我们全部政权所依靠的源泉"。[②] 他称工会为"国家政权的最亲密的和必需的合作者"[③]。同时，国家不监督工会的活动，它自身处于群众的监督之中。因为国家为劳动人民服务，而不是统治劳动人民。为了使国家机关不脱离群众，为了向国家

① ［俄］列宁：《论建立俄国农业工会的必要性》（1917 年 7 月），载中共中央马克思恩格斯列宁斯大林著作编译局编：《列宁全集》（第 30 卷），北京：人民出版社，2017 年，第 352 页。

② ［俄］列宁：《在全俄矿工第二次代表大会俄共（布）党团会议上的报告》（1921 年 1 月），载中共中央马克思恩格斯列宁斯大林著作编译局编：《列宁全集》（第 40 卷），北京：人民出版社，2017 年，第 252 页。

③ ［俄］列宁：《关于工会在新经济政策条件下的作用和任务的提纲草案》（1922 年 1 月），载中共中央马克思恩格斯列宁斯大林著作编译局编：《列宁全集》（第 42 卷），北京：人民出版社，2017 年，第 381 页。

机关中的官僚主义、形式主义等作斗争，必须实行社会监督，而工会正是社会监督的重要内容。

1918 年，在全俄第一次工会代表大会上，在工会同国家的相互关系问题上，布尔什维克和孟什维克发生了尖锐斗争。孟什维克认为，工会为了保持和巩固无产阶级的阶级独立性，就不应当和国家机关合作。劳方必须进行反对资方的斗争和必须保持无产阶级的阶级独立性等，是这一观点的依据。为此，列宁强调了工会工作的新内容和对待国家政权的态度。他说："昨天，工会的主要任务是反对资本和捍卫无产阶级的阶级独立性。昨天的口号是不信任国家，因为那是资产阶级的国家。今天，国家正在成为并且已经成为无产阶级的国家。工人阶级正在成为并且已经成为国家的统治阶级。工会正在成为并且应当成为国家的组织，它首先担负着根据社会主义原则改造整个经济生活的责任。因此把旧的工会主义的口号用于当前的时代，就是放弃工人阶级的社会主义任务。"[①]1918 年 12 月底至 1919 年 1 月，全俄工会第二次代表大会初期，工会国家化的问题是莫斯科报刊登载文章讨论的中心。列宁在《论工会的任务》一文中对这些观点进行了评析，指出："每一份提纲都有毛病，都是片面强调事情的一个方面，抹杀和掩

① ［俄］列宁：《苏维埃政权的当前任务》一文初稿，载中共中央马克思恩格斯列宁斯大林著作编译局编：《列宁全集》（第 34 卷），北京：人民出版社，2017 年，第 146 页。

盖了基本的原则问题。”[①] 文章还没写完，所以他还没来得及阐述什么是他所指的提纲的“片面性”。但是，分析列宁在提纲边上写的注解及其写《论工会的任务》这篇文章的计划，[②] 以及保留下来的文章本身的片段，[③] 使我们可以相当有把握地推论，列宁提纲中所指的“片面性”，就是工会工作内容国家化与工会组织形式非国家化之间的客观矛盾，以及这些论者对非职业性与职业性客观辩证法的无视。列宁反对工会同国家关系的两个极端：一方面，反对工会脱离国家，反对工会同国家相互对立，反对鼓吹工会自主；另一方面，反对把工会等同于国家。他反复重申，在无产阶级掌握政权的情况下，工会能够越来越多地发挥工人阶级政策制定者的作用，积极参加国家建设。同时，要防止工会迅速国家化，防止工会承担国家职能和在形式上变成国家组织，他说：“假如工会现在就想擅自行动，担负起国家政权的职能，那只会弄得一团糟。这种一团糟已经使我们吃尽苦头。”[④] “我们不能一举实现工会和国

---

① ［俄］列宁：《论工会的任务（1918 年 12 月—1919 年 1 月）》，载中共中央马克思恩格斯列宁斯大林著作编译局编：《列宁全集》（第 35 卷），北京：人民出版社，2017 年，第 397 页。

② ［苏］伊万诺夫：《发达社会主义政治体系中的工会》，姜列青、姚玉琨等译，北京：工人出版社，1980 年，第 132 页。

③ ［俄］列宁：《论工会的任务（1918 年 12 月—1919 年 1 月）》，载中共中央马克思恩格斯列宁斯大林著作编译局编：《列宁全集》（第 35 卷），北京：人民出版社，2017 年，第 397–400 页。

④ ［俄］列宁：《在全俄工会第二次代表大会上的报告》（1919 年 1 月），载中共中央马克思恩格斯列宁斯大林著作编译局编：《列宁全集》（第 35 卷），北京：人民出版社，2017 年，第 438 页。

家政权机关的合并。这样做会犯错误。事情不能这样办。”[①] 他认为多次扩大群众参加经济建设工作，吸收他们管理国家的全部事务，是工会和国家合并的主要条件。在论战中，托洛茨基主张使工会迅速国家化，列宁在《论工会、目前局势及托洛茨基同志的错误》讲话中说明：“它是一个掌权的、统治的、执政的阶级的组织，是实现专政的阶级的组织，是实行国家强制的阶级的组织。但是，工会却不是国家组织。”[②] 列宁指出，工会在无产阶级专政下，形式上不是国家组织，它保持了自愿参加的群众社会团体的性质，从一开始，工会就应当同苏维埃政权一起完成，在实际上也完成了大量的国家工作。列宁多次指出，这是工会活动中国家内容同工会组织非国家形式的辩证结合。列宁的理论为社会主义国家中工会与国家关系，奠定了重要的理论基础。

（3）回归立法参与的主要形式

“工会参政议政”的口号是在我国 20 世纪 80 年代经济体制改革和政治体制改革的形势下提出来的。随着企业改革的进行，以城市为重点的经济体制改革全面展开，越来越多的新问题摆到工会组织面前，要求各级工会不仅参加基层企业管理，而且还要参加更高层次的国家政治、经济、文化和社会的事务管理。工会的

---

① ［俄］列宁：《在全俄工会第二次代表大会上的报告》（1919 年 1 月），载中共中央马克思恩格斯列宁斯大林著作编译局编：《列宁全集》（第 35 卷），北京：人民出版社，2017 年，第 439 页。

② ［俄］列宁：《论工会、目前局势及托洛茨基同志的错误》（1920 年 12 月），载中共中央马克思恩格斯列宁斯大林著作编译局编：《列宁全集》（第 40 卷），北京：人民出版社，2017 年，第 202 页。

参政议政体现了工会参与国家政权的自主行动能力，有着党和国家经济政治改革的深厚背景。因此，在20世纪80年代末，工会参政议政的提法也逐渐偃旗息鼓了。然而，工会参政议政的政治遗产以工会参与立法的形式保留下来。只是这种参与并非全面地参与国家政权，仅仅停留在与职工密切相关的立法和政策制定方面。1989年，《中共中央关于加强和改善党对工会、共青团、妇联工作领导的通知》仍提出“发挥工会、共青团、妇联在国家和社会事务管理中的民主参与、民主监督作用。”[①]

通过高层参与利益关系协调，进行源头维护，是中国工会维权的重要特色和优势。这些年，工会通过向党委汇报制度、与政府联席（联系）会议制度、协调劳动关系三方机制、参与人大立法、政协视察、执法监督检查等途径，反映职工诉求，协调利益关系，从源头上、整体上维护职工合法权益。比如2005年初，全国总工会党组在2004年大调研的基础上，向中共中央政治局常委会提交了《中华全国总工会党组关于当前影响职工队伍稳定的突出问题及对策建议的报告》。报告列举了当时影响职工队伍和社会政治稳定的八大问题，提出了八个方面的建议，引起中央高度重视。2005年6月9日，全国总工会党组向中共中央政治局常委进行了专题汇报。胡锦涛强调，工会要不断扩大覆盖面，增强凝聚力，维护好职工群众的合法权益，维护好职工队伍和社会政治的稳定，并指示要转发这个报告，以引起各级党委政府的高度重视。

① 陈骥：《改革中的工会和工会的改革》，北京：中国工人出版社，1999年，第224页。

2005 年 7 月，中办、国办转发了这个报告，国务院还出台支持工会工作的意见。2007 年 12 月 26 日，受国务院委托，原劳动保障部负责人在第十届全国人大常委会第三十一次会议上作了《国务院关于维护职工合法权益工作情况的报告》。像这样高层参与、推动解决职工利益问题，影响很大、效果明显，集中体现了中国工会的政治优势。

2. 职工代表大会制度“代表”机理的转换

（1）工会在推动职工代表大会制度转型中的自主性

职工代表大会制度是企业民主管理的重要形式，也是当前工会推行民主管理的重要抓手。在职工代表大会发展进程中有两个重要事件，直接塑造了当前的职工代表大会制度。

其一，党和国家赋权为工会推动建立完善职工代表大会制度提供了合法性依据。

1978 年 10 月，邓小平在中国工会九大致辞中指出，“要教育全体会员积极参加企业的管理，所有的企业必须毫无例外地实行民主管理，使集中领导和民主管理结合起来”，“企业的重大问题要经过职工代表大会或职工大会讨论”。这成为改革开放以来党和国家确定企业民主管理法律和政策的主要依据。1980 年 8 月 18 日，邓小平在政治局扩大会议上的著名讲话中明确提到了党和国家领导制度的改革，其中一条就是职工代表大会制度，他指出，“各企业事业单位普遍成立职工代表大会或职工代表会议。这是早已决定了的，现在的问题是推广和完善化。职工代表大会或职工代表会议有权对本单位的重大问题进行讨论，作出决定，有权向上级建议罢免本单位的不称职的行政领导人员，并且逐步实行选举适当范围的领导人。”[①] 邓小平对企业实行民主管理的坚定，重新赋予职工代表大会制度新的生命力。而邓小平第一次讲话就是在中国工会九大上，这让工会对推行职工代表大会制度和民主管理有义不容辞的责任感。据此，1981 年 5 月，全国总工会与国家经委和中组部联合召开全国企业民主管理座谈会，制定了《国营工业企业职工代表大会暂行条例》，规定“职工代表大会（职工大会）是企业实行民主管理的基本形式，是职工群众参加决策和管理、监督干部的权力机构”。[②] 其中的“权力机构”这个定位，让职工代表大会成为企业重要的民主形式。

其二，在企业管理体制转型中增加工会的权重。

随着企业改革的发展，如何扩大企业自主权、推行企业承包制成为重要课题。为适应这种改革，中央决定对企业领导体制进行改革，从党委领导下的厂长负责制（或党委领导下的分工负责制）转变到实行厂长负责制。其主要成果就是《厂长工作条例》《企业党组织工作条例》和《职工代表大会工作条例》（以下简称“三个条例”），肯定了厂长负责制，进一步明确了党、政、工在企业的权责。中共中央、国务院以“三个条例”为基础，于 1986 年 9 月颁发了《全民所有制工业企业职工代表大会条例》。一是厂

① 邓小平：《党和国家领导制度的改革》，1980 年 8 月 18 日在中共中央政治局扩大会议上的讲话，载邓小平：《邓小平文选》（第二卷），北京：人民出版社，1983 年，第 339 页。

② 全国总工会政策研究室编：《中国企业领导制度的历史文献》，北京：经济管理出版社，1986 年，第 379 页。

长负责制必须同职工民主管理相结合，使厂长的权威建立在民主管理、民主参与和民主监督基础上。二是职工代表大会的性质由“企业管理的权力机构”调整为“职工行使民主权利的机构”。三是取消了职代会的常设机构，明确工会是职代会的工作机构。实际上是要求工会承担起更多的责任，在参与企业重大决策、监督行政领导、维护职工权益方面更好地发挥作用。事实上，早在讨论党的十二届三中全会决议征求意见稿时，全国总工会就对原稿中只提职代会不提工会给出意见，建议改为“工会和职代会”，中央决议接受了这个提法，为强化工会作用做了政策准备。[①]

（2）从单位化国家制度到保障公民权的制度设计

工会的主要会员是工人，工人群体活跃的重要领域就是工厂，经济体制改革后逐步转变为现代企业。工会之所以能够代表工人，其重要的制度设计就是职工代表大会制度。同时，从更深层次来看，职工代表大会制度关系到工人阶级的领导阶级地位。因此，改革开放尚未开始，恢复职工代表大会制度就已经启动，而且成为共识。随着改革的推进，职工代表大会的“代表”机制也在发生变化。这种变化的核心机理是国家、工会与工人的关系结构发生变化，职工代表大会从改革开放初期的单位化国家制度逐步演变为国家政治体系的组成部分。具体说来，如果改革开放初期，职工代表大会制度就作为具有单位特点的国企的一项体现职工参与的制度安排，那么当前的职工代表大会制度则是企业中国家权

① 陈骥：《改革中的工会和工会的改革》，北京：中国工人出版社，1999 年，第 129 页。

力的延伸和保障公民权的制度形式，作为一种非国家形态的民主制度成为社会主义国家实践人民当家作主权利的制度选择。[①]也就是说，职工代表大会所“代表”的“工人阶级”由政治阶级完成向社会阶级的转变。

在理论上，在社会主义中国，全心全意依靠工人阶级的实质是坚持工人阶级当家作主。社会主义制度的建立，解决了生产资归谁所有，实现了劳动者与生产资料的紧密结合，职工群众称为支配生产资料与劳动成果的主人，成为国家和企业的主人。按照马克思主义理论，生产资料归谁所有，决定着人们在生产过程中的地位及其相互关系，决定着产品分配的原则，决定着生产关系的性质，从而也影响和决定着社会生产力发展和社会进步的水平，因而是一个关系到社会发展和国家命运的根本性问题。广大职工在国家和企业中的主人翁地位，标志着工人阶级作为国家领导阶级的领导地位。[②]然而，20世纪90年代初期，随着社会主义市场经济的建立，国有企业转换经营方式和建立现代企业制度，职工是否还是企业的主人？职工普遍感到，职工主人翁地位越来越表现为一种政治口号，是计划经济的产物，职工充其量还能成为国家的主人，而不是企业的主人。进入21世纪以后，随着私营企业的普遍成立，越来越多的职工在私营企业工作而非国有企业，劳

① 蔡禾、李晚莲：《国有企业职工代表大会制度实践研究——一个案例厂的六十年变迁》，载《开放时代》，2014年第5期。

② 尉健行：《坚持用邓小平建设有中国特色社会主义理论武装头脑和指导工会工作——在全总十二届三次主席团会议上的讲话》（1994年6月26日），载全国总工会政策研究室编：《中国工会十二大以来重要文献选编》，1998年，第50页。

动关系日趋成熟，职工的主人翁地位如何体现？在计划经济条件下，企业的单位性质决定了企业是国家政权的组成部分，是国家基层政权，所以建立体现工人阶级权力的职工代表大会制度是企业政治性质决定的内在需要。而在市场经济现代企业中，国家和企业的关系发生了重大转变，职工代表大会制度摆脱了单位化局限而发展成为现代国家意义上的国家制度并发挥作用①。正因如此，在党的十九届四中全会上，将“健全以职工代表大会为基本形式的企事业单位民主管理制度”放在基层群众自治制度的重要位置，与农村的村民自治和城市社区的居民自治并列为三大支柱。

（3）职工代表大会制度与工会角色调适和功能变迁同质同构化

在看到职工代表大会制度结构形态转换的同时，也有学者关注1992年以来职工代表大会的去组织化问题，即国企改制导致能够给工人较高政治地位保障的“国家”在企业中撤退，职工不再被作为“企业主人”，而只是作为企业聘用的“劳动力”，其参与企业民主管理的政治保障减弱，加之改革时期国家法律制度的不健全与执行问题，工人事实上失去了能够与企业进行讨价还价的有效的组织保障，职代会逐渐进入一个高度程式化、形式化的阶段。②而这与工会组织转型面临的困境基本是同步的，在一定程度

① 汪仕凯：《阶级与公民之间的政治：职工代表大会的实践空间与转型逻辑》，上海：上海人民出版社，2013年，第188页。

② 蔡禾、李晚莲：《国有企业职工代表大会制度实践研究——一个案例厂的六十年变迁》，载《开放时代》，2014年第5期。

上看作工会自主性行动的结果，即工会与职工代表大会同质化了。1986年以前，职工代表大会的合法性来源于职工，而之后则与工会捆绑起来。根据调查，1986年之前，某厂主席团的成员包括工人、科级人员、管理人员、党政工团的主要领导干部，而且规定工人应占半数以上。1986年之后，该厂的主席团成员不再通过选举，通常是工会与相关部门协商确定，交职代会临时举手通过，几乎都是行政领导或工会领导，无一普通职工。主席团由常任制改为会议期间的临时机构，闭会期间的工作都由工会负责。① 由此可见，工会作为三大支柱之一的民主制度的组织者，工会转型涉及的广度和深度不仅是一个团体或组织个体的问题，而是涉及较深层次的民主制度设计的问题。

3. 工会“参与”及“代表”功能变迁的价值内涵

工会作为群众组织，从理论上讲对民主是有先天内在要求的，民主也是工会组织合法性的来源。邓小平在中国工会九大的致辞中就说：“工会要为工人的民主权利奋斗，反对形形色色的官僚主义，它本身就必须是民主的模范。”这句话的理论内涵是极其深刻的，深挖其背后的理论逻辑，可以梳理出工会与民主的整个线条。

“为工人的民主权利奋斗”，内在指出工会应在工人中有代表性，“代表”是现代民主的重要维度，内在包含契约论的意蕴，也就是说政治组织或社会组织要代表某一社会群体的话，首先要征得社会群体的“同意”，其次是社会群体权利的让渡，最后是政治

① 蔡禾、李晚莲：《国有企业职工代表大会制度实践研究——一个案例厂的六十年变迁》，载《开放时代》，2014年第5期。

组织或社会组织获得存在的合法性。工会对工人的代表性在上一节职工代表大会制度中有所论及，同时，工会的源头参与也是工会代表职工参与国家立法的一种形式。因此，政治参与的基础也是“代表”。在《中国工会章程》中，工会“是职工权益的代表者维护者”的分量是很重的。Yunqiu Zhang 以山东青岛为个案，认为 20 世纪 80 年代以来改革引发的日趋严重的利益分化以及劳资冲突的加剧，一方面迫使工人寻求工会的保护，以免自身利益受到管理者的侵犯；另一方面为了缓解社会冲突、保持社会稳定，国家也需要工会来缓解劳资矛盾，因此国家允许工会有一定程度的自治。在这种背景下，工会正在从作为国家合作主义的工具或者是服务于社会控制、动员目标的政府机构，变为以一个社会团体出现的工人代表，即由国家合作主义向社会代表制转变。①

“反对形形色色的官僚主义”，其实质是工会民主监督功能的发挥。在列宁的著作中，“关于官僚主义和吸引广大群众参与苏维埃工作的问题”，从来是当作“一个问题”来论述的。因此，集权制的官僚主义和人民群众的参加管理，正是社会主义社会政治上矛盾和斗争的两个方面。② 邓小平提出，实行国家政治生活民主化，就必须克服我国党和国家领导制度中的许多弊端，这些弊端主要是官僚主义现象、权力过分集中现象以及家长制现象等。因此，在政治体制改革中，实行人民群众参与政治、参加管理，是

---

① Yunqiu Zhang, *From State Corporatism to Social Representation*, in Timothy Brook and B. Michael Frolic, *Civil Society in China*, Routledge, 1997.

② 冯同庆、常凯：《社会主义民主与工会参政议政》，北京：工人出版社，1987 年，第 128 页。

克服官僚主义的最根本的方法。人民群众参加管理，不仅是在现实政治生活中，通过政治公开化、政治群众化以及政治权力划分的原则，来限制官僚主义对政治权力的垄断，遏制官僚主义的发展。而且从理论上来讲，人民群众参加管理的更重要的意义，在于要消灭官僚主义产生的社会根源。社会主义国家消亡的过程，并不是要取消管理职能和管理权力，而是要把这种管理的权力逐步移交给人民群众来直接行使。国家的管理权力一旦回到国家的主人——人民群众手里，管理的权力也就不再是一种特殊的权力，而犹如工人做工一样，成为一种普通的社会分工，官僚主义也就失去了它赖以存在的社会基础和政治基础了。因此，1982 年《中华人民共和国宪法》首次明确规定："人民依照法律规定，通过各种途径和形式，管理国家事务、管理经济事务和文化事业、管理社会事务。"这个过程是整个社会主义时期的历史任务。列宁明确指出，在反对官僚主义的斗争中，要"在工会帮助下或采取其他办法建立更加严格的监督，把他们驱逐出去"[①]。通过工会来实现职工管理国家，可以实现列宁所指的"两个保护"，即不仅要保护广大工人群众，还要保护工人的国家。

我国的协商民主有三个层次，人民团体的协商民主既不同于人民政协的政治协商，又不同于基层的民主协商。处于协商民主的中间层次，属于社会协商的性质，主要发生在政府治理领域，

① ［俄］列宁：《论工会、目前局势及托洛茨基同志的错误》（1920 年 12 月），载中共中央马克思恩格斯列宁斯大林著作编译局译编：《列宁全集》（第 40 卷），北京：人民出版社，2017 年，第 207–208 页。

是党所要建立的“社会协商对话制度”。通过这一中间层次的协商民主，能够及时、畅通、准确地做到下情上达、上情下达、彼此沟通、互相理解，以提高决策的民主性和科学性。当前，党中央制定的《关于加强社会主义协商民主建设的意见》，明确把人民团体协商作为7个主要协商渠道之一。“工会、共青团、妇联等人民团体要组织和代表所联系的群众参与公共事务，反映群众意愿和利益诉求。各级党委、人大、政府、政协要为工会、共青团、妇联等人民团体组织开展协商创造条件。”①党的十九大报告明确指出，协商民主是实现党的领导的重要方式，是我国社会主义民主政治的特有形式和独特优势。要推动协商民主广泛、多层、制度化发展，统筹推进政党协商、人大协商、政府协商、政协协商、人民团体协商、基层协商以及社会组织协商。加强协商民主制度建设，形成完整的制度程序和参与实践，保证人民在日常政治生活中有广泛持续深入参与的权利。②因此，工会代表工人群体的民主协商，一定程度上起到国家权力的外部制约机制作用。

2008年7月，全国总工会发布《企业工会主席产生办法（试行）》，要求“企业工会主席产生均应依法履行民主选举程序，经会员民主选举方能任职”，“选举企业工会主席应召开会员大会或会员代表大会，采取无记名投票方式进行”。2014年，全国总工会

① 2015年7月6日，习近平在中央党的群团工作会议上的讲话。

② 《决胜全面建成小康社会 夺取新时代中国特色社会主义伟大胜利——在中国共产党第十九次全国代表大会上的报告》（2017年10月18日），载《人民日报》，2017年10月28日。

印发《关于新形势下加强基层工会建设的意见》，明确指出：“要在同级党组织和上级工会的领导下，充分发扬民主，依法依规推进基层工会民主选举。”冯同庆以工会基层民主选举为例，对工人公民权利的衍生和培育进行了深入的个案调查和研究，不少工人从开始不知道什么是工会，到后来积极参与工会民主选举，其背后不仅是工会自身民主在基层的实践，更深层次是工人权利意识、民主意识、自主意识的形成和发育，会员权利逐步生出了公民的属性。当工人进入现代生产和市场制度后，自身的地位也会发生变化，其变化实质是从原来的社会身份向公民身份转变，逐步具有公民意识和公民权利。冯同庆的研究发现，工会选举权利的变化、工会结社权利的变化，导致了工会社团特征的回归。随着选举的推行和社团活动的开展，工人普遍增强了主动性，一些人还成为民主活动的积极参与者。选举之后，往往是那些独立性强、非党背景或非资方背景的工人当选。这使得基层工会更多地富有工人自己的、相对独立的社团特征。工会主席直选制意味着将选择的权力重新回归职工个体，建构和疏通了工人利益表达通道，在提高了工会合法性的同时，推进了工会组织内部的民主治理，使非公企业的工会组织真正成为工人表达和实现群体利益诉求的自治组织，使国家与工人之间的沟通与协商成为可能。[①]

① 陈剩勇、吴巍、陈燕：《工会直接选举：中国地方民主的新发展——以浙江省的余杭、余姚、温岭为个案》，载《浙江社会科学》，2004年第1期。

四、教育与认同：工会思想政治工作的路径选择

马克思说："工人们所具备的一个成功因素就是人数众多；但是只有当群众组织起来并为知识所指导时，人数众多才能起决定胜负的作用。"[①] 毛泽东说过，思想政治工作是经济工作的保证。他系统地讲思想政治工作的文章最早可以追溯到 1929 年的古田会议决议。胡耀邦在一次讲话中推而广之，指出思想政治工作的对象是人，是人的思想、观点、立场。思想政治工作应该是一切工作的保证。做好了思想政治工作，事情就解决了一大半。[②] 他说，"思想政治工作主要是教育、说服工作"，[③] "我们党的思想政治工作搞得好的是红军时期、延安时期和新中国成立初期，此后有一段时期，在'左'的错误影响下，逐渐把思想政治工作变成一些领导者用来对付普通工人、农民、战士和知识分子的一种方法，败坏了思想政治工作的声誉，结果很坏。"[④] 当前，我国产业工人思想政治现状与工会思想政治工作是密切相关的。一直以来，工会按照经典马克思主义作家的启发工人阶级觉悟、强化阶级意识来帮助

---

① ［德］马克思：《国际工人协会成立宣言》（1864 年），选自中共中央马克思恩格斯列宁斯大林著作编译局编：《马克思恩格斯选集》（第 2 卷），北京：人民出版社，1995 年，第 60 页。

② 胡耀邦：《关于思想政治工作问题》（1982 年 4 月 24 日），载胡耀邦：《胡耀邦文选》，北京：人民出版社，2015 年，第 403 页。

③ 胡耀邦：《关于思想政治工作问题》（1982 年 4 月 24 日），载胡耀邦：《胡耀邦文选》，北京：人民出版社，2015 年，第 407 页。

④ 胡耀邦：《关于思想政治工作问题》（1982 年 4 月 24 日），载胡耀邦：《胡耀邦文选》，北京：人民出版社，2015 年，第 406 页。

党做意识形态工作，这对工会自身行动来说，其实是面临困境的。如何增强工会会员对工会组织的认同，是工会不得不面临的现实问题，一定程度上也影响了工会的路径选择。

1. 当前产业工人思想政治状况

（1）“阶级”观念的淡化及作为领导阶级的迷茫

“阶级”这一概念是20世纪初期自俄国传入中国的，但也渐渐失去了马克思建立在生产关系上阶级概念的原意。新中国成立后，由于共产党执政的集权意识形态，“阶级”便成为执政或统治话语范围内的核心概念。并在较长的一段时间里，“阶级”被赋予同与阶级斗争和专政等密切相关联的身份特征。但改革开放后，阶级斗争已不存在，阶级的意识形态观念被迅速淡化。根据1999年至2000年汉川、深圳、合肥三地的调查资料，当询问“你是否认为当前的中国社会存在阶级”，结果表明，认为我国存在社会阶级的只占调查群体的51.6%，认为我国不存在社会阶级的占比18.5%，说不清楚或者不回答的占比26.6 %。辽宁海城的调查也表明了同样的特征。①

由于经济结构、利益格局深刻调整，劳动关系发生深刻变化等因素，导致工人社会地位下降，在企业、社会上没有话语权，对工人身份的政治认同、岗位认同、情感认同明显下降，产业工人的归属感、荣誉感、责任感弱化，主人翁意识缺失，雇佣思想在青年工人中有所蔓延，在非公企业职工、劳务派遣用工当中表

① 李炜：《中国与韩国社会阶级意识的比较研究》，载《社会学研究》，2004年第5期。

现尤为突出。中央有关部委一次联合调研显示，绝大多数青年工人不愿意承认自己“工人”身份，有些非公企业青年工人认为自己就是打工挣钱的，听到主人翁的概念很惊讶，觉得离自己“很遥远”。很多访谈青年疑惑地问道：“我们算工人吗？”有的甚至坦言，只有重体力劳动才算，我们的工作是有技术含量的，应该叫“技术员”“工程师”才对。大连市总工会负责人谈道，有的企业劳务派遣类工人与正式员工同岗不同酬，导致他们认为自己低人一等，根本谈不上什么主人翁。华南理工大学调查结果显示，有57.9%的产业工人自我认定社会地位为底层，认为“这年头谁有钱谁就是老大，我们这种人谁也看不起”；农民工群体普遍不认同“农民工”称谓，大多数认为自己还是农村人，部分农民工心理上存在自卑、易怒等不稳定因素，工作、生活压力超过一般城镇职工；也有45%左右的产业工人存在身份交叉的自我身份认知模糊化问题。部分青年工人受拜金主义、享乐主义影响，加上某种程度上的社会分配不公、贫富差距拉大，价值取向的实用性、趋利性增强，吃苦耐劳的精神消减，总想着挣轻松钱，不愿意“辛勤劳动”。访谈中多名青年谈道，作为工人没什么荣誉感，即使在辽宁这样的老工业基地，工人参与企业治理的机会也不多，哪来主人翁意识？沈鼓集团、红阳二矿等企业的一些青年工人反映，现在社会上看不起工人，连对象都找不到，很多人宁可到小企业挣3000元，也不当工人拿5000元。中共中央党校的一份调查问卷显示，59.2%的职工认为产业工人的地位与“其他人一样”，仅有9%的职工认为自己的工作令“别人羡慕”。产业工人要求参与管理的意愿增强。调查问卷显示，29.46% 的产业工人高度关注“参与管理”的权利（如图 15 所示）。

（2）传统思想政治工作方法与手段难以满足青年工人的现实需求

当前，有的国有企业思想政治工作淡化弱化，学习教育方式呆板、典型塑造不接地气、标杆引领认同感少、政治引领避实就虚，很难满足新时代青年工人群体的需求。一些工会干部言必称组织了多少文体活动、技能大赛，对嘘寒问暖的事如数家珍，但一谈到思想政治引领，只会讲官样文章，缺乏深入思考和有效举措。特别是在一些去产能、混改和兼并重组企业，对青年工人缺少有温度、有深度、有力度的思想引领，甩经济“包袱”同时，也甩了政治责任。辽宁省工会负责人介绍，本省国企多、厂办大集体多，去僵尸任务重，对青年工人影响很大，大都比较焦虑。沈阳国资委负责人反映，有的青年工人感觉“混改”后，“国”字号身份会发生变化，铁饭碗也丢了，对改革很不理解，积极性不高。

（3）非公领域青年工人思想政治工作依然存在盲区

目前，非公企业职工总数已占 82.9%，共享经济从业人数达 7500 万人，但这个领域青年工人思想政治引导长期缺乏有效覆盖和有形抓手，处于“真空”状态。北京亦庄管委会工会负责人介绍，由于工会会费缴纳比重过高，很多民营企业不愿设立工会组织，不稳定因素最多的，也是这些没有工会的企业。湖北省委组织部介绍，这些年民营企业党团组织建了散、散了建，在很多企业，人辞职了组织就没了，总是“狗熊掰棒子”、徒劳无功。全国最大网约车平台滴滴出行负责人介绍，目前网签司机达 1100 万

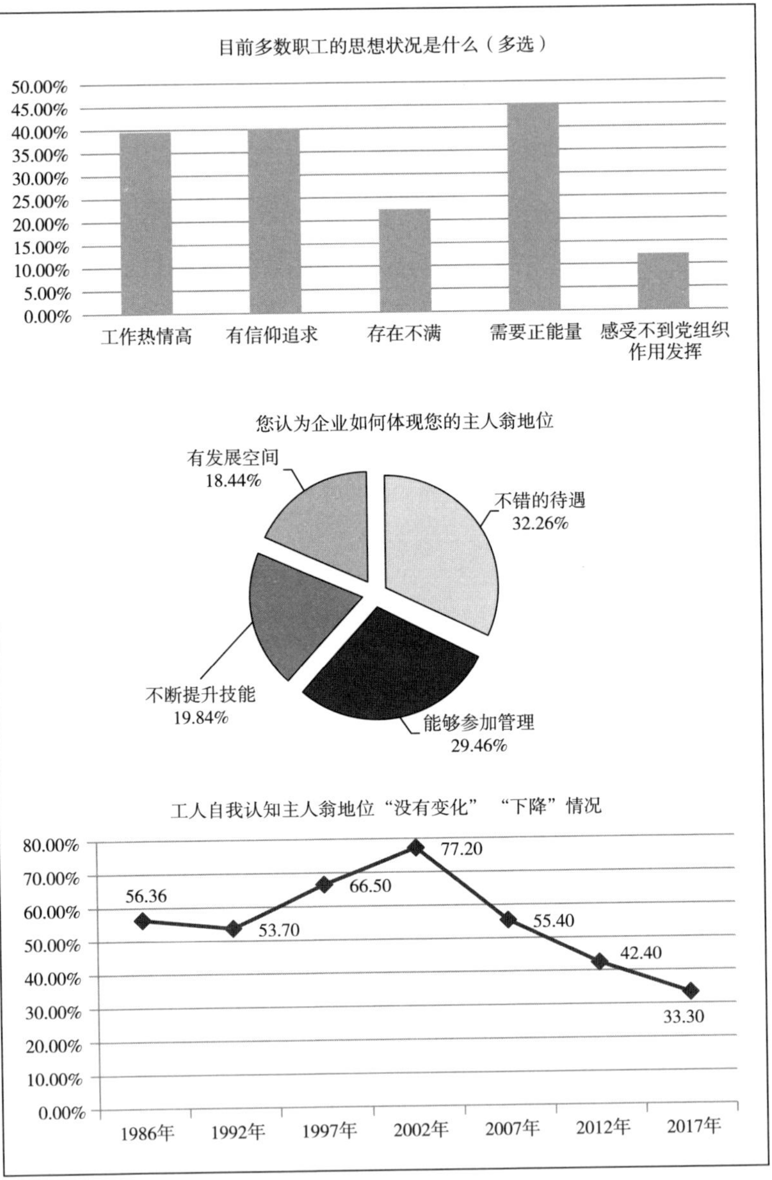

图 15　当前职工思想政治状况及主人翁地位认同情况

人，全职司机超过 300 万人，这些人分布广、人员散、管理难度大，企业最多只能帮助解决一些生活困难，谈不到做思想工作，也缺乏抓手。武汉某民营企业负责人甚至直言，思想政治工作不是企业家的责任，他们的责任就是赚钱，教育职工是政府的事。

2. 从阶级认同到身份认同：工会思想政治工作的现代化转型

（1）经典阶级意识和阶级认同理论的“失灵”

马克思主义经典作家是从阶级斗争和意识形态角度来界定和论述阶级意识与阶级认同的。国家权力与工人政治之间的关系一个重要的面向就是意识形态，工人与资产阶级的政治斗争不仅局限于经济领域，而且还存在于精神领域。相比于在市场领域，国家在意识形态领域发挥了更加积极和直接的作用，因为一种统一的、在社会精神领域处于支配地位的意识形态，通常是借助国家权力塑造和实施的。马克思主义比任何流派都更强调意识形态的依附性特征，也就是一个社会中占支配地位的意识形态，通常都是依附于统治阶级，服务于其特殊利益的。同时，马克思主义更强调意识形态的斗争性。马克思和恩格斯指出，“统治阶级的思想在每一个时代都是占统治地位的思想”，“进行革命的阶级，仅就它对抗另一个阶级而言，从一开始就不是作为一个阶级，而是作为全社会的代表出现的”，“每一个新阶级赖以建立自己统治的基础，总比它以前的统治阶级所依赖的基础要宽广一些。”[①] 马克思所

① ［德］马克思、恩格斯：《德意志意识形态》（1845 年），选自中共中央马克思恩格斯列宁斯大林著作编译局编：《马克思恩格斯选集》（第 1 卷），北京：人民出版社，1995 年，第 132 页。

要强调的，一方面是无产阶级思想体系与资产阶级思想体系的根本对立性；另一方面是工人除了意识形态，无论哪些方面都要比统治阶级处于劣势，工人在斗争中唯一的胜算就是意识形态，也就是工人所代表的社会基础比统治阶级要更“宽广”一些。按照这个原理，哪怕革命的所有物质条件都具备，但是统治阶级不会自动放弃自己的统治，最后克敌制胜的还是“异端意识形态”体系化。①

列宁也论述了同资产阶级意识形态斗争的重要意义，“问题只能是这样：或者是资产阶级的思想体系，或者是社会主义的思想体系。这里中间的东西是没有的。……因此，对于社会主义思想体系的任何轻视和任何脱离，都意味着资产阶级思想体系的加强。”②“我们主要的和基本的任务是：提高无产阶级的阶级意识和发展无产阶级的独立的阶级组织。”③“当工人还没有学会在实践中对一切阶级、阶层和居民集团的活动和生活的各个方面作出唯物主义分析和唯物主义评价时，工人群众的意识是不能成为真正的阶级意识的。”④“要用各种办法提高工人群众的阶级觉悟、坚定他

① Jack Goldstone, *Revolution and Rebellion in the Early Modern World*, Berkeley: University of California Press, 1991. pp419—421.

② ［俄］列宁：《怎么办？》，选自中共中央马克思恩格斯列宁斯大林编译局编：《列宁选集》（第1卷），北京：人民出版社，1995年，第256页。

③ ［俄］列宁：《社会民主党和选举协议》，选自中共中央马克思恩格斯列宁斯大林编译局编：《列宁全集》（第14卷），北京：人民出版社，1988年，第74页。

④ ［俄］列宁：《怎么办？》，选自中共中央马克思恩格斯列宁斯大林编译局编：《列宁选集》（第1卷），北京：人民出版社，1995年，第354页。

们的革命决心并增强他们在各方面的组织性。”①

一般认为，葛兰西第一个不遗余力地渲染了意识形态在权力斗争中的决定性作用，并且在很多西方马克思主义者看来，葛兰西是真正领会了马克思主义阶级斗争思想真谛的人。②葛兰西认为资本主义不仅通过强制性的生产体系来支配工人阶级，更重要的是通过上层建筑也就是各种统治阶级意识形态来支配工人。统治阶级知道意识形态是他们的软肋，但是工人却没有意识到自己斗争的优势所在，诸如捣毁机器、举行罢工、占领工厂甚至发起暴动，这些斗争都很难获得成功，也无法取得普遍的同情。停留在这个层面的工人阶级是“自为”的，而“自在”的工人阶级应是懂得运用意识形态工具的。当他们在意识形态领域与资产阶级争夺霸权，就有可能从游击战转为阵地战，并最终取得胜利，而无论斗争发展到什么程度，最终一定在意识形态领域解决问题。

卢卡奇是西方马克思主义教父式的人物，他将马克思的意识形态理论发展到淋漓尽致的地步。他的《历史与阶级意识》也专门以“阶级意识”命名。在卢卡奇那里，阶级意识是阶级的历史发展和现实实践的产物，历史和阶级意识两者实际上是同一的。无产阶级是历史进程中主体和客体的统一体，而无产阶级的阶级意识能达到对社会历史的总体认识。因此，这种阶级意识“既不

---

① ［俄］列宁：《〈无产者报〉扩大编辑部会议文献》，选自中共中央马克思恩格斯列宁斯大林编译局编：《列宁全集》（第 19 卷），北京：人民出版社，1989 年，第 22–23 页。

② 陈周旺、汪仕凯：《工人政治》，上海：复旦大学出版社，2013 年，第 93 页。

是组成阶级的单个个人所思想、所感觉的东西的总和，也不是它们的平均值。作为总体的阶级在历史上的重要行动归根结底就是由这一意识，而不是由个别人的思想所决定的，而且只有把握这种意识才能加以辨认”。[①] 卢卡奇认为，共产党是无产阶级阶级意识明确的历史形象，是在组织上具体化了的最高意识和行动阶段。无产阶级阶级意识水平的差异必然造成先锋队和群众之间的差距，党的作用正是在于不断使阶级在尽可能更高的水平上达到统一。共产党不应该以宗派的方式代替无产阶级去行动，而必须设法通过阶级的行动去推进群众的阶级意识的真正发展。[②] 卢卡奇说：“历史唯物主义来自无产阶级的直接的、自然的生活原则，对现实的总体认识来自无产阶级的阶级立场，但这绝不是说这种认识或方法论观点是无产阶级作为阶级所天然固有的。”那么无产阶级的阶级意识是如何产生的呢？他继续阐述，“不仅这一阶级是在由直接的失望所引起的自发的、不自觉的行动（捣毁机器可作为这方面的最初例子）中产生，然后通过不断的社会斗争逐渐达到‘形成阶级’的地步，而且它关于社会现实、关于自己的阶级地位和自己的历史使命的意识以及唯物史观也都是同一发展过程的产物，历史唯物主义在历史上第一次充分和如实地了解了这一过程”。[③] 卢

① ［匈］卢卡奇：《历史与阶级意识》，杜章智、任立、燕宏远译，北京：商务印书馆，2016 年，第 8 页。

② ［匈］卢卡奇：《历史与阶级意识》，杜章智、任立、燕宏远译，北京：商务印书馆，2016 年，第 9 页。

③ ［匈］卢卡奇：《历史与阶级意识》，杜章智、任立、燕宏远译，北京：商务印书馆，2016 年，第 74 页。

卡奇的这一论述凝练地概括了历史唯物主义方法论下阶级的形成，也就是阶级意识是阶级斗争不断发展的产物，无产阶级的阶级意识不能自我天然产生，而是“历史的意义只有在历史过程中才能找到”。[①]关于这一过程，他说：“通向阶级意识的道路在整个历史过程中并不是越来越平坦，相反却是越来越艰巨和吃力。因此，正统马克思主义的任务，即战胜修正主义和空想主义，绝不可能是一劳永逸地打败各种错误倾向。这是一场反复进行的反对资产阶级意识形态对无产阶级思想的无形影响的斗争。”[②]

从中国工人运动发展历程来看，对工人群体进行“政治教育”、启发其阶级觉悟就一直没有停过，即“劳动运动带着政治斗争的色彩，必须劳动者都有明白的政治意识”。[③]从党成立之初，对工人群体进行“政治教育”就成为工会等外围组织的职责，从建党初期对工人的动员就可见一斑。“现在许多工友都认为俱乐部是一个事务机关，这完全错了，完全失掉了工会的真正意义，因为工会是我们的司令部，要指挥我们到前线上去作战，告诉我们的战术，我们的工会，实在是我们的学校，是从事实上来训练我们

① ［匈］卢卡奇：《历史与阶级意识》，杜章智、任立、燕宏远译，北京：商务印书馆，2016 年，第 75 页。

② ［匈］卢卡奇：《历史与阶级意识》，杜章智、任立、燕宏远译，北京：商务印书馆，2016 年，第 77 页。

③ 李维汉：《安源路矿工人俱乐部罢工胜利周年纪念》，载中共萍乡市委《安源路矿工人运动》编纂组：《安源路矿工人运动》（上），北京：中共党史资料出版社，1991 年，第 79–81 页。

作战的。我们以后要把认为事务机关的工会，变为工人的学校。”[①]早在中共创立初期，党的早期领导人如毛泽东、周恩来、刘少奇、李立三、邓中夏、苏兆征、蔡和森、王荷波等，都经常深入工厂和矿山，通过开办工人夜校和工人俱乐部，宣传马列主义，宣传党的政治主张，启发工人的阶级意识。那时的工人夜校、工人俱乐部就是工会开展思想政治工作的最初形态。

然而，改革开放以来，如果继续按照经典马克思主义的阶级意识理论来指导工会思想政治工作，就有激化社会矛盾之嫌。党和国家在承认社会群体的差异性基础上，更多的是采取“分类管理”策略，特别是对工人的组织方式有着特定的制度安排，其目标是防止工业关系变动影响社会和政治稳定。这种劳动体制先于工人阶级意识的形成、旨在对工人组织行为进行有效控制。这种国家控制社会策略从宏观层面消解了能够激发工人运动的诱因。另外，国家意识形态更愿意将伴随社会阶级结构分化而来的社会冲突称为“群体性事件”，但极力回避“阶级冲突”的提法。我们看到的是，国家对阶级问题似乎采取了某种耐人寻味的策略：一是回避阶级存在的事实，以通过人民内部矛盾的方式来处理阶级问题；二是刻意模糊阶级的分野，把阶级关系诉诸法律进行调控，把阶级矛盾和阶级斗争引入仲裁部门和法律体系的正规领域；三是承认阶级存在的事实，允许阶级的再组织化，但用法团主义的

① 时任安源路矿工人俱乐部讲演股长袁达时的文章：“安源工友应注意的几件事”，载中共萍乡市委《安源路矿工人运动》编纂组：《安源路矿工人运动》（上），北京：中共党史资料出版社，1991年，第85页。

方式把阶级诉求纳入国家的体制结构；四是促使多元化社会结构的形成，阻止个人形成对某一群体的特定认同，从而增加“认同阶级”和“客观阶级”之间的壁垒。[①]因此，工会思想政治工作作为党意识形态工作的一部分，努力强化工人群体的阶级认同，一定程度上还在努力淡化工人的阶级认同和阶级意识。例如，农民工群体加入工会，更大意义上是组织层面的吸纳，这在后面也会专门论及，对于“农民工也是工人阶级的一部分”这个命题，其实并未从启发阶级觉悟、增强阶级认同的角度进行破解。

（2）政治社会学中的身份认同

改革开放之后，随着单位制的瓦解，社会利益的多元化发展，职工的社会身份意识不再由单位所赋予和界定，而是与行业、职业、金钱等相关性越来越明显，韦伯意义上的阶层理论框架更具有适用性，阶层的政治意味逐渐淡化，与市场机会相关的社会结构化位置越来越强化。事实上，无论马克思主义还是现代政治社会学理论，都强调认同的重要性。裴宜理就指出，主观感受可能比客观事实更为重要，如果今天的工人再一次把他们自己看作等同于农民的社会群体，而非共产主义革命的受益人，这种认识的政治影响可能极为深远。政治社会学家奥罗姆就说过：“任何社会，为了能生存下去……必须紧密地围绕保持其制度完整这个中

① 汪仕凯：《阶级与公民之间的政治：职工代表大会的实践空间与转型逻辑》，上海：上海人民出版社，2013 年，第 8 页。

心，把政治思想灌输进每个成员的脑子里。”[①]

在汤普森看来，工人阶级的形成过程就是认同过程，是寻找自己身份的过程。他指出：“当一群人从共同的经历中得出结论（不管这种经历是从前辈那里得来的还是亲身体验的），感到并明确说出他们之间的共同利益，他们的利益与其他人不同（而且常常对立）时，阶级就产生了。阶级经历主要由生产关系所决定，人们在出生时就进入某种生产关系，或在以后被迫进入。阶级觉悟是把阶级经历用文化的方式加以处理，它体现在传统习惯、价值体系、思想观念和组织形式中。如果说经历是可以预先确定的，阶级意识却不然。我们可以说具有相似经历的相似职业集团对问题会作出合乎逻辑的相似反应，但绝不能说这里面有‘规律’。阶级觉悟在不同的时间和地点会以相同的方式出现，但绝不会有完全相同的方式。”[②] 也就是说，虽然大批的农民涌入城市成为工人并与机器为伍，但是当他们认为自己与雇主还同属于上帝的子民时，他们还没有形成阶级。只有物质利益的对立还不能形成阶级，只有当工人们意识到这种对立，而且意识到这种对立构成现代社会中人与人之间的关系主轴时，阶级才产生。也就是说，阶级包含集体认同或集体身份的确定。[③] 按照汤普森的理解，工人要成为一个真正意义上的“阶级”，应该有一个阶级经历和阶级觉悟的

① ［美］安东尼·奥罗姆：《政治社会学》，孙嘉明等译，上海：上海人民出版社，1989 年，第 317 页。

② ［英］爱德华·帕尔默·汤普森：《英国工人阶级的形成》，钱乘旦等译，北京：译林出版社，2001 年，第 1–2 页。

③ 胡传胜：《英国方式的另一种解读》，载《光明日报》，2001 年 2 月 22 日。

过程。

身份政治或认同政治（Politics of Identity）近年在美国以及欧洲等地兴起，查尔斯·泰勒有关现代认同（Modern Identity）和承认政治（Politics of Recognition）的理论是重要的思想渊源。查尔斯·泰勒认为，我们的认同部分是由他人的承认构成的。泰勒的认同和承认的政治或可以分成三个层面：一是自我认同，即发现自己的本真性。二是群体认同，即和自己同类的人结成一体，确立自己所属群体的本真意识。三是社会承认，即通过文化的斗争和政治的手段，实现他人与社会对自己所属的这一群体的承认。[①]“身份认同就像偏好（preference）一样，它是从人的普遍的社会交往活动与其他人的生活中产生，对于不同的生活方式及使社会关系合法化的共享价值的赞同和反对，产生了多样性的偏好与身份认同；社会过滤器是偏好的来源，同理，也是身份认同的来源。”[②]“身份认同是世界上大多数国家政治社会化过程中面临的一个现实问题，它不仅关乎人们对自身的预设，产生自我认同强化或危机；而且关乎人们对自身所从属的群体以及更大共同体（比如政治体系）的认同，影响群体或阶级的再生产、国家的整合。”[③]

---

① ［美］查尔斯·泰勒：《自我的根源：现代认同的形成》，韩震译，北京：译林出版社，2012年。

② A.Wildavsky,*Choosing Preferences by Constructing Institutions: A Cultural Theory of Preference Formation*, *American Political Science Review*,vol.81, no.1,1987,pp.3—21.

③ J. Ogbu, *Class Stratification, racial stratification, and schooling*, in L. Weiss(ed.),*Class, Race, and Gender in American Education*, Albany, NY: State University of New York Press,1988,pp.163—182.

（3）工会应从阶级认同的困境中走向身份认同

根据政治社会学的理论，个体如果加入组织成为其中一员，需要两个方面的条件促使其对该组织实现认同。一是个体从组织获得资源的方式和程度；二是个体与组织之间形成关系的默契度。[①] 随着“市场在资源配置中起决定性作用”的凸显，个体的社会独立性具有实现的可行性。但是，由于作为个体的社会成员在各种社会组织或群体的选择自由度较大，特别相对于具有较强的“单位制”组织的认同感，市场对资源配置的作用将会带来各种不稳定感觉和不确定性因素，这非常容易使个体产生对特定组织的疏离感。此时，个体对组织的身份认同感以及思想价值默契度将会显得十分重要。对组织具有较高的思想默契程度有助于个体成员与组织之间达成共识，进而对成员在该组织中的身份认同产生积极影响（如表 5 所示）。

表 5　思想认同的层次、具体特性与归类

层次	具体特性	归类
物质匹配	通常来源于共同的物质性条件——例如拥有相同的工作环境、居住条件、工资待遇等	物质层面的认同，是最基础、最感性的认同
形式感知	来源于共同参与事件的组织、安排和形式，需要有一定的仪式感	

① Dutton, J. E., Dukerich, J. M., & Harquail, C. V., *Organizational images and member identification. Administrative Science Quarterly*, 1994, pp. 239—263.

续表

层次	具体特性	归类
团队融合	通过一定的沟通方式和行为态度能获得团队其他成员的信任和认可，较为轻松地融入团队中并建立起默契的关系	组织层面的认同
组织凝聚	对组织、对工作有较大的感情投入，培养与组织休戚与共的“主人翁”意识	
文化接纳	能够主动积极地了解组织文化，接受组织文化的熏陶，并在工作所及的范围内，传播、丰富和创造组织文化	价值层面的认同
价值契合	认同组织的核心价值理念以及宗旨，并在工作行为中，自觉地实践这些价值理念	

因此，对于工会来说，当下正面临从阶级认同的困境中走出来、如何开启身份认同模式的问题，以增加工会会员对工会组织带来的物质利益的认同、对工会组织的归属感和依赖感，以及价值观层面认同工会的一系列价值观念，从而在思想层面与工会真正建立密切的联系。只有在这个意义上，工会才能说是打牢了群众基础；也只有这样，才能破解此前提到的“工会跟党走没问题，如何让工会会员跟着工会走”的难题。正如有学者对政治社会化路径下农民工的主流意识形态认同进行了实证分析，认为虽然农民工群体一定程度上面临政治社会化路径不畅问题，引致主流意识形态认同弱化、淡化，但经过实证分析后研究发现，社会传播、政治学习与内化、文化传承与整合、社会环境这 4 条政治社会化路径，对农民工的主流意识形态认同有显著的促进作用。政治社

会化路径的整体优化能够显著提升农民工主流意识形态的认同度。①

3. 工会构建思想政治工作框架的路径选择

林德布洛姆认为，所有政治—经济制度都必须使用的社会控制要素包括权威（authority）、交换（exchange）和说服（persuasion）。其中，“说服在所有社会制度内部都是一个中心的和基本的要素”，“是社会控制的一个无所不在的形式”，“借助意识形态工具和宣传方式在共产主义制度里比在民主制度里更为普遍”。“作为一种社会控制的方法，或许毛主义的中国赋予了说服极其特色的用途。”“训导制度极原始地承受着一种说服关系。”②相对来说，通过交换的控制常常要求一个人放弃某种价值，通过说服的控制需要时间和精力，通过权威的控制经常是看上去成本很低，然而权威的建立和保持的成本却是非常高的。从“政党—国家—工会”的关系，很好理解工会组织思想政治工作作为党意识形态的延伸，其主要意义在于工会通过说服的方式减少党直接利用权威实施社会控制的成本。而在市场经济条件下，单纯说服方式的有效性也在锐减，工会不得不通过“权威—交换—说服”三重叠加来构建自己的思想政治工作框架。具体可以用图16表示：

① 吴春梅、郝苏君、徐勇：《政治社会化路径下农民工主流意识形态认同的实证分析》，载《政治学研究》，2014年第2期。

② ［美］查尔斯·林德布洛姆：《政治与市场：世界的政治—经济制度》，王逸舟译，上海：上海人民出版社，1997年，第15页。

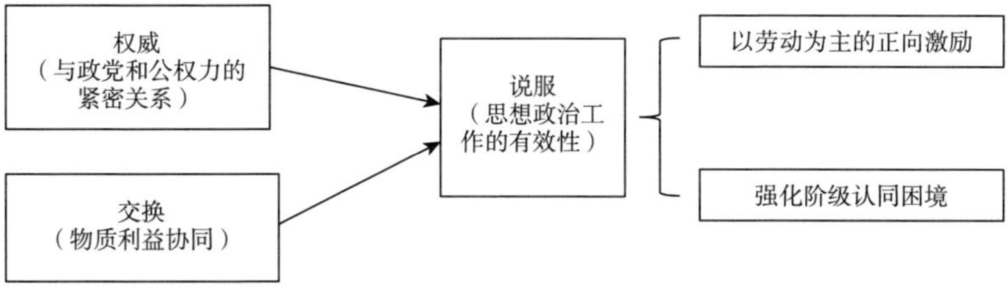

图 16　工会的“权威—交换—说服”思想政治工作框架

（1）利用工会与党关系密切的权威性进行“灌输”

列宁特别强调意识形态必须采取灌输的方式，而不是工人阶级自发产生的，在《怎么办？》中，列宁详细论述了意识形态工作的重要性和主要形式。“工人本来也不可能有社会民主主义的意识。这种意识只能从外面灌输进去，各国的历史都证明：工人阶级单靠自己的力量，只能形成工联主义的意识，即确信必须结成工会，必须同厂主斗争，必须向政府争取颁布对工人是必要的某些法律，等等。”[①] 他指出，“工会形式上是一种非党的组织，而实际上绝大多数工会的领导机关，首先是全俄工会总工会的中央领导机构即全俄工会中央理事会，都由共产党员组成，执行党的一切指示。总之，这是一个形式上非党的、灵活的、比较广泛的、极为强大的无产阶级机构，党就是通过这个机构同本阶级和群众密切联系的；阶级专政便是在党的领导下通过这个机构

① ［俄］列宁：《怎么办？》，载中共中央马克思恩格斯列宁斯大林著作编译局编：《列宁选集》第 1 卷，北京：人民出版社，1995 年，第 317–318 页。

来实现的。”[①]“一般来说，工会是共产主义的学校，对全体工人群众以及全体劳动者来说，工会应当是学习管理社会主义工业的学校。”[②]“工会现在还是、将来在一个长时期内也还会是一所必要的‘共产主义学校’和无产者实现其专政的预备学校，是促使全国经济管理职能逐渐转到整个工人阶级手中，然后再转到全体劳动者手中所必要的工人联合组织。”[③]列宁的灌输思想仍然具有现实意义，当前职工思想政治工作还得采取自上而下形式，这也是目前最主要的形式，利用工会完整的组织体系和权威性来推动。这是因为，对于工会来说，其权威来源于与党和国家的密切关系，也就是工会在面对职工做思想政治工作时，职工第一反应应该是，工会代表着一定意义上的公权力，工会作出的承诺或者工会的调解都不是可以随意收回和更改的，这为思想政治工作提供了可靠性的背书。

从历史上看，在国内革命战争时期和抗日战争时期，革命根据地和解放区的工会团结教育工人努力发展生产，支援革命战争。党领导的白区工人运动，也是通过工会去宣传组织工人群众，同

---

① ［俄］列宁：《共产主义运动中的“左派”幼稚病》，载中共中央马克思恩格斯列宁斯大林著作编译局编：《列宁论工会》，北京：工人出版社，1959 年，第 706 页。

② ［俄］列宁：《工会在新经济政策条件下的作用和任务》，载中共中央马克思恩格斯列宁斯大林著作编译局编：《列宁论工会》，北京：工人出版社，1959 年，第 906 页。

③ ［俄］列宁：《共产主义运动中的“左派”幼稚病》，载中共中央马克思恩格斯列宁斯大林著作编译局编：《列宁论工会》，北京：工人出版社，1959 年，第 709 页。

外国资本和官僚资本进行了经济和政治斗争。解放战争时期，特别是全国解放前期，为了保护国统区工业企业的设备机器免遭破坏，配合解放军的进攻，工会在工人中做了大量的教育和组织发动工作。新中国成立初期，工会对职工进行了普遍的中国革命和中国共产党的教育，进行了以“猴子变人”“谁养活谁”为主题的历史唯物主义教育。通过抗美援朝、镇压反革命运动、土地改革、“三反五反”、民主改革等一系列政治运动，对职工进行了阶级教育、爱国主义教育。在私营企业中，还进行了发展生产、“劳资两利”的政策教育。特别是运用启发职工回忆对比新旧社会不同的群众自我教育方法，对提高职工的政治觉悟和主人翁责任感，树立新的劳动态度，取得了很好的效果。1953 年，进入有计划的经济建设时期后，工会对职工广泛进行了党在过渡时期总路线的教育和巩固劳动纪律的教育，有力地鼓舞了职工建设社会主义的劳动热情，加强了工人阶级的内部团结和组织纪律性，对保证国家经济计划的胜利完成起了积极作用。特别是 20 世纪 50 年代末至 60 年代初，在国家遇到困难的情况下，工会在帮助职工搞好生活、渡过难关的同时，着重进行了艰苦奋斗、勤俭持家的教育，开展了“学雷锋”活动，同时结合在全国开展先进生产者运动，进行了共产主义思想教育，大力宣传职工中涌现出来的先进人物和先进集体，推动了技术革命和增产节约运动的发展。1983 年，经党中央批准，《国营企业职工思想政治工作纲要》中规定，职工思想政治工作的根本任务是“通过对企业全体职工进行共产主义思想体系的教育，提高他们对本阶级所处的历史地位和历史责任的正确认识，增强他们认识世界和改造世界的能力”。①

改革开放以来，自上而下灌输的内容有所变化，而形式其实变化并不大。例如，全国总工会的一份报告说：“结合形势任务的需求，不断增强思想政治工作的针对性和实效性。针对经济新常态、供给侧结构性改革等经济社会发展重大背景条件，各级工会努力把握职工思想变化情况和职工队伍稳定状况，找准症结，有的放矢，持续开展职工队伍的形势政策宣讲活动，帮助职工深刻理解当前形势任务，理解党和国家为推进改革出台的政策措施，以理性平和的心态面对暂时的困难，鼓舞信心，提振士气。针对职工队伍中青年职工、农民工、少数民族职工等思想政治工作的重点人群，针对受供给侧结构性改革影响大的相关企业职工、非公企业职工等特定人群，各级工会坚持面对面开展职工思想政治工作，积极解答职工疑问、回应职工诉求，把解决职工的思想问题与解决实际困难和实现正当权益结合起来，把党和政府的关怀送到职工群众的心坎上。”②

（2）从利益协同到情感认同

市场经济条件下，通过说教进行思想政治工作不仅成本大大提高，而且往往很难取得实际效果。因此，物质利益协同就成为一种补充手段。改革开放初期，工会确定了职工思想政治工作的

---

① 中国工运学院编写组编：《工会学》，北京：工人出版社，1985 年，第 276 页。

② 中华全国总工会：《坚持不懈引导广大职工群众听党话跟党走——党的十八大以来工会加强职工群众社会主义精神文明建设情况的报告》，2018 年。

几条原则：理论联系实际原则、民主的原则、思想政治工作结合经济工作一道去做的原则、表扬和批评结合以表扬为主的原则，其中有几条原则都是与实际物质利益挂钩的。胡锦涛在 1999 年 12 月全国总工会十三届二次执委会上的讲话就十分详细地论述了新形势下如何做好职工的思想政治工作，他特别指出："大量事实说明，职工中的思想问题，往往是与他们的实际问题联系在一起的。要使思想教育更加有效，就必须注重解决他们的实际问题。从某种意义上说，为职工群众排忧解难，多办实事好事，就是最直接、最生动、最有说服力的思想政治工作。"① 在党的传统认知中，思想政治工作如果掺杂了利益因素，似乎就不那么纯净了。然而，即使在计划经济下，没有物质激励的劳模选拔等也存在失灵的情况。② 更进一步地说，即使物质协同跟上，也未必能够实现情感的认同。但是，没有物质利益协同，实现情感认同基本是很难的。

亨廷顿在考察了亚洲、非洲和拉美的工人运动后，认为当今许多现代化国家内，政治意识不是由革命的知识分子而是由政治领袖或政府官员向工人灌输的。因此，工人运动的目标就是相当具体和直接的经济目标，而不是去改造政治和社会的秩序。在竞争拉美工人领导权的过程中，劳动组织虽然在政治上很积极，但

---

① 1999 年 12 月，胡锦涛在全国总工会十三届二次执委会上的讲话。

② 从劳模自身而言，单纯凭借劳模身份获得物质奖励或潜在收益都是有限的，劳模身份的真正价值在于它为劳动者的职位升迁提供了一种依据。参见林超超：《中国劳模制度的政治经济学分析——以陆阿狗和他的模范小组为例》，载《上海大学学报》（社会科学版），2018 年第 11 期。

是他们的目标并不是政治的而是经济的。[①] 奥尔森也强调个体的理性选择对于集体非理性的关键作用，并认为“没有出现马克思预言的那种阶级斗争，部分原因正是由于理性的功利主义行为。因为如果组成阶级的个人采取理性的行为，就不会产生争取阶级利益的行为”。[②] 按照奥尔森的说法，从阶级这个层面制定政策是不符合理性选择的，只有从具体的个体着眼，充分考虑到个体的利益，并达成符合大多数利益的共识，才能制定有效的政策。不论亨廷顿对工人运动追逐经济利益的观察，还是奥尔森对个体理性选择的强调，对工会构建说服框架的启示都是重大的，也就是不能再笼而统之说政治正确的“政治术语”，而是切实考虑工人的实在经济利益。关于利益协同到情感认同的路径，当前工会组织提升对工人群众的说服能力恰恰缺少这种立足中国传统人情社会的有效工作，虽然送温暖工程等也是这种路径的一个案例，可是说服效力却大打折扣。

（3）以劳动和劳模为主基调的正向激励机制

当前，一般提起工会，都会不自觉想到劳动模范、五一劳动奖章，这从一般社会认知和社会意识层面说明了劳动或劳模与工会关系的紧密性，也从一个层面说明工会建构劳动或劳模为主体的正向思想政治机制的成熟性和有效性。事实上，工会思想政治

① ［美］亨廷顿：《变化社会中的政治秩序》，王冠华、刘为等译，上海：上海世纪出版集团，2008 年，第 238 页。

② ［美］曼瑟尔·奥尔森：《集体行动的逻辑》，陈郁等译，上海：格致出版社、三联书店、上海人民出版社，2014 年，第 102–103 页。

工作中最富有成效的就是劳动和劳模精神的弘扬。

毋庸置疑的是，劳动是马克思主义的核心概念和一些重大命题的核心范畴，然而，马克思主义并非从动员劳动热情和树立劳动模范的角度进行阐释，而是采取劳动价值—劳动异化—劳动与资本的对立的进路，马克思主义的使命就是把人从这种劳动异化中解放出来。如果顺着马克思主义这一进路，则走向阶级斗争和革命。从中国工会的实践来看，成功地将这两段贯通起来的逻辑从劳动价值到劳动异化处截成两段。劳动的归劳动，阶级革命的归阶级革命。改革开放以来，马克思主义的后半段逻辑逐渐消解或隐匿，以产权和法治进行社会成员身份定位和角色认同的新机制彻底取代了敌我划分标准。而这条完整逻辑进路的前半段却一直保存并发展至今。

中国工会将马克思主义的劳动价值理论发扬光大，成功地将源于美国芝加哥城工人大罢工的“五一”国际劳动节进行了改造，并以每年的“五一”劳动节为标志，塑造了工会弘扬劳模精神、劳动精神和工匠精神的主体性地位。这里面包含比较丰富的内容，一是意识形态与政治社会化，纳入党和政府主导的表彰体系，成为意识形态宣传的重要内容。二是树典型抓榜样，“树典型的核心技术是抓取群众在日常生活中非常熟悉的个人、组织、行为或话语，对这些事物进行重新定义和诠释，将其升华为符合政治权威意愿的意识形态符号，用以表达各项政策的内涵和期望。这样，它就非常巧妙地在两种政治文化之间搭上了桥梁，将精英政治文化与普通群众的日常生活有机地联系起来，既增加了精英文化在日常生活中的能见度，又将精英话语灌注到日常生活中，潜移默化地改变着群众的价值取向和认知框架”。[①]

劳模表彰与劳动竞赛体制相辅相成，“早在中共局部执政时期，以毛泽东为代表的中共第一代领导人就致力于构建劳模精神，将其作为马克思主义、共产主义意识形态大众化的重要一环”[②]1950 年以来，党中央、国务院先后召开过 14 次大规模的表彰会，临时性表彰生产劳模先进集体和个人 20 余次，累计表彰先进集体 10000 多个，先进个人 22000 余人。1989 年以来，全国劳模和先进工作者的评选表彰工作逐渐向规范化方向发展，基本形成了每五年一次的固定届次，每次评选表彰先进个人约 3000 名，由国务院授予全国劳动模范或全国先进工作者称号。自 1985 年至 2018 年 5 月，全国总工会已先后授予了 31747 个先进职工全国五一劳动奖章、9568 个先进单位全国五一劳动奖状和 12350 个全国工人先锋号。新中国成立以来劳模表彰的主要情况如表 6 所示：

表 6　新中国成立以来劳模表彰的主要情况一览表

表彰年份	主题
1950 年	全国工农兵劳动模范代表会议
1956 年	全国先进生产者代表会议
1959 年	全国工业、交通运输、基本建设、财贸方面社会主义建设先进集体和先进生产者代表大会（全国群英会）

① 冯仕政：《典型：一个政治社会学的研究》，载《学海》，2013 年第 3 期。

② 刘佳：《从劳动模范到劳模精神：基于国家建设的视角》，载《中国劳动关系学院学报》，2019 年第 5 期。

续表

表彰年份	主题
1960 年	全国教育和文化、卫生、体育、新闻方面社会主义建设先进单位和先进工作者代表大会（全国文教群英会）
1977 年	全国工业学大庆会议
1978 年	全国科学大会
1978 年	全国财贸学大庆学大寨会议
1979 年	国务院表彰工业交通、基本建设战线全国先进企业和全国劳动模范大会
1979 年	国务院表彰农业、财贸、教育、卫生、科研战线全国先进单位和全国劳动模范大会
1989 年	全国劳动模范和全国先进工作者表彰大会
1995 年	全国劳动模范和全国先进工作者表彰大会
2000 年	全国劳动模范和先进工作者表彰大会
2005 年	全国劳动模范和先进工作者表彰大会
2010 年	全国劳动模范和先进工作者表彰大会
2015 年	庆祝“五一”国际劳动节暨表彰全国劳动模范和先进工作者大会
2020 年	全国劳动模范和先进工作者表彰大会

劳动模范是一种正向激励，主要是精神上的激励。通过劳模精神的宣传，既回避了阶级意识难以言说的困境，也建立了一整套与此相关的正向激励机制。这种路径正是工会的理性选择。

综上所述，本章从四个方面论述了工会在角色调适和功能变迁中的行动逻辑，这四个方面分别为维护、建设、参与和教育，对应的是1988年中国工会十一大通过的中国工会的四项社会职能。笔者强调的是，社会职能是工会行动的结果和表现，其中蕴含着工会作为行动主体的自主性和能动性。

首先，从维护权益的角度来看，这是工会一直尝试回归的自身价值，新中国成立后，工会就曾因为提出在做好为生产建设服务的同时做好职工的维护服务工作，而两任负责同志先后受到批判。从此，工会的维护自主性一直没有得到彰显。历史制度主义重视关键时间节点的作用，中国工会九大就发挥了这样的作用，在中国工会九大的致辞中，邓小平提出工会要努力保障工人的福利，要密切联系群众，这正契合工会自身回归的需求。因此，从中国工会九大开始，工会就在维权的行动中不断深化，比如在确定四项社会职能的同时，突出了维护职能，将维护职能放在第一位；确定工会的基本职责是维护职工合法权益等。与此同时，我国经济关系深刻变动，劳动关系矛盾增多，复杂性、冲突性增强，工会面临维护职工权益的要求更加迫切。工会特别是基层工会不断凸显在协调劳动关系中的作用，尤其是维护职工权益的作用。在工会不断回归维护职能的同时，工会通过“两个维护”理论调和了生产和维护的关系，然而也在一定程度上弱化了维权的自主性。

其次，从建设职能的角度来看，本章以工会最典型的劳动竞赛作为切入点，在简单梳理劳动竞赛的发展历程后，笔者主要论述了工会向生产模式的历史转换，这种转换在党的地方政权时期就已经基本确定。新中国成立后，这种生产模式更加定型，并成为党对工会的主要期待。然而，这也一定程度上固化了工会的行动空间，在工会几次尝试突破失败后，工会在企业中主要局限在生产动员上。从微观上看，工会通过劳动竞赛成功实现了“制造同意”，也就是说，劳动竞赛实际上发挥着微观层面的动员和教化功能，不断由群众性运动向现代企业动员机制的转型，客观上发挥了工人对提高生产效率、“比学赶超”精神的“同意”机制。

再次，在工会的参与和代表层面，一方面，在参与职能发挥上，其实质是工会与国家政权的关系，工会作为党领导下的外围组织，具有先天的参与政治的优势和资源。同时，工会作为利益化主体，也存在通过参与政治来实现自身价值的冲动。在新中国成立后至改革开放之前，工会与政党—国家一体化，工会直接成为一些劳动领域政策的制定者和实施者。改革开放初期，在国家政治体制改革的背景下，工会参政议政成为政党—国家和工会的双重目标，工会实现了制度化的参政议政，参与了《国营工业企业法》等法律法规的起草，这与列宁曾经尝试“工会国家化”不同，工会并非全面参与国家管理，而是有限层面参与政治过程。这种参与热情和机制虽然在 20 世纪 80 年代末受到一定程度影响，但仍以制度化形式固定下来，并表现为国家统合的特征。另一方面，在代表功能层面，工会作为工人群体的代表性组织，如何将工人群体的意见表达和整合出来，体现了现代民主的本质要求。工会通过职工代表大会的现代转型，成为企业层面产业民主的重要主体。而与工会角色调适和功能变迁同质化的是，职工代表大会制度在运行中仍然存在形式主义等问题，也就是制度设计与制度绩效之间存在一定程度的“温差”，这是职工代表大会进一步转型面临的问题。而不论是“参与”职能还是“代表”职能，都贴近政治学讨论的核心主题，那就是民主的问题。作为能动的主体，邓小平在中国工会九大致辞中就提出了这个重要的命题，包含三个层次内涵：一是工会如何通过制度设计保证工人的民主权利；二是工会如何实现自身的民主；三是工会如何参与国家的民主建设议程。

最后，在思想政治工作方面，通过一些调研报告反映出工人群体对工人阶级主人翁意识的迷失，其实质是工会在塑造“阶级认同”方面面临的困境，也就是如果强化工人群体的阶级意识一定程度上对工人群体的集体行动起到理论支撑效果，因此工会不得不思考如何重新建构现代身份认同机制下的思想政治工作体系。也就是说，通过利益协同、思想教育等从工会会员层面增强对工会组织的认同感，认同工会的政策主张，进而起到“引导职工群众听党话、跟党走”的效果。在这方面，工会通过对劳动精神、劳模精神乃至近期的工匠精神的塑造，构建了正向激励的思想政治工作框架，取得了积极的效果。

第五章

中国工会改革的路径分析

脉络、制度、行为者、因果机制、制度的模糊性是历史制度主义者们分析制度变迁的主要概念。[①]同时，观念是推动制度变迁的重要因素，受到特定历史与制度脉络的制约。中国工会角色调适和功能变迁的过程是行动主体与结构关系中其他要素互动的过程，这个过程可以通过组织化、制度化与观念的三重维度来进行分析。组织化维度侧重工会与社会群体的互动；制度化一方面强调政党—国家在面对社会“反向运动”中工会的制度供给；另一方面强调工会自身制度化的多重因素；观念维度强调工会角色调适和功能变迁是政党—国家、工会自身与职工群体多方共同建构的结果。

一、组织化：扩大组织覆盖面与吸纳入会

亨廷顿认为，对新的社会群体的体制化吸纳过程主要包括四个方面：第一，对该群体有利政策的实施；第二，通过一定的方式对该群体进行有效的组织；第三，通过一定的途径将该群体和政治体系进行有机的联系；第四，该群体的代表性人物可以在政治体系中占有重要地位。[②]亨廷顿敏锐的眼光和宽广的视野让人敬

① 马得勇：《历史制度主义的渐进性制度变迁理论——兼论其在中国的适用性》，载《经济社会体制比较》，2018 年第 5 期。

② ［美］塞缪尔・亨廷顿、琼・纳尔逊：《难以抉择——发展中国家的政治参与》，汪晓寿、吴志华等译，北京：华夏出版社，1989 年，第 36 页。

佩。笔者将亨廷顿所指的政治发展过程称为“政治吸纳”[①]。可以说，改革开放以来，无论是党还是人民团体，走的都是亨廷顿这一政治吸纳之路。党通过精英吸收、发展党员、发展外围组织、创建联盟等形式，将一定的社会群体吸收进党执政体系内或依附于党外围，以增强党合法性、提高政治体系稳定性和提高党控制能力或治理能力。比较典型的就是“三个代表”重要思想的提出，对企业家群体的吸纳过程。这里的政治吸纳是指工会扩大组织覆盖面与吸纳入会的双重组织化过程。所谓双重，一方面，工会的组织化是对工人阶级再形成这一自发组织化过程的“反动”或“刺激—反应”机制，其前提是改革开放以来随着中国逐渐成为世界工厂，工人集体行动的不断涌现，工人群体一定程度上显现出从“自在”到“自为”的阶级形成过程，对此，国内外学者予以广泛关注，其中，工会似乎成为被动的“他者”；另一方面，随着改革开放的不断发展，工会组织不断完善，其内涵是工会不断根据时代和工人阶级的发展变化而调整组织策略，扩大工会组织的覆盖面，完善自身的组织结构。

① 政治学意义上的吸纳来源于香港社会学家金耀基先生提出的“行政吸纳”，最早用来解释香港的治理，他指出，香港之所以能获致政治的平衡，主要是由于一个“行政吸纳政治”的运作过程。即政府将社会中的代表性群体的精英吸纳到决策结构中从而扩大政治权力的合法性范畴，并对社会进行有效整合。康晓光提出“行政吸纳社会”，认为行政吸纳是中国大陆近年来用来化解社会矛盾，实现政治稳定的有效方式，并将行政吸纳社会归纳为“限制”“功能替代”和“优先满足强者利益”三种主要模式。

1. 组织化动力：工人集体行动与工会的“他者”处境

自20世纪90年代中期开始，随着市场在构建和驱动中国社会经济发展中的作用越来越重要，在中国一些工业城市涌现出工人抗争性群体事件，工人集体行动以体制内话语“群体性事件”形式涌现频率越来越快。21世纪初，全国总工会一份文件中就提到，一些事件规模之大、行为之激烈、持续时间之长，都是以前较为罕见的。[①] 在缺少劳资之间市场议价机制的情况下，工人们不得不将集体行动作为实现个人价值观念与理想生活的唯一手段，这就使集体行动成为当今中国劳资关系的一种常态。工人集体行动自20世纪末兴起之后，就受到社会和学者的广泛关注。

工人集体行动的特点也在逐年发生变化，总体看来，主要包括：一是工人集体行动的诉求呈现出多样化，其中占较大比例的诉求个案为：在工厂搬迁、关闭、裁员、转让时要求资方支付经济补偿金55起/270起（20.3%）、增加工资54起/270起（19.9%）、在工厂关闭、停产或者经济不景气时追讨被拖欠的工资40起/270起（14.8%）、在国有企业改制之后追讨应得的权益24起/270起（9.2%）。47个是在国有企业或者国有控股企业发生的，所占比例为17.4%；发生在私营企业、合资企业和外商投资企业的个案为223个，所占比例为82.6%。二是资本投资的内陆化将成为中国劳资纠纷社会化的一个增长点。在沿海地区富士康的加工制造业企业中，曾经聚集了大批远离家乡的农民工，在资方“半军

① 中华全国总工会研究室编：《中国工会十三大以来重要文献选编》，2003年，第397页。

事化”的管理模式中，他们大部分被“原子化”而失去了集体行动的动力。当工厂内迁之后，这种行动的局限性就会消失，工人们是在其家乡组织行动，占有地缘与亲缘的优势，这种优势将加强工人一方的实力，使集体劳资纠纷的社会化程度大大提高。三是新生代工人抗争的组织化趋向，北京大学的刘爱玉等人对结社力量、结构力量与新生代工人的行动表达之间的关系进行了研究，认为工人的行动受到结社力量和结构力量的制约。工人组建或者加入的社团或组织主要有两类：一类是工会组织，另一类是社会上其他各类组织，如非政府组织或社会社团等。研究发现，利益受损的新生代工人不是被动的忍受者，而是能动的行动者。34.3%的人曾经以个体行动或集体行动的方式进行过利益抗争。新生代工人的行动在当下以个体性行动为主，但组织化行动的趋势明显，即越是年轻的工人，越是表现出更多诉诸集体性行动以消解不满与怨愤的特征。但是，新生代工人行动的组织化趋向，却不是由结社力量推动，而是由结构力量（如文化资本、工人在劳动过程中的结构性位置、居住状况）推动的。[①]

然而，问题在于，随着中国劳动力的成本不断提高，低端劳动密集型产业的逐渐转移，工人集体行动逐渐走向平和稳定，那为什么工人抗争的高潮没有突破区域限制而发展成为全国性的运动呢？

第一，国家劳工政策对工人抗争的消解。作为资本主义工业

① 刘爱玉、付伟、庄家炽：《结构性力量与新生代工人抗争的组织化趋向》，载《中国人力资源开发》，2014年第23期。

化的产物，西方国家的工人运动一般是在国家尚未有意识地和系统地干预工业关系、形成有效的劳动体制（labor regime）之前就出现了。当国家试图用制度化的方法来处理劳工问题时，其必须面对的一个现实是工人阶级已成为一个成熟和有组织的社会力量。双方经过长期的冲突和博弈，国家最终承认了工人的各种权利，包括组织、罢工和集体谈判的权利；吸纳和制度化工人运动，成为许多国家无可奈何及必要的选择和政策目标，而劳动体制以及社会福利制度的建立在不同程度上反映了这一目标。①

在劳工政策的制定上，虽然国家与工会具有一致性，但相对来说工会在制度和政策的变迁中处于从属地位。改革开放以来的劳工政策具有鲜明的改革特征，也就是说，劳工政策是与改革大局相适应的，工人本身就是改革所针对的对象，从先后经历了劳动合同制、“优化组合”、三项制度改革、“下岗分流”劳动合同制、“优化组合”、三项制度改革，一直到“下岗分流”等政策阶段。在这些过程中，国企工人逐渐走向市场，改变了旧有的劳动关系，进而改变了工人阶级原有的在国家社会经济中的结构性地位。②当前中国的劳工政策将工人和国家都置于一种不利的境地，国家应对劳资矛盾的策略是引导或强制劳资矛盾进入国家主导的仲裁制度空间，以达到保障劳动者权益、促进生产发展和维护社

① 陈峰：《国家、制度与工人阶级的形成——西方文献及其对中国劳工问题研究的意义》，载《社会学研究》，2009年第5期。

② 陈峰：《国家、制度与工人阶级的形成——西方文献及其对中国劳工问题研究的意义》，载《社会学研究》，2009年第5期。

会稳定的目的，国家倡导从源头化解劳资矛盾，这在一定程度上避免了工人抗争的出现。

第二，市场观念的灌输对工人抗争的缓释。周雪光的研究认为，中国的集体行动不是一个有目的的、理性的组织化过程，而是一个由根植于特定的、制度的、大众性的、自发的个体行为聚合而成的过程，也就是说特定的制度通过制造有着相同利益、相同经验、相同行为方式的“大多数”，为集体行动制造了基础，只要公共领域中的某个突发事件能够触及这个“大多数”，集体抗争就会以难以预想的速度和规模发生。[①]同时，以市场为核心内容的价值观念，也在一定程度上缓释了工人集体团结的潜能。[②]工人在接受了市场观念后并不意味着放弃抗争，只是把抗争的对象针对企业管理者或者地方政府，而不是针对整个国家，而且工人抗争的诉求仅仅围绕着物质利益来进行。这样形成的问题核心就是个人行为基础上的而非质疑整个结构性制度性因素。所以，工人阶级再形成的观点仍然有待商榷，工人阶级在国家制度、政策体系和意识形态灌输的干预下，抗争虽然数量巨大、分布广泛，但仍是断断续续的而非跨地域联合的，远未形成“自为阶级”的集体认同。

第三，工会组织的积极转型。工人在经济诉求基础上提出了

---

① Zhou Xueguang, *Unorganized Interests and Collective Action in Communist China*, *American Sociological Review*, Vol.58, 1993.

② Marc Blecher, *Hegemony and Workers'Politics in China*, *The China Quarterly*, Vol. 170, 2002.

组织工会（改组工会）和集体谈判等诉求。例如，2011 年 11 月 19 日，现代精密塑胶模具有限公司的工人聚集在工厂门口，抗议资方在没有提供任何培训的情况下，强迫工人从事危险工种作业以致造成工伤事故。面对工人集体行动高涨的态势，该地基层工会处于被动应对的状态。有人认为，事件发生后工会进行了较为深刻的反思，承认此类行动与企业缺少工会或者工会没有发挥应有作用有关。囿于传统观念的束缚，工会对工人集体行动的回应以及对自身问题的矫正，仍然局限在传统的工作套路。之后，该省一些地方工会开始顺应工人集体行动的发展趋势，及时调整了工作重点，突出了代表和维护工人权益的职能。例如，2012 年 5 月，深圳市总工会在欧姆电子有限公司进行了工会改选和直选工会主席的活动，受到了媒体的广泛关注。

2. 改革开放以来工会组织化的发展历程

改革开放以前，工人群体主要集中在国有企业，而国有企业工会是按照行政建制设置的，可以说是计划经济单位体制的一部分。1978 年，十一届三中全会把改革开放确定为我国的基本国策。非公有制企业的出现和单位外的工人群体逐渐成为工人群体的主要组成部分，工会对工人群体的组织化经过了一段与之相适应的过程。根据全国总工会组织部和全国总工会基层组织建设部编写的企业工会组建工作培训教材的相关梳理，改革开放后企业工会组建工作大体上可分为六个阶段。①

① 中华全国总工会组织部、中华全国总工会基层组织建设部编：《企业工会组建工作培训教材》，北京：中国工人出版社，2011 年，第 12 页。

1978 年至 1984 年，为非公企业工会组建工作的初创阶段。1979 年，全国人大通过了《中华人民共和国中外合资经营企业法》。这一期间，除了乡镇企业有一定发展外，吸引外资刚刚起步，缺乏经验，立法还不完善，外商投资企业的数量不多，建立工会组织的更少。私营企业工会基本还是空白。到 1985 年底，外商投资企业建立工会组织的只有 365 家，发展会员 8.3 万人。平均每年建立工会组织不到 50 家。

1985 年至 1991 年，为非公企业工会组建工作的提速发展阶段。1985 年 1 月，全国总工会在深圳召开了外商投资企业工会工作座谈会，标志着外商投资企业工会工作开始提上工会工作的议事日程。1988 年到 1991 年底，乡镇企业、外商投资企业和私营企业分别建立工会组织 19523 家、2991 家和 69 家，发展会员分别为 197.2 万人、58.5 万人和 0.3 万人。外商投资企业平均每年建立工会组织 437 家。

1992 年至 1998 年，为企业工会组建工作的加速发展阶段。1992 年初，邓小平南方谈话发表之后，各类企业数量、职工人数迅猛增加，企业劳动关系日趋复杂。1992 年到 1996 年，全国总工会每年都召开全国外商、乡镇、私营企业工会工作会议，先后制定下发了加快外商、乡镇、私营企业工会组建步伐的意见。到 1998 年底，全国新经济组织累计建会 193068 家，发展会员 1227.55 万人。外商投资企业累计建立工会组织 59268 家。从 1992 年到 1998 年的 7 年间，新建工会 56367 家，平均每年新建 8000 多家。私营企业新建工会 50626 家，平均每年新建 7000 多家。

1999 年至 2003 年是企业工会组建工作的飞速发展阶段。随着改革开放的深入和经济的发展，劳动力就业结构发生了历史性变化。我国劳动力人口中过半数在第二、第三产业，其中大部分以工资为主要生活来源。加之国有、集体企业改制，不少工会组织被撤并，工会会员大量流失，在大量既无党组织又无工会组织的新建企业中，劳资关系矛盾日益突出。在 1998 年至 2005 年间，国有企业裁员规模近 3000 万人，被裁人员的工会会员身份随其下岗失业而消失。在国有企业改制的同时，撤并工会组织的现象非常严重，在股份制化的国有企业中，工会被并入党组织的部门中，工会专职干部被裁减，一般只配一名兼职的工会干事；在国有企业改制为私营企业后，工会干部被分流遣散。2000 年，全国总工会在宁波召开全国新建企业工会工作会议，明确了“哪里有职工，哪里就必须建立工会”的建会原则，提出抓住加强非公企业党建的机遇，党建带工建，工建为党建创造条件。这次会议要求各地认真完成组建工作 3 年预期目标，打破了组建工会没有量化指标的历史。例如，1999 年底全国新建企业工会组织数 25 万家，新建企业工会会员数 1300 万人；而到 2002 年底时，新建企业工会组织数增加了 3 倍，新建企业工会会员数也增加了近 3 倍。

2004 年至 2008 年是工会组建持续发展阶段。2003 年 9 月，中国工会十四大要求加快工会组建步伐，充分发挥基层工会组织的作用。2004 年，工会确定了“组织起来、切实维权”的工会工作方针，2006 年明确了“促进企业发展、维护职工群益”的企业工会工作原则，工会基层组织建设工作取得了新进展。各级工会按照党中央提出的工会工作要“扩大覆盖面、增强凝聚力”的要求，工会组建和会员发展取得重大突破。特别是2006年7月29日，沃尔玛深国投百货有限公司晋江店职工在上级工会帮助下依法组建工会，打破沃尔玛不建工会的“惯例”，攻克了跨国公司在华企业组建工会难点，成为自下而上、依靠职工建会的典范。截至2008年9月底，全国企业工会数量达到121.4万个，覆盖单位达275.5万个。

2009年至2016年是企业工会组建工作创新发展阶段。面对90%以上的小型非公有制企业迅猛发展，各级工会总结推广“双措并举、二次覆盖”的经验，大力推动建立基层工会联合会和聘用社会化工会工作者工作。2009年，全国总工会推广了“双措并举、二次覆盖”经验，大力推动建立基层工会联合会和聘用社会化工会工作者，破解小企业工会组建难和维权难的问题。2010年7月，全国总工会作出推动“两个普遍”的部署，要求依法推动企业普遍建立工会组织。各级工会开展了“广普查、深组建、全覆盖”建会集中行动，着力推动非公企业建会。工会组建工作在不断创新中发展，涌现出上海、四川等地建立“楼宇工会”“市场工会”“一条街工会”，把分散流动的职工组织到工会中来；长春、阳泉等地实施“双措并举、二次覆盖”，把工会组织延伸到小微企业；沈阳鲁园劳动力市场率先建立零工市场工会，山东寿光把工会建在农业产业链上，吸纳流动性强的农民工入会等一大批典型经验。2010年7月，王兆国提出推动“两个普遍”的工作要求，力促加快依法推动企业普遍建立工会组织步伐。截至2016年底，全国已建工会基层组织282.9万个，覆盖会员3.02亿人，其中农民工会员 1.39 亿人。

3. 吸纳入会：以对农民工群体的组织吸纳为例

巴林顿·摩尔从对土地贵族（地主）和农民在农业社会向现代工业化社会转变过程中各自发挥的政治作用进行解释，从而分析了自由主义、法西斯主义和共产主义这三条不同的现代化道路的历史发展进程的成因。[①] 摩尔研究的方法论意义在于从社会群体切入，关于工会政治吸纳的群体，包含农民工、新经济组织新社会组织群体、网络平台用工，等等。然而，当前最具有典型学术分析意义的就是农民工群体。

农民工群体是随着工业化、城镇化的发展而逐渐壮大的。农民进城务工为中国经济和社会整体发展发挥了巨大推动作用，也是我国很长一段时间以来所倚重的人口红利。因此，关于“农民工”的提法，其争议一直没有停止过。有的建议用“新工人”代替，有的将其称为真正意义的“工人阶级”等，不一而足。[②] 主要是由于农民工群体在中国社会中的特殊性，半农半工，身在城市根在农村。近年来，关于农民工的研究成果从体制内到学术界，

① ［美］巴林顿·摩尔：《民主与专制的社会起源：现代世界形成过程中的地主和农民》，王茁、顾洁译，上海：上海译文出版社，2012 年，第 3–10 页。

② “农民工”一词是 1984 年中国社会科学院在《社会学通讯》上张雨林教授第一次提出的；国家统计局统计指标解释农民工为“指户籍仍在农村，在本地从事非农产业或外出从业 6 个月及以上的劳动者”。农民工“既非传统意义上的城镇居民，亦非传统意义的农村居民，是一个与农民和市民均不同质的群体”。“农民工”更多的是一个约定俗成的称谓；2004 年中央“一号文件”第一次提出“进城就业的农村劳动力已经成为产业工人的重要组成部分”，这明确指出农民工的职业定位是“产业工人”；2012 年党的十八大报告提出要“加快改革户籍制度，有序推进农业转移人口市民化”；党的十八届三中全会报告中继续沿用了这一说法。

非常充足。笔者主要关注农民工的组织化问题，即农民工是如何通过加入工会被纳入体制内的。

农民工组织化，是指农民工为了获取一定的社会支持，满足一定的社会需求，主动加入社会各类组织的状况和程度。2005 年之前，农民工群体基本没有工会组织、难以获得相应的权益保障，因薪资福利、工伤保险等引起的维权行为越来越多。而“80 后”“90 后”“新生代农民工”相对老一辈而言，更加渴望融入城市社会，对“抱团取暖”的组织化诉求更为强烈。从农民工组织化需求的形态来看，早期农民工主要从先赋性的血缘、地缘关系中获得支持，近年来开始越来越多地向政府和企业要求制度化的组织资源，同时在争取权益的过程中也越来越多地主动寻求社会组织的帮助，此外还力求从城市其他非正式团体中寻求支持。

组织化是工会在促进农民工权益维护工作的重要方式。如何切实提高农民工组织化程度，将这一规模庞大的群体吸引到工会中来，已成为工会面临的一项重大而迫切的任务。近年来，各级工会重视和加强农民工入会工作，取得了一定成效。近 5 年来，全国新增农民工 3172 万人，年均增加 634 万人；新增农民工会员 2145 万人，年均增加 429 万人，全国农民工会员数量呈现与农民工数量同步增长的态势。但从总体上看，工会组织覆盖程度仍然有限，还有相当一部分人游离于工会组织之外。

农民工入会率偏低的原因可以总结为四点：一是“不知道入”。农民工对工会维护其利益诉求的认识性不强。工会直接深入农民工中的宣传引导力度也不够。二是“入了又出”。农民工群体工作流动性大的特点增加了组织农民工入会和会员会籍管理的难度。农民工失业、返乡或频繁换工作，容易脱离工会组织和工会活动。一些工会组织对农民工会员疏于管理，关系接续不及时不规范，使他们成为“口袋会员”，造成了事实上的会员流失。三是“不愿入”。一些地方和基层工会工作及活动内容方式没有贴近农民工需求，服务农民工的力度不够，工会对农民工特别是新生代农民工的吸引力凝聚力较弱。四是“没法入”。农民工相对集中的物流（快递）、家庭服务业、农业专业合作组织等新兴产业的建会工作滞后于产业发展，使得不少农民工仍游离于工会之外，而农民工“短工化”的趋势使得其主动建会的动力不足。

农民工组织化诉求的日益增强与工会覆盖面普遍不高的现状不相协调，使得农民工在正规企业工会组织之外，还在寻求其他组织化的渠道获取资源，主要包括：一是各种各样的农民工自组织或群体，如同乡会、同学会、工友会等。农民工自组织或群体一般较为松散，依靠地缘关系或业缘关系联络形成复杂的社会关系网络，对农民工的离乡就业、人际交往、休闲活动、维权等提供帮助、产生影响。这类老乡、亲友、工友等非正式关系网络，是农民工外出务工生活的重要社会支持，也是其诉求表达和权益维护的主要资源。二是形形色色的劳工 NGO 等社会组织，为农民工提供维权、培训、文化、援助等服务。三是一些地区帮派团伙和教会组织。这样一些非正式团体也成为部分处于边缘地位的农民工参与活动的组织力量。

关于工会吸收农民工入会，主要可以从以下几个维度进行分析：

第一，制度模糊性与最大限度地把农民工组织到工会中来。制度模糊性是历史制度主义者分析渐进性制度变迁时使用的主要概念，在他们看来，制度都是具有模糊性的，也就是制度的边界和规则并不是完全一成不变的，也不是不可撼动的，即“规则与解释”以及“规则与执行”之间存在空隙，这就为如何解释制度（规则）提供了运作的空间，从而可以重构制度变迁的方向。所谓制度模糊性指的是制度变迁的推动者利用制度的模糊性，重新定义和界定制度，使制度的功能和效果向自己希望的方向发展。从工会吸纳农民工群体的过程来看，具有比较典型的制度模糊性特征，主要集中在如何界定“工人阶级”这个政治性概念上。通过扩大工人阶级概念的外延，使“农民工成为工人阶级一部分”赋予合法性，从而为农民工加入工会的政策制定和执行提供法理依据。

第二，增加农民工制度供给。通过文件、报告等形式，为农民工入会提供政策依据和要求，明确工会在服务农民工方面的责任，提高对农民工入会和服务工作的重视程度。2003 年，中国工会十四大报告指出，“农民工已经成为我国工人阶级的新成员和重要组成部分”，农民工入会首次被写入大会报告中；2010 年，中华全国总工会制定了《中华全国总工会 2011—2013 年推动企业普遍建立工会组织工作规划》，首次提出将农民工、劳务派遣工在内的广大职工最大限度地吸收到工会组织中来。2013 年，时任中华全国总工会主席李建国在中国工会十六大报告中进一步提出，“促进农民工、困难企业职工公平享有社会保障权利”，“贯彻落实《劳动合同法》，遏制滥用劳务派遣工行为，推动实现同工同酬、同工同权”，“推动实现基本公共服务均等化，促进农民工逐步融入城市”。2015 年 4 月，全国总工会下发了《关于开展“农民工入会集中行动”实施方案》，对农民工入会的目标任务、重点领域、主要措施等方面提出了明确要求。2015 年 6 月 15 日，全国总工会十六届七次主席团会议上，时任中华全国总工会主席李建国再次强调，要进一步做好新形势下农民工的服务工作，最大限度地把农民工组织到工会中来。

第三，对农民工典型代表的政治安排。在党的十八大上，工人党员代表由党的十七大时的 51 名增加到 169 名，占代表总数的 7.4%，提高了 5.1 个百分点。党的十九大省区市、中央金融系统和中央企业系统代表中，生产和工作第一线党员所占比例超过 1/3。知识型新型工人、农民工楷模巨晓林当选为中华全国总工会副主席。农民工尤其是新生代农民工在各级党代会、人大和工会代表大会及企业职代会中的比例逐步提高。

4. 工会“组织起来”的行动策略：以沃尔玛组建工会为例

跨国公司沃尔玛在中国成立工会是工会组织化的典型案例。一方面，沃尔玛公司是外资企业在中国的一个代表，2010 年，沃尔玛公司在世界 500 强企业中排名第一。另一方面，沃尔玛公司一直在国际上以坚决不成立工会著称，不管是中国还是其他国家，都没有成功建立工会的经验。在美国，沃尔玛成功运用法律缺陷抵制了工会的建立。[①] 因此，将沃尔玛成立工会作为个案分析工会

① Nelson Lichtenstein, *How Wal-Mart Fights, Unions Minnesota Law Review*,2008 (92):1462.

组织化的行动策略是比较合适的。

（1）GDP 主义下地方政府与资本具有共生性，缺乏组建工会动力

改革开放以来，“姓资姓社”争论消失以后，“以经济建设为中心”显然成为唯一的政治正确。无论是中央政府还是地方政府，对于 GDP 的增长数据，都具有特别的偏好。1994 年分税制改革后，中央与地方六四分成，使得地方政府“逐利”特征更加明显。从 1994 年到 2003 年，GDP 主义是基本的指导思想。①

随着市场经济的发展，在私营企业中特别是外资企业中组建工会，工会对行政资源的利用也经常会面临较大阻力。一方面是国家对市场的控制力在减弱，这种减弱是国家主动放权的结果，给了外资企业和合资企业成长的空间；另一方面，行政干预市场的决策取决于是否有利于经济发展，当外资企业以引进外资的“面貌”出现，成为地方政府税收的来源时，政府其实是与资本站在一起的。因此，组建工会与经济发展在地方政府党政看来，具有内在冲突性。因为促进经济发展、GDP 指标是地方官员政治行为的主要指向，是“大局”和“硬道理”，经济增长成为国家的最高政策目标和政府认同性的源泉，② 而组建工会不会成为地方党政的“硬指标”，对经济发展带来的正面影响无法一下子变现，因此

---

① 李友梅、黄晓春、张虎祥等著：《从弥散到秩序：“制度与生活”视野下的中国社会变迁》，北京：中国大百科全书出版社，2011 年，第 210 页。

② 岳经纶：《科学发展观：新世纪中国发展政策的新范式》，载《学术研究》，2007 年第 3 期。

对地方党政主要负责人的政治激励要小得多。

从地方党政对待沃尔玛组建工会的态度来看，工会与地方党政并不完全具有共同的利益诉求和行动取向。在沃尔玛晋江店筹建工会的工作紧锣密鼓展开过程中，一位上级领导得知晋江沃尔玛工会准备建立的情况后，考虑各方面的因素后，提出要慎重行事，要求他们在晋江店成立工会前与沃尔玛沟通，对方同意就建立，不同意就缓建。得知此情况的时任中华全国总工会副主席徐德明，在赶往泉州的路上，立即给傅福荣发短信："建会坚定不移，这是我的态度。"在建会过程中，地方党政并未出面支持，同时为了免责，尽量采取了回避的态度。据一份材料报道："在29日的工会成立仪式上，原定参加仪式的当地党政领导因故没有到场，中华全国总工会及其省市总工会的负责同志出席，现场表现为较纯粹的群众组织成立仪式。"

（2）谋求政治上的道义制高点为工会组织化提供合法性来源

科学发展观和和谐社会是中国社会与市场再平衡的重要转折，在这个大背景下，工会作为社会建设的一部分，组建工会行动上也具有相对合法性。2003年9月28日，胡锦涛发表重要讲话，充分肯定了中国工人阶级和工会组织为深化改革、促进发展、维护稳定做出的巨大贡献，强调要加大非公有制经济单位工会组建工作的力度。2006年3月29日至30日，全国工会推进外商投资企业工会组建工作座谈会在北京召开，这是近年来全国总工会召开的一次较大规模会议，在京的全国总工会领导、各地工会的主要领导都参加了这次会议。时任中华全国总工会党组书记孙春兰在会上强调，要认清形势，提高认识，切实增强做好外资企业工会组建工作的责任感和紧迫感；要积极争取党政的重视和支持，形成推进外企建会的整体合力；要面向职工群众，加大宣传职工、组织职工的工作力度；要打破常规，大胆创新工会组建的工作方式；要加强领导，改进作风，务求外企建会工作取得实效。在这次会议上，沃尔玛长期抵制建会的问题自然成为议论的焦点。时隔不久，2006 年 4 月 21 日，时任中华全国总工会主席王兆国在一篇题为《不是沃尔玛牛，而是工会不牛》的要情摘报上作出重要批示，表达了他突破沃尔玛工会问题的坚强而有力的决心。孙春兰也在此件上批示："成立工会需要业主同意？还是依法走工人自愿的路子，我看依靠职工是解决沃尔玛工会问题的关键。"此后，王兆国在 2006 年 5 月 10 日的全国工会领导干部高级研讨班以及 2006 年 7 月 5 日的全国总工会十四届执委会主席团第九次全体会议上，分别要求要锲而不舍地推进沃尔玛工会建立，突破了难点能够带动面上的工作。

（3）工会与企业的互动与斗争策略

为突破沃尔玛公司建会，全国总工会作为中国工会的最高领导机关，直接面对沃尔玛公司开展工作。这在新中国成立以来也是前所未有的。改革开放以来，中国工会在企业建会的一般模式可以概括为"自上而下"的国家主导模式，即利用工会的政治资源，从体制内扩展到体制外，从机关到企业，各级工会按照组织架构的层级各自作辖区企业工作组建工会组织，这样导致工会不可避免地带有行政化色彩。正如沃纳等人认为，工会组建以及推进集体协商是国家行为，为的是在企业这个国家权力撤出后的空间，由工会组织填补权力真空从而重建国家对企业劳动力的控制。[①] 而如何面对市场经济条件下的外资企业，中国工会是没有相关经验的。

在沃尔玛建会策略中，经过了“接触—互动—斗争—讲和”四个阶段，整个过程的主体为全国总工会及其有针对性选择的地方工会和沃尔玛公司。

在接触阶段，总体来看，沃尔玛公司相对掌握着主动权。全国总工会对沃尔玛公司等坚决拒绝建立工会有些束手无策，因为全国总工会主要建会手段是通过依靠自上而下的推动，也就是依靠体制内资源的权威性，而对外资企业，这种权威资源失去了足够的控制力。全国总工会只有通过召开新闻发布会曝光等进行谴责。

在互动阶段，沃尔玛公司中国总部在 2004 年 11 月 24 日的《法制日报》上，发表了一份有关工会问题的声明，强调沃尔玛没有建会是员工没有提出相关要求。2004 年 11 月 26 日，全国总工会紧急召开了“第一次推进会议”，有关 13 个省（区、市）总工会和 19 个城市工会业务部门负责人，共 30 余人在北京参加了会议。会议提出实行全国工会上下联动，推动沃尔玛建立工会，并规定各地工会主要领导亲自出面，与企业经营者进行沟通，推进

① Warner, M. & SekHong Ng 1999, *Collective Contracts in Chinese Enterprises: A New Brand of Collective Bargaining under Market Socialism? British Journal of Industrial Relations*, 37(2).

情况每 10 天向全国总工会汇报一次。此后，各地采取统一行动，展开了对沃尔玛的强烈攻势。2005 年 7 月 25 日，全国总工会推进外资企业工会组建工作领导小组巧妙地抓住厦门市总工会发动职工、依靠职工建立太古飞机工程公司工会的成功经验，召开“第二次推进会议”。从这次会议开始，全国总工会要求各地工会转变建会思路，将以往主要精力放在与经营者沟通的建会工作方式，转到下大力气贴近职工、宣传职工、依靠职工、组织职工建会上来。

在斗争阶段，全国总工会在福建泉州召开了沃尔玛门店所在城市工会主席座谈会。之所以选择泉州，是因为那里的党委和政府对工会工作高度重视，工会工作外部条件优越；泉州区位优势明显，已从招商引资过渡到招商选资；泉州的工会领导班子比较具有开拓精神。全国总工会认识到依靠企业建会已经行不通，沃尔玛等跨国公司一再声称，依照法律组建工会是职工的事情，因此“你们应当找职工，不要找企业。以其人之道，还治其人之身。我们再不可勉强为之，一味地去找资方做无谓的沟通了，一定要转变思路，坚持在党委领导和政府支持下，依靠职工，加大投入，借助媒体。这是解决沃尔玛工会问题的‘三大法宝’”[①]。其工作方式是秘密发展会员，一旦时机成熟，就宣布成立工会。[②]南京市总

① 长缨编著：《创举：沃尔玛（中国）工会建立纪实》，北京：中国工人出版社，2011 年，第 22 页。

② 长缨编著：《创举：沃尔玛（中国）工会建立纪实》，北京：中国工人出版社，2011 年，第 22 页。

工会主席陈四明当即决定拿出 10 万元专项经费，加强宣传职工、组织职工的工作。他回到南京后给市总工会组织部郎岳下了“死命令”：“我这一生只这一次说这样的狠话，你拿不下沃尔玛就自动辞职！”那段时间，傅福荣每天都会接到徐德明的电话，询问他“粮食搞到没有”。

当事人后来回忆，整个突破过程很有革命年代地下斗争的意味，这也从另一个侧面说明，工会并非没有善于做群众工作的基因：

沃尔玛晋江店，距晋江市中心 4 公里、泉州市 10 公里。2005 年 11 月开业，有员工 400 多人，在沃尔玛零售店编号“1035”。2006 年 7 月 28 日晚，徐德明、张鸣起带众多中央媒体的记者来到泉州，他们要在沃尔玛晋江店工会成立的关键时刻靠前指挥，亲自督阵，并且见证这一历史性时刻。令人意想不到的是，有消息传来，沃尔玛晋江店突然通知员工 29 日上午 8 点进行消防演练。这分明是店方得到了消息，意图打乱他们定于 29 日上午 9 点成立工会的计划。对方变我也变，决策者们当即决定把工会成立的时间提前到当夜；一会儿又传来消息，沃尔玛的消防演练也改在了当夜进行。以变应变，指挥部横下一条心，开弓没有回头箭，现在没有退路了，只要他一停止演练，会员就会连夜成立工会！徐德明等背水一战了。成立工会的时间提前到当夜 23 时。泉州市总工会的领导和有关人员分别行动，把参加会议的会员分批接到泉州华侨大厦，有的会员要等到下了夜班才接来。泉州市委秘书长、市总工会主席吴汉民说，车不够把我的车也派去接会员。新闻媒体的记者们这时已经休息了，闻讯都迅速爬起来进入了临战待命状态。23时30分，沃尔玛晋江店成立暨第一次会员大会正式开始。傅福荣说，员工真的是胜利之本，那时如果会员到不了场，谁在场都没有办法，都是干着急。会员大会严格按法定程序进行，开的有板有眼，无可挑剔，直到29日凌晨2点多才结束。根据选举结果，泉州市总工会当即批准柯云龙为沃尔玛晋江店工会主席。

在讲和阶段，当中国工会取得了组织化主动权后，双方和谈符合各自的利益最大化诉求，也体现了中国工会合作主义的价值取向。也就是说，中国工会并非通过罢工等与企业正面冲突的形式，而是主张劳资协商最终达到劳资两利，因为从长远来看，只有企业发展了，工人的利益才能得到发展。正如全国总工会有关部门负责人在答记者问中说："双方完全可以在法律的轨道上求得统一、实现平衡，建立起劳资两利的关系。"①

（4）工会政治动员与职工政治参与有机结合

亨廷顿在考察发展中国家的政治现代化进程时，将组织化的政治参与作为政治现代化的标志之一，并对产业工人组织工会的状况做了详细的分析。亨廷顿认为，正是在政治现代化进程中，公民对政治参与的强烈要求同政府不能提供足够的路径保证其参与之间的矛盾，导致了政治不稳定，进而影响了政治现代化进

① 谢玉华：《中国劳动关系的治理变革》，北京：中国工人出版社，2017年，第160页。

程。[①]也有学者认为，在集体劳动关系的生成、发展和成熟的全部过程中，工人（劳方）始终先行，工人的团结意识、群体聚合与集体行动生成了最初的集体关系，催动了关系的发展并促进了关系的成熟。[②]

在沃尔玛组建工会进程中，上级工会对职工政治参与时机的把握和有效动员，与中国工会早期动员模式十分类似，而对市场经济条件的充分认识和对大众媒体的利用，则较好地进行了突破，即“探索出一条符合社会主义市场经济发展的工会工作新路子”，主要要素包括：必须坚持在党的领导下依照法律和章程独立自主地开展工作；必须把依法维护职工的组织权作为工会维权的重要内容；必须坚定地走启发和依靠职工建会的路子；必须加大上级工会依法指导和服务基层的力度；必须牢牢掌握基层工会的领导权和主导权；必须重视舆论导向对推动工会工作的巨大作用。[③]

从政治动员来看，统一思想是党开展工作的必备程序。在全国总工会层面，成立了由时任中华全国总工会副主席、书记处书记徐德明为组长，时任中华全国总工会纪检组长、书记处书记张鸣起为副组长的中华全国总工会推进外资企业建会工作领导小组，领导小组办公室设在基层组织建设部，该部部长郭稳才任办公室

---

① ［美］亨廷顿：《变化社会中的政治秩序》，王冠华、刘为等译，上海：上海世纪出版集团，2008年。

② 段毅、李琪：《中国集体劳动关系的生成、发展与成熟——一个自下而上的分析视角》，载《中国人力资源开发》，2014年第23期。

③ 长缨编著：《创举：沃尔玛（中国）工会建立纪实》，北京：中国工人出版社，2011年，第88-89页。

主任。

在具体组织动员过程中，从群众中来、到群众中去的群众工作方法真正发挥了作用。傅福荣曾说，本来职工组建工会是为了保护他们自己利益的，绝不能让他们因为组建工会而失去自己的利益或让他们的利益受到损害。为了符合《中华人民共和国工会法》规定的“工会的建立一定要基于工人自愿的原则之上”，泉州工会组织工作人员到沃尔玛晋江店进行组织动员，包括提供力所能及的服务，比如赠送防暑降温慰问品等，同时发出一封慰问信。信中陈述了入会的十大好处，如子女上学送温暖、过节返乡代买票等。这种细致足见当地工会在组织和动员能力上的“与时俱进”。

从职工政治参与角度来看，员工有组织起来的切实需求。新当选的沃尔玛晋江店工会主席柯云龙在成立大会上的讲话中提道：“作为新时期的职工，作为祖国的年青一代，我们有参与经济建设的热情，更有关心国家大事、依法参加政治生活的强烈愿望。”2006 年 7 月 21 日，30 名员工冒着被店方开除的危险，向泉州市总工会递交了要求建立沃尔玛晋江店工会的申请，表达了他们依法组织和参加工会的愿望。

二、制度化：工会制度的再生产、变迁与绩效

在福山看来，中国政治进程虽然还不是成熟的法治，但确实是一种制度化（institutionalization）的过程，而中国所取得的成功

很大程度上就归功于这种制度化。[①] 总体来说，改革开放以来的工会角色调适和功能变迁就是一个制度化过程，即制度再造的过程，如果说组织化指的是工会与工人的互动过程，即工会对工人不同类型群体的组织吸纳，那么这里我们要关注的问题是：随着改革开放的深入，工会作为一个行为主体，指导其运行的各种规范即制度机制到底发生了哪些变化？这些规范（正式和非正式）是否形成了新的制度模式？这种制度变迁是如何发生的？其绩效如何？从理论上看，这种中观层面的制度变迁适用历史制度主义范式来解释。[②] 本书不仅关注如何解释工会制度体系的变迁过程，而且尝试解释为什么工会的一些制度设计体现出无效性。同时，制度化不仅是制度的生产过程，也是中国工会制度纳入政党—国家政治体系的过程。

1. 工会制度体系再生产的“历史脉络”

关于制度，最经典和普遍的定义莫过于制度经济学的开创性人物诺思教授在《制度、制度变迁与经济绩效》中对制度（institution）的基本理解是：“制度是一个社会的博弈规则，或者

① 2015 年 11 月 4 日，弗朗西斯·福山在清华大学举行了题为“中国和美国政治改革挑战”的主题讲演。

② 霍尔从三个层面提出了制度的含义：宏观层面的制度是指与民主主义和资本主义相关的基本组织结构，中观层面的制度是解释各国政策差异的主要变量，代表性的制度包括能够体现工会的组织化和集权化程度的劳动组织的结构，围观层面的制度指的是公共组织的标准化惯例、规定和日常程序。一般来说，历史制度主义关注的是霍尔界定的第二个层面，即能够在行为者和宏观结构之间搭起桥梁的中观层面的制度。参见［韩］河连燮：《制度分析：理论与争议》，李秀峰、柴宝勇译，北京：中国人民大学出版社，2014 年，第 25 页。

更规范一点说，它们是一些人为设计的、型塑人们互动关系的约束。”[①] 诺思接着指出：“制度变迁（institutional change）决定了人类历史中的社会演化方式，因而是理解历史变迁的关键。”[②] 他也正是因为其新经济史理论和大视角的制度变迁理论，而获得1993年的诺贝尔经济学奖。在这部著作中，诺思一再指出，按照他的理解，制度基本上由三个部分构成：“正式的规则、非正式约束（行为规范、惯例和自我限定的行事准则）以及它们的实施特征（enforcement characteristics）。”[③] 与诺思类似，霍尔认为，制度是“建构政治与经济的不同单位之间关于人际关系的正式规则、执行程序和标准运行程序”[④]。按照新制度主义对“制度”的界定，工会中的制度体系主要有三个层面：一是工会组织本身，一般来看，机构或组织设置自身就是一种重要的制度形式；二是工会运行中的各种规则，包括《中华人民共和国工会法》《中华人民共和国劳动法》《中华人民共和国劳动合同法》等法律法规，也包括劳动关系运行中的一整套制度机制；三是历史形成的关于工会的非正式约束观念，如把工会作为类同于政府部门、有行政级别、官僚制运作的组织，这种观念建构和型塑了工会的职能发挥，对此，

① ［美］道格拉斯·诺思：《制度、制度变迁与经济绩效》，杭行译，上海：格致出版社、上海三联书店、上海人民出版社，2014年，第3页。

② ［美］道格拉斯·诺思：《制度、制度变迁与经济绩效》，杭行译，上海：格致出版社、上海三联书店、上海人民出版社，2014年，第3页。

③ ［美］道格拉斯·诺思：《制度、制度变迁与经济绩效》，杭行译，上海：格致出版社、上海三联书店、上海人民出版社，2014年，序言第5页。

④ ［美］盖伊·彼得斯：《政治科学中的制度理论：新制度主义》，王向民、段红伟译，上海：上海人民出版社，2011年，第75页。

我们将在下一节专题讨论。这里，我们集中讨论第二种制度形式，即工会运行中的各种规范性规则，一般以法律和制度机制的形式出现。与工会相关性比较高的法律有《中华人民共和国工会法》《中华人民共和国劳动法》《中华人民共和国劳动合同法》《中华人民共和国就业促进法》《中华人民共和国社会保险法》《中华人民共和国劳动争议调解仲裁法》等，工会运行中形成的制度机制较多，如劳动关系三方协调机制、劳动合同和集体合同制度、以职工代表大会为基本形式的职工民主管理制度、劳动法律法规监督检查制度等。为了进一步聚焦和便于解释制度变迁，我们主要考察与工会关系最密切的劳动关系领域制度的产生、变迁及绩效。

改革开放后，随着我国经济体制的转变，劳动用工制度也随之发生变化。三十年间，企业内部人事、劳动、分配制度实现了从由计划决定到由市场决定，由行政命令到法治规范的过程。回顾发展社会主义市场经济以来我国社会主义新型劳动关系建立完善的发展历程，可以清晰地看到，随着法治化进程的深入，协调劳动关系对法治的依存度越来越高。为了适应从计划经济条件下劳动关系向市场经济条件下劳动关系的转型，二十年来，我国制定了一系列调整和规范劳动关系的法律法规。比如《中华人民共和国劳动法》确立了基本劳动制度，对促进就业、劳动合同和集体合同、工作时间和休息休假、工资、劳动安全卫生等事项作出规定，为保护劳动者的合法权益、调整劳动关系提供了基本的法律遵循等。这些协调劳动关系的法律以及与之配套的大量行政法规、地方法规、政府规章，与我国劳动用工制度改革同步，逐步勾勒出我国劳动法律体系的基本框架，进一步规范了劳动关系双方利益格局调整的方法手段。

目前，我国协调劳动关系的制度安排主要有：协调劳动关系三方机制、劳动合同制度、集体协商制度、劳动争议调处制度。在这四项制度中，协调劳动关系三方机制是宏观层面的制度安排，通过协调劳动关系各方共同参与法律法规以及相关政策的制定，来为各种微观协调劳动关系的制度奠定基础、提供规则依据。劳动合同制度、集体协商制度和劳动争议调处制度作为微观层面的制度安排，以劳动关系领域的法律法规和相关政策为依据，对劳动关系的建立、运行以及终止全过程进行具体规范。宏观规范为微观调整提供依据，而微观调整的实践又能促进宏观规范的不断完善，两者互为基础、相互促进。从这四项制度的内在关系来看，集体协商制度担纲协调劳动关系工作的主线，贯穿化解劳动关系矛盾过程的始终。集体合同制度上承劳动法律法规和相关政策确立的劳动基准，下启个体劳动合同，克服单个劳动合同签订过程中双方力量不对等的先天不足，在协调劳动关系的各项制度中发挥着主导作用。对于劳动合同制度，集体合同制度除了能够进行“兜底性”保护外，还能对劳动合同进行不断的规范，促进劳动合同制度的完善。此外，集体合同制度是一种有效的劳动争议调处手段，本身就已包含集体劳动争议的调处和解决方案。当前劳动争议呈井喷式增长，与集体合同制度作用发挥不够充分、不理想密切相关。一旦集体合同制度得到很好的贯彻落实，很多劳动关系矛盾就会化解于企业内部。而且从宏观层面来看，协调劳动关系三方机制最重要的内容就是推动集体协商制度的落实，这是我国协调劳动关系三方机制的发展方向。

（1）劳动合同制度是从单位制的父爱主义到平等契约主体关系的重要起点

改革开放以来工会的制度再造是从劳动合同制度开始的，我国劳动合同制度是随着计划经济向市场经济转变以及市场经济体制逐步健全完善而建立、发展和完善起来的，目前这项制度已经在我国建立并且发挥了积极作用（如图 17 所示）。新中国成立后，特别是从 1956 年社会主义改造基本完成一直到 20 世纪 70 年代后期，在这一段相当长的时期内，我国实行的是高度集中统一的计划经济体制，用人单位的用工数量、用工形式和用工办法，都

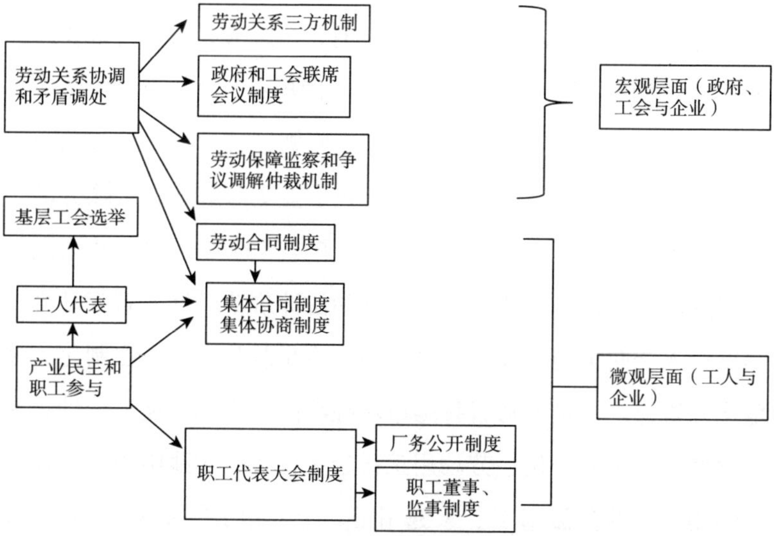

图 17　我国劳动关系和产业民主制度体系

要由国家通过行政手段进行计划和控制，国家通过建立“统包统配”的劳动力用工制度，形成了以固定工为主、兼以少量临时工为补充的“铁饭碗”用工模式，劳动关系实质上已经成为国家与劳动者之间建立的一种能进不能出的“终身制”关系。这种劳动用工模式，主体僵化且类型单一，统得过死，包得过严，原本应当成为劳动关系双方主体的用人单位和劳动者都没有相互选择的自主权。20 世纪 80 年代，随着经济体制改革的逐步深入，我国也同步开始对计划经济体制下的固定用工制度进行改革，逐步推行劳动关系双方自主选择的劳动合同制度。1983 年，我国开始在部分国有企业试行劳动合同制度，1986 年，国务院发布了《国营企业试行劳动合同制度暂行规定》，开始打破劳动用工制度上的“铁饭碗”。1992 年，市场经济体制目标的确立，意味着劳动关系必须随之进行市场化转型，1994 年 7 月，全国人大常委会审议通过了《中华人民共和国劳动法》，该法明确规定，建立劳动关系应当订立劳动合同，并对劳动合同的订立原则、订立形式、劳动合同内容、劳动合同期限、劳动合同终止、变更和解除，解除劳动合同的经济补偿、无效劳动合同等作出了详尽的规定。《中华人民共和国劳动法》将签订劳动合同上升为法律规范，标志着劳动合同制度进入全面实施阶段，劳动合同制度也从此走上了法制化、规范化的轨道。但是，随着我国市场经济的建立和发展，劳动关系随之发生了重大变化，劳动用工日趋多样化，实践中也出现非全日制用工、劳务派遣工、家庭用工、个人用工等新型劳动关系，仅靠《中华人民共和国劳动法》的规范已经显得捉襟见肘，有必要专门制定一部法律对劳动合同制度作出全面系统规范。为此，2007 年，全国人大常委会通过了《中华人民共和国劳动合同法》。作为我国调整劳动关系的一部重要法律，《中华人民共和国劳动合同法》的出台为完善劳动合同制度、协调劳动关系、保护劳动者合法权益提供了重要法律依据。2012 年，全国人大常委会又针对实践中劳务派遣用工制度被滥用的突出问题，通过了《关于修改〈中华人民共和国劳动合同法〉的决定》，对劳务派遣用工作出了进一步的具体规范。各地也依据《中华人民共和国劳动法》《中华人民共和国劳动合同法》和《中华人民共和国劳动合同法实施条例》等法律法规，结合本地区实际制定出劳动合同地方条例或政府规章。回顾劳动合同制度在我国的建立和发展过程，可以清晰看到，劳动合同制度伴随社会主义市场经济体制的建立和完善而同步发展，已经成为一项协调劳动关系的制度安排，体现了发展社会主义市场经济的内在要求。

《中华人民共和国劳动法》和《中华人民共和国劳动合同法》的颁布实施，为建立中国特色社会主义新型劳动关系，健全劳动保障制度，保护劳动者合法权益，提供了有力法律保障，劳动合同工作取得了较大的进展。从 2008 年和 2011 年全国人大常委会执法检查组对《中华人民共和国劳动合同法》实施情况的检查情况来看，全国劳动合同签订率有明显上升。截至 2014 年底，全国企业劳动合同签订率达到了 88%。国家统计局发布的《2014 年全国农民工监测调查报告》显示，2014 年与雇主或单位签订了劳动合同的农民工比重为 38%，近年来变化不大，始终徘徊在一个较低的水平；劳动合同短期化，2012 年全国职工队伍状况调查显示，劳动合同期限在 3 年以下的占 46.3%，其中不满 1 年的占 7.5%，在劳务派遣工中，约半数人签订的劳动合同不满 2 年，其中不满 3 个月的占 6.3%，不满 1 年的占 16.2%；劳动合同签订不规范，实践中有一部分企业把自己的意志强加给劳动者，订立“霸王合同”或不平等的“一边倒合同”。据 2012 年全国职工队伍状况调查显示，在签订劳动合同时，经与用人单位协商或者讨价还价后再签字的职工仅占 13%，与 2007 年全国职工队伍状况调查的 50.7%相比，出现了大幅度下降；劳动合同履行不到位。这些劳动合同制度在实行中出现和存在的问题，虽然表现形式各异，但是归结为实质性的一点，就是劳动合同制度虽然建立起来，但是并没有全面彻底地贯彻落实下去。

（2）集体协商制度是从个体劳权到集体劳权的重要跨越

新中国成立初期我国就有集体合同的实践，社会主义改造完成后集体协商就自然取消，是社会被国家吞噬的结果。在公有制的条件下，劳资的冲突被代表国家的企业管理者与被管理者的矛盾取代。社会主义市场经济的建立标志市场作为重要的主体力量从国家剥离出来，也作为不断建构和型塑社会的核心力量。社会主义市场经济条件下，劳动关系的冲突实质凸显出来，集体协商制度再度进入顶层设计的视野，同时从一些劳动关系协调案例来看，市场主体劳资双方对集体协商的需求和制度创新，也为集体协商制度化水平不断提高做出了贡献。

总体上看，我国集体协商制度是伴随社会主义市场经济体制的建立和完善特别是劳动关系领域的深刻变化，在探索实践中逐步建立和发展起来的。集体协商制度在我国最早起源于劳动立法运动，1922 年，中国劳动组合书记部在《劳动法大纲》中明确提出：“劳动者有缔结团体契约权”，把通过集体协商缔结集体合同作为工人运动的斗争纲领之一。1930 年，全国苏维埃区域代表大会通过的《劳动保护法》明确规定：“工会为代表工人利益机关，有代表工人与雇主缔结团体契约之权。”1931 年，中华工农兵苏维埃第一次全国代表大会通过了《中华苏维埃劳动法》，对建立集体协商制度作出规定，并对集体合同内容的法律效力提出了具体要求。1940 年，陕甘宁边区总工会制定了《陕甘宁边区战时工厂集体合同准则》，并经边区政府批准。新中国成立后，集体协商制度经历了一个比较曲折的发展过程。1949 年 9 月，中国人民政治协商会议第一次全体会议通过的具有临时宪法作用的《共同纲领》规定：“私人经营的企业，为实现劳资两利的原则，应由工会代表工人职员与资方订立集体合同。”1949 年 11 月，全国总工会发布了《关于私营工商企业劳资双方订立集体合同的暂行办法》，对集体合同的内容、订立集体合同的原则及程序、期限等一系列问题做出规定。1950 年 6 月，由中央人民政府颁布的《中华人民共和国工会法》明确规定：“在国营及合作社经营的企业中，工会有代表受雇工人、职员群众参加生产管理并与行政方面订立集体合同之权，在私营企业中，工会有代表受雇工人、职员群众与资方缔结集体合同之权。”1953 年，纺织、铁路、电力等产业部门先后在企业广泛推行集体协商。1956 年，随着对资本主义工商业的社会主义改造基本完成，中国开始实行高度集中的计划经济体制，集体协商制逐步停止实行。

早在20世纪90年代中期，以贯彻实施《中华人民共和国劳动法》为契机，全国总工会提出，平等协商和签订集体合同是工会调整劳动关系的重要法律手段。平等协商和签订集体合同抓住了贯彻实施《中华人民共和国劳动法》的主要矛盾，就是牵住了“牛鼻子”，就会起到“牵一发而动全身”的作用。为把这一部署真正落到实处，1994年12月，召开的全国总工会十二届二次执委会提出把推行集体合同制度作为工会工作的首要抓手，以国有、集体企业为重点，同时在其他非公有制企业开展集体合同工作。全国总工会、劳动部、国家经贸委、中国企业联合会/企业家协会联合或单独下发指导性文件，并出台了《集体合同规定》等多部规章制度。在这一阶段，各地培育推广典型经验，积极探索多种形式的集体协商制度。2001年8月，国家建立协调劳动关系三方会议制度，将推进集体协商制度作为三方协商的重要内容，研究解决推进集体协商工作中的突出问题。当年10月，修改后的《中华人民共和国工会法》正式颁布，各地据此相继制定和颁布了《中华人民共和国工会法》实施办法和集体合同条例等一批地方性法规，将集体协商工作进一步纳入法制化轨道。对推进集体协商工作进行新的部署，促进形成“党委重视、政府支持、各方配合、合力推进”的集体协商工作新格局。2004年，全国总工会召开了“全国工会集体合同工作经验交流会”。各地抓住有利时机，以工资集体协商为重点，同步推进行业性、区域性集体合同工作，把集体合同工作继续推向深入。2008 年 4 月到 2010 年 6 月，全国总工会先后在浙江、山西、辽宁 3 次专题召开全国工会工资集体协商经验交流推进会。各地按照全国总工会的部署，着力抓好以工资为主要内容的集体协商工作，推动集体协商工作不断拓宽领域、深化内容、创新形式、完善制度，在扩大覆盖面的同时，进一步增强实效性。2014 年以来，全国总工会先后制定下发了多个指导性文件，进一步明确了集体协商新的工作方向、目标任务和工作重点，推动集体协商工作重心转移到提升集体协商质量上来。各地工会积极贯彻文件精神，突出集体协商提质增效主线，狠抓工作落实，深化集体协商工作取得明显进展。截至 2014 年 9 月，全国签订集体合同 252.4 万份，同比增长 4.3%；覆盖企业 686.4 万家，同比增长 8.5%；覆盖职工 2.99 亿人，同比增长 4.2%。

（3）产业民主结构的制度化：民主管理制度的发展进程

改革开放以来，职工代表大会制度经过恢复、发展、提高，形成了完整的组织制度和工作制度，成为具有中国特色的企业民主管理制度的基本形式。关于改革开放初期到 1986 年的《全民所有制工业企业代表大会条例》的职工代表大会制度发展，在第五章已有论及，这里不再赘述。

1993 年,《中华人民共和国公司法》对职工董事、职工监事制度作出规定，全国总工会 1995 年下发了《关于加强现代企业制度试点企业工会工作和职工民主管理的若干意见》。1994 年,《中华人民共和国劳动法》确立了平等协商、集体合同制度。1998 年以来，厂务公开从试点到全面推进。2002 年中办、国办下发《关于在国有企业、集体企业及其控股企业深入实行厂务公开制度的通知》，标志着厂务公开工作进入深入开展的新阶段。与此同时，一些企事业单位探索了职工民主管理委员会、民主议事会、劳资恳谈会、经理（厂长）信箱、联络员、接待日等其他民主管理形式。目前，我国已形成了以职代会为基本形式、多种民主管理形式相辅相成的企业民主管理制度体系。

2004 年，全国总工会下发《关于进一步加强非公有制企业职工民主管理工作的通知》，推动民主管理在非公有制企业的开展。随着企业规模和治理结构的发展，集团企业以及中小企业都先后建立与其相适应的职工代表大会。2010 年 9 月，全国总工会下发《关于推行区域（行业）职工代表大会制度的意见（试行）》，提高了非公有制企业职工代表大会的建制率。对国有企业，2011 年，全国总工会与全国厂务公开协调小组成员单位联合下发了《关于进一步做好职工代表大会民主评议国有企业领导人员工作的意见》。2012 年，下发了《关于在推进事业单位改革中加强民主管理工作的通知》。从 2012 年开始，深入开展“公开解难题、民主促发展”主题活动。截至 2014 年 9 月底，全国共有 563.2 万家企事业单位建立了职工代表大会制度；单独建立厂务公开制度和职代会制度的非公企业分别达到 387 万家和 393.4 万家，建制率均超过 9 成；区域（行业）职代会覆盖 180.2 万家企业。

1997 年 9 月，党的十五大提出：“坚持和完善以职工代表大会为基本形式的企事业民主管理制度，组织职工参与改革和管理，维护职工合法权益”，第一次在党代会报告中明确了职工代表大会作为企事业单位民主管理“基本形式”的地位。2012年，党的十八大进一步指出：“全心全意依靠工人阶级，健全以职工代表大会为基本形式的企事业单位民主管理制度，保障职工参与管理和监督的民主权利。”进入全面深化改革阶段，党中央对推动企业民主管理提出了新的更高的要求。2013年，党的十八届三中全会通过的《中共中央关于全面深化改革若干重大问题的决定》指出：“健全以职工代表大会为基本形式的企事业单位民主管理制度，加强社会组织民主机制建设，保障职工参与管理和监督的民主权利。”2014年，党的十八届四中全会通过的《中共中央关于全面推进依法治国若干重大问题的决定》强调：加强社会主义协商民主制度建设，推进协商民主广泛多层制度化发展，完善和发展基层民主制度。2015年1月下发的《中共中央关于加强社会主义协商民主建设的意见》提出：“健全以职工代表大会为基本形式的企事业单位民主管理制度。畅通职工表达合理诉求渠道，健全各层级职工沟通协商机制。”

我国宪法和法律法规都对企业民主管理作出了明确规定。1982年12月通过的《中华人民共和国宪法》第十六条第一次将职工代表大会写入宪法。1992年《中华人民共和国工会法》、1993年《中华人民共和国公司法》、1994年《中华人民共和国劳动法》和《集体合同规定》、2007年《中华人民共和国劳动合同法》、2012年《企业民主管理规定》、2014年《劳务派遣暂行规定》等法律法规规章，从不同角度对企业民主管理作出规定。特别是2012年2月，中央纪委、全国总工会等6家单位联合下发《企业民主管理规定》，打破企业所有制界限，全面规范以职工代表大会为基本形式的企业民主管理制度，成为一大亮点。目前有29个省级人大制定了38部关于企业民主管理的地方性法规，为企业民主管理提供了有力保障，也为国家立法奠定了实践基础。

（4）宏观层面的制度设计：协调劳动关系三方机制

关于协调劳动关系的宏观层面制度设计，早在20世纪90年代初已经开始。1990年9月7日，全国人大常委会批准了国际劳工组织第144号公约。2001年8月3日，国家协调劳动关系三方会议第一次会议的召开，标志着我国国家级三方机制正式建立。2001年新修订的《中华人民共和国工会法》、2007年颁布的《中华人民共和国劳动合同法》《中华人民共和国劳动争议调解仲裁法》都对建立各级三方机制作出了明确规定，将我国三方机制建设纳入法制化轨道。2002年8月，《关于建立健全劳动关系三方协调机制的指导意见》出台，这标志着我国三方机制开始走向完善。2006年，国家"十一五"规划纲要提出要健全三方机制。2011年，国家"十二五"规划纲要再次进行了强调。在2011年7月4日召开的国家三方会议第十六次会议上，全国工商联正式成为国家三方会议成员单位，与中国企业联合会/中国企业家协会共同作为企业方代表。全国工商联的加入增强了企业组织的代表性，拓宽了三方协商合作范围。经过各级三方的共同努力，三方机制建制工作进展得很快。截至2014年9月底，全国共有各级三方机制27778个，其中省级32个，地市级337个，县级2614个，街道、乡镇、村、社区及各地产业级三方机制24795个；共有建设、海上、港口等国家级产业三方机制 8 个，省级产业三方机制 252 个，地市级产业三方机制 513 个，县级产业三方机制 4141 个。目前，省级三方机制已全部建立，市（地）、县（市、区）级三方机制迅速发展，并逐步向乡镇、街道、社区一级延伸，区域、产业级三方机制也有所发展，已基本形成了从国家到地方的三方机制组织体系。

另外，在劳动争议调处方面，工会的劳动争议调解仲裁制度等也不断发展完善。我国的劳动争议处理体制是根据 1993 年国务院颁布的《企业劳动争议处理条例》建立起来的，1994 年颁布的《中华人民共和国劳动法》进一步从法律上进行了确认。2008 年施行的《中华人民共和国劳动争议调解仲裁法》除规定部分案件实行一裁终局外，也基本维持了现行体制。《中华人民共和国调解仲裁法》明确了协商、调解、仲裁、诉讼四种劳动争议处理制度。

2. 工会制度转型的动力机制

在考察工会制度变迁过程中，有一种现象值得我们特别注意，就是在 20 年代 90 年代初到跨世纪的这段时间，工会的制度供给呈现出井喷的态势，而且这个时期的制度都具有创制性和基础性特征。我们不禁要问，这背后的动力机制何在？历史制度主义为我们提供了制度变迁的路径依赖理论，同时，我们还可以从波兰尼的“大转型”中寻求理论支撑，周雪光的多重制度框架也给我们以很大的启示。

由于制度理论的共同特征是强调制度的稳定性、持续性和结构性制约，对制度变迁的解释一直被认为是制度理论最薄弱的环节。历史制度主义以断裂均衡（punctuated equilibrium）概念解释制度变迁过程，即制度的变迁过程可以分为制度形态发生根本性变化的关键转折点（critical junctures）和变化之后的制度延续期。在这里，导致重大转折的一般是战争、革命和严重的经济危机等外部冲击（external shock）。现实中多数的制度变迁并不是革命性或激进的，而是体现渐进式特征，新制度主义开始反思自身没有具备解释渐进性制度变迁的缺陷。

（1）社会“反向运动”与工会的制度供给

从宏观上来看，这种相对集中、大幅度的制度供给过程，可以用波兰尼的“反向运动”来解释。目前，我国劳动关系总体保持了和谐稳定。但是，我国正处于经济社会转型时期，劳动关系的主体及其利益诉求越来越多元化，劳动关系矛盾已进入凸显期和多发期，劳动争议案件居高不下，有的地方拖欠农民工工资等损害职工利益的现象仍较突出，集体停工和群体性事件时有发生。总的来看，这既有历史遗留问题，又有改革发展中新出现的问题，其中劳动者合法权利或合理利益受到侵犯引发的矛盾纠纷占多数，已成为影响当前劳动关系最大因素。构建和谐劳动关系，一方面要解决企业没有遵守劳动法律法规规定或者合同约定侵犯劳动者合法权利引发的劳动关系矛盾，要求必须把劳动关系的建立、运行、监督、调处的全过程纳入法治化轨道，注重依法保障职工基本权益，健全劳动关系协调机制，及时正确处理劳动关系矛盾；另一方面解决因劳动者的合理利益诉求没有得到满足引发的劳动关系矛盾，要求必须为劳动者提供有序表达合理利益诉求的渠道，使劳动关系双方因利益差异引发的矛盾纠纷可以通过劳动关系双方自身的利益博弈和平衡得到化解。劳动法律正是劳动关系和劳动权益的调整器，可以通过劳动立法明确劳动关系双方的权利义务，从而促进劳动关系的和谐稳定。

近年来，随着劳动关系日趋多样化、复杂化，一些企业侵犯职工合法权益，导致劳动关系群体性事件总量居高不下，集体争议突发性强、影响面广、上访率高，协调解决难度不断加大，在对社会稳定和经济发展造成影响的同时，也给构建和谐劳动关系工作带来了前所未有的挑战。中国社科院法学院研究所发布的《2014 年中国法治发展报告》，对 2000 年至 2013 年近 14 年间的群体性事件进行了梳理，其中违法违规征地拆迁、劳资纠纷、环境污染、滥权粗暴执法是引发群体事件最主要的四大门类。在 817 起群体性事件中，劳资纠纷引发的群体性事件 267 起，占 30.65%；千人至万人群体性事件中因劳资纠纷引起的占 36.5%。劳资纠纷产生的主要原因是企业改制导致的下岗问题和职工安置问题，企业拖欠员工工资严重和工资水平过低的问题以及企业侵犯职工合法权益问题。在引发群体性事件众多原因中居首位的劳资纠纷，往往源于政府平时怠于行使监管义务或者不作为，导致一些劳动者采取极端行动。

在波兰尼看来，无论是市场自由主义还是马克思主义，都没有理解市场的本质，两者都认为市场总体上来说是可以自我调节的，可以通过价格机制自动调节供需关系。他坚持认为，人类经济总是并且始终保持嵌入（embedded）社会之中的，自由市场是一种乌托邦观念，恰恰相反，市场是有意识、有计划的政治行动和选择的结果，所有的市场调节都是在其构成要素由国家制度设定的前提下进行的。[①] 波兰尼认为："把劳动从其他生活的活动中分离开来，并且使劳动受制于市场定律，这将会使所有朴实的生活方式荡然无存，这也将会用不同类型的组织，即往往是完全不同的元素组成的和个人主义的组织取代所有朴实的生活方式。运用契约自由的原则可以很好地实现这样一个毁灭性的计划。""成立劳动力市场的效果在今天的殖民地地区是非常显著的。土著人被迫通过出售他们的劳动来谋生。为了达到这个目的，他们传统的制度必须被摧毁，并且防止重新组成他们本来的传统制度，因为在原始社会的个人通常不会受饥饿的威胁，除非整个社会遭遇类似的困境的时候。"[②] 在这种条件下，"欧洲大陆的工人主要借助于立法来实现保护，而英国工人更多地依赖于自愿性的协会——工会——以及他们控制工人的能力。""自我调节市场机制暗示了非常不同的方面，即市场所支持的生产要素——劳动力、土地和资本。由于这样一种市场运作具有破坏社会的潜在危险，社会自我保护行动旨在阻碍他们一度建立起来的机构或者干涉他们自由发挥作用。""由于为了把货币从政治中分离出来以及把国内贸易和世界贸易联系起来而引入金本位制，美国赶上了一个世纪欧洲的

① ［美］安东尼·奥勒姆、约翰·戴尔著：《政治社会学》（第五版），王军译，北京：中国人民大学出版社，2018 年，第 98–100 页。

② ［英］卡尔·波兰尼：《巨变：当代政治与经济的起源》，黄树民译，北京：社会科学文献出版社，2017 年，第 238–256 页。

发展：土地和土地耕种者的保护、社会通过工会主义和立法保护劳工以及中央银行业务——都在最大范围内——出现。货币保护主义首先出现：联邦储备制建立的目的是协调金本位制的需要和地区之间的需要；有关劳动力和土地的保护也随后出现。20 年代 10 年的繁荣有能力大大改善经济萧条，在这个过程中‘新政’开始在劳动力和土地周围建立起护城河似的保护，这要比我们所知道的任何欧洲国家都要宽阔。因此，美国的例子从正反两方面为我们理论提供了鲜明证据，即社会保护被认为是自我调节市场的伴随物。”① 按照波兰尼的理论，保护主义正在到处产出社会生活的新标准单位的硬壳，新的实体被铸造成国家的形式。正是劳动受到市场过多的侵蚀，因此，一种旨在保护劳动免遭吞噬的“反向运动”就会伴随市场产生，其往往以国家制度形式出现，这也很好地解释了伴随我国劳动力市场发展劳动政策的不断完善的原因。与欧洲大陆的情况类似，这种“反向运动”以国家立法的形式出现，20 世纪 90 年代初，我国的《中华人民共和国劳动法》《中华人民共和国劳动合同法》纷纷出台，正是契合了“反向运动”的劳动自我保护潮流，这是对市场的第一波反动机制发挥了作用。

（2）多重制度逻辑下的工会制度变迁

周雪光强调，“变迁过程中多重制度逻辑及其相互作用，旨在解释中国社会正在发生的制度变迁现象。制度变迁是由占据不同利益的个人和群体之间相互作用而推动和约束的，而不同群体和

---

① ［英］卡尔·波兰尼：《巨变：当代政治与经济的起源》，黄树民译，北京：社会科学文献出版社，2017 年，第 282 页。

个人的行为受其所处场域的制度逻辑制约。因此，制度变迁的轨迹和方向取决于参与其中的多重制度逻辑及其相互作用。需要在多重制度逻辑的相互关系中认识它们的各自角色，在行动者群体间互动中解读制度逻辑的作用，并关注制度变迁的内生性过程。”[①] 周雪光的分析框架为我们解释工会制度变迁提供了很好的视角，工会制度变迁绝非平地起高楼，从党和工会关系的历史渊源来看，工会创制的能力很大程度上取决于党的政策框架。因此，分析工会制度再造应该从党和国家多重制度逻辑中寻找结构性原因。这种分析不同于结构主义，而是新制度主义的一种表现形式，新制度主义作为一种中观的解释理论，如果不更进一步向上和向下延伸，也将陷入自说自话的困境，其解释能力也将大打折扣。制度是具有层级排序和系统性的，不同层级的制度具有不同的约束力，产生不同影响力的制度绩效。在中国政治发展的巨大场域中，不同层级排序的制度体系存在一定程度的嵌套和互相影响。从实践的层面来看，党的十九届四中全会提出健全和完善中国特色社会主义制度、实现国家治理体系和治理能力现代化，并将制度体系区分为根本制度、基本制度和重要制度，就是一个很好的注脚。

第一，国家的逻辑。回到改革开放初期至 20 世纪 90 年代，党和国家的一个重要主题为以经济建设为中心，同时政治发展方面还有一个主题就是发展民主政治。正是在这样的时代背景下，工会制度变迁得以从容推进。特别是 1987 年党的十三大提出了

① 周雪光、艾云：《多重逻辑下的制度变迁：一个分析框架》，载《中国社会科学》，2010 年第 4 期。

政治体制改革的原则和设想，为工会思考和酝酿制度生产提供了宏观制度环境。党的十三大指出："要理顺党和行政组织同群众团体的关系，使各种群众团体能够按照各自的特点独立自主地开展工作，能够在维护全国人民总体利益的同时，更好地表达和维护各自所代表的群众的具体利益。[①]" 例如，对于职工代表大会制度来说，中国工会九大上邓小平的讲话特别强调企业实行职工代表大会制度，1981 年 6 月，党的十一届六中全会提出"逐步建设高度民主的社会主义政治制度，是社会主义革命的根本任务之一"，"在基层政权和基层社会生活中逐步实现人民的直接民主，特别要努力发展各城乡企业中劳动者对于企业事务的民主管理。"[②]1982 年《中华人民共和国宪法》第十六条规定："国有企业依照法律规定，通过职工代表大会和其他形式，实行民主管理。"[③] 这既体现了党对职工代表大会制度战略定位的历史反思，也与改革开放的民主和经济建设两大主题相契合。

第二，工人的逻辑。仍以职工代表大会制度为例，如果说国家对民主发展的改革意图解释了职工代表大会制度的宏观逻辑，"制度逻辑的微观行为意义则体现在人们的日常行为活动中。制度变迁正是这些自愿或不自愿参与其中的群体争取各自利益的过程，

① 《中国共产党第十三次全国代表大会报告》，人民网，中国共产党历次全国代表大会数据库。

② 中共中央文献研究室编：《三中全会以来重要文献选编》（下卷），北京：人民出版社，1982 年，第 787–788 页。

③ 《中华人民共和国宪法》（1982 年）。

体现在这些不同群体的行为形式和相互关系之间的变化之上”[①]。周雪光列举了国企改制的案例，“在国企改制这一制度变迁过程中，中央政府、地方政府、国有企业管理层、在职职工，甚至已退休职工的行为各自不同，反映了他们所在领域制度逻辑的制约和塑造。因此，我们可以从微观层次即群体行为的相互作用中来观察认识制度变迁中多重制度逻辑的互动过程”[②]。从这个角度来看，以职工代表大会制度为代表的产业民主的微观行动逻辑通过职工集体行动就可以表现出来。在国企改制过程中，一些企业的职工实际上成为被剥夺者，甚至沦为弱者，在著名的“通钢事件”中，改制方案没有提交职代会审议或以其他形式听取职工意见，职工集体行动的主要诉求就是“保卫”职工代表大会等反映职工民主参与的制度程序，说明国企中的民主管理体制已经发挥出效果，特别当国企经营恶化尤其接近生死边缘时，职代会就会成为工人生存斗争的场所。[③]工人的维权抗争或集体行动与农民的“以法抗争”不同，可以称为“以理维权”。工人抗争维权多以意识形态为依据，在许多工人的想象中自己还是处在国家的权力框架之中。因此，这里的“理”不是道义经济学中的“生存伦理”，而是“政治伦理”。同时，正如亨廷顿在《变革社会中的政治秩序》中

---

① 周雪光、艾云：《多重逻辑下的制度变迁：一个分析框架》，载《中国社会科学》，2010 年第 4 期。

② 周雪光、艾云：《多重逻辑下的制度变迁：一个分析框架》，载《中国社会科学》，2010 年第 4 期。

③ Xiaoyang Zhu, Anita Chan, *Staff and worker's representative congress—an institutional channel for expression of employees' interests*, *Chinese Sociology and anthropology*, 2005,37(4):6–33.

揭示的，当前工人维权主要关注的是经济权利而非政治权利及权力。在组织策略上，工人集体行动一般不称为组织，而是工人代表，有的直接叫学习组或护厂队。对国企工人来说，“中国的市场经济改革逐渐侵蚀了那种以国家大包大揽为特征的父爱主义制度，打破了国有企业职工的‘饭碗’，国有企业职工反对改制的抗议活动是对这种制度解体的一种自然反应。他们的这种抵抗，像其他背景下的那些具有道德经济学特征的抗议活动一样，具有‘防御性和怀旧性’，依据的是旧的意识形态的遗产，目的是维护现状或者自己的经济状况不会恶化”[①]。

第三，工会的逻辑。对于工会来说，制度供给要与党和国家的大政方针一致，同时要体现工人阶级主体地位，也就是全心全意依靠工人阶级方针，这是工会合法性的逻辑起点，也是工会制度设计的出发点。1993 年 12 月 23 日，时任中华全国总工会主席尉健行在全国总工会十二届二次主席团会议上指出：“转换国有企业经营机制和建立现代企业制度，是国有企业改革的方向，是下一步攻坚的重点，也是我们工会工作的重点。现代企业制度的本质和核心问题是，要使企业真正成为法人实体和市场竞争主体。”“社会主义企业应该建立什么样的领导体制和组织管理制度，这不是一个技术问题。问题的关键是如何把认识统一到邓小平同志的理论上来，统一到三中全会的决定上来，统一到江泽民、胡

① Feng Chen, *Industrial Restructuring and Workers' Resistance in China*, *Modern China*, 2003, Vol. 29, 2: pp. 237–262.

锦涛同志在工会十二大的讲话和祝词上来。”[①]具体说来，《邓小平文选》第三卷“关于政治体制改革问题”指出：“城市经济体制改革也要权力下放，下放给企业，下放给基层，同时广泛调动工人和知识分子的积极性，让他们参与管理，实现管理民主化。”江泽民在党的十三届四中全会上指出：“要全心全意依靠工人阶级。离开他们的积极性、创造性和主人翁责任感，一切都无从谈起。”胡锦涛代表党中央国务院在工会十二大祝词中指出：“党和国家的性质，工人阶级的历史地位和作用，决定了我们任何时候、任何情况下都必须全心全意依靠工人阶级。”[②]尉健行总结指出：“在社会主义中国，贯彻全心全意依靠工人阶级的根本方针不能变。不管国有企业经营机制如何转变，只要企业公有制的主体地位不变，职工的企业主人翁地位就不能变，职工通过职代会和其他形式对企业实行民主管理、民主参与和民主监督的权利就不能变，企业工会代表和维护职工合法权益、依照法律和工会章程独立自主开展工作的权利就不能变。”他还提出：“要真正解决好这些重大的原则问题，不断探索更加有效的实现形式，办法就是通过实践。这是前无古人的创造性事业，没有现成的经验可以借鉴，需要我们依靠广大职工，调动各方面积极性，在实践中大胆去闯，去创造新的经验，打开新的局面。”可以说，尉健行的讲话很完整地梳

---

① 尉健行：《在全总十二届二次主席团会议上的讲话》，载全国总工会政策研究室编：《中国工会十二大以来重要文献选编》，1998 年，第 10–12 页。

② 尉健行：《在全总十二届二次主席团会议上的讲话》，载全国总工会政策研究室编：《中国工会十二大以来重要文献选编》，1998 年，第 10–12 页。

理了工会进行制度创新的逻辑。工会与市场经济是分不开的，工会要在市场经济发展中体现作为、发挥作用，就必须与时俱进进行制度设计，否则工会就无法跟上经济发展的脚步。因此，20 世纪 90 年代工会的制度供给最为集中，具有很强的突破性和时代特征。

（3）努力实现职工的制度需求与工会的制度供给的均衡

制度变迁即新制度产生、替代或改变旧制度的动态过程。按照诺思的理论，制度可以视为一种公共产品，它是由个人或组织生产出来的，这就是制度的供给。由于人们的有限理性和资源的稀缺性，制度的供给是有限的、稀缺的。随着外界环境的变化或自身理性程度的提高，人们会不断提出对新制度的需求，以实现预期增加的收益。当制度的供给和需求基本均衡时，制度是稳定的；当现存制度不能使人们的需求满足时，就会发生制度变迁。制度变迁的成本和收益之比对于促进或推迟制度变迁起着关键作用，只有在预期收益大于预期成本时，行为主体才会去推动直至最终实现制度的变迁。林毅夫在“供给—需求”的分析框架下，将制度变迁分为强制性制度变迁或供给主导型制度变迁、诱致型制度变迁或需求诱致型制度变迁，分别概括了自上而下和自下而上两种制度变迁方式。他认为单独依赖诱致型制度变迁会由于“搭便车”等问题而导致制度供给不足，需要国家采取自上而下的强制性制度变迁方式。但是由于利益集团、官僚机构失灵等原因，单纯的强制性变迁也难以达到理想效果。①

---

① Justin Yifu Lin, *An Economic Theory of Institutional Change: Induced and Imposed Change*, *Cato Journal*, 1989(9):1–33.

按照这种理论框架，中国推行的工资集体协商是借鉴西方市场经济国家集体谈判的经验，由国家自上而下推动的强制性制度变迁。那么工人是否对集体协商制度具有需求意愿呢？从2010年南海本田事件以及一些地方自发的工资集体谈判案例来看，这种需求是现实存在的。2010年5月17日，中日合资企业南海本田汽车零部件制造有限公司核心生产部门变速箱组装课数百名员工停工聚集要求提高工资待遇、改善福利，并引起其他部门效仿。经过两次协商，资方提出的加薪方案让工人再次感到不满并举行罢工，罢工持续十几天后，南海本田召开由工人代表、公司代表、政府劳动行政部门参与的工资集体协商会议，经过长达6个多小时的谈判，南海本田劳资双方达成协议，工人工资在现行基础上提高35%。在此基础上，南海本田企业开展了民主选举工会小组长、车间分会委员，增选了公司工会委员、副主席，并定期举行工资集体协商会议，逐步形成了年初谈工资增长、年底谈奖金发放的集体协商机制。[①] 南海本田事件的意义在于，以往这种停工抗争一般都不具有可持续性，随着事件的平息，工人领袖往往会被以各种理由排挤出企业。而南海本田事件后，不仅成功调停了劳资双方矛盾，而且还进行了多年的工资集体协商。南海本田工会承担了市场化劳动关系工会的角色，真正起到了协调劳动关系的作用。

在浙江温岭羊毛衫行业工价集体谈判的案例中，集体谈判成

---

① 谢玉华：《中国劳动关系的治理变革》，北京：中国工人出版社，2017年，第164–168页。

为雇主和工人双方共同自发的需求，经过行业自律机制的破裂，民工荒和讨薪潮的频繁上演，双方都将集体协商作为化解冲突、保护自身利益的机制。集体谈判基本消解了工人罢工和上访现象，自 2003 年实行集体协商后，全年上访事件减少到 17 次，总共涉及 120 人；2004 年上访事件进一步降至 3 次，涉及 3 人；到 2005 年，全年只有 1 次上访，涉及 3 人；2006 年以来，没有发生一次上访事件，引发社会的广泛关注，国务院总理批示总结推广温岭经验。[①] 以集体行动能力为基础的集体谈判建立起了新的工人利益诉求路径，这种路径广泛团结了个体力量，提高了集体要价能力，使集体力量最大化。对于雇主来说，集体协商弥补了雇主自律机制的缺陷，温岭羊毛衫行业再也没有发生工价不统一的情况。对于工会来说，工会成为雇主和工人都积极接受和欢迎的协调劳资双方重要的第三方力量，将工人权益和集体行动成功整合到集体谈判的制度框架中，当地还成立了新中国第一个非公有制企业的行业工会，进一步完善了工会制度供给形式。

这两个案例从侧面说明了劳资双方对于符合其利益的集体协商机制是有需求的，而且在实践中自下而上地对制度进行了创造性转化。推而广之，工会的劳动关系三方协调机制、政府与工会联席会议制度等，很多都是基于基层制度创新进行的顶层设计，体现了强制性制度变迁和诱致型制度变迁的结合特征。

① 闻效仪：《集体谈判的内部国家机制——以温岭羊毛衫行业工价集体谈判为例》，载《社会》，2011 年第 1 期。

3. 工会制度转型的绩效分析

亨廷顿在《变革社会的政治秩序》一书中提出一个经典命题：对处于现代化进程中的国家来说，影响政治秩序的不在于制度的形式，而在于制度是否有效。这里，我们关注的是工会在转型中进行了系统的制度再生产，从而实现了中观层面的制度变迁，然而，现实中一些制度的运作却不尽如人意，职工群众的认可度并不高，同时，制度应有的绩效也没有发挥出来。

（1）制度绩效反馈回路的缺失

制度经济学研究的一般范式就是“行为（Behavior）—结构（Structure）—绩效（Performance）”（BSP），也就是说具有理性行为能力的个体在制度安排下的经济绩效或产权效率。杨光斌在运用新制度主义分析中国的经济制度转型和制度变迁时，认为在解释中国制度转型和制度变迁，应充分考虑到制度环境中的政治因素，即政治制度和国家权力结构，并将研究中国政治经济关系的研究范式扩展为 SSP 研究范式，即用图 18 表示[①]：

图 18　中国政治经济关系的 SSP 研究范式

SSP 研究范式的逻辑是这样的：制度环境决定了制度安排，制度安排又决定了制度绩效。虽然这一范式在一定程度上简化了制度变迁与制度绩效的进程，然而结合中国的政治实践，也说明自

① 杨光斌：《制度范式：一种研究中国政治变迁的途径》，载《中国人民大学学报》，2003 年第 3 期。

上而下主导的中国制度变迁具有较大程度的路径依赖性，制度变迁过程也是制度适应性不断强化的过程，这种适应性主要体现为制度变迁过程中反馈回路的弱化，也就是说理想的 SSP 研究范式应该用图 19 表示为：

图 19　制度绩效的反馈回路

在中国的政治实践中，以国家为主体的制度供给方往往更加重视在改革的大环境下进行制度设计，即从制度环境到制度安排的过程，至于制度产生的绩效则缺乏完善的评估机制和反馈机制，或者在实践中，从制度绩效向制度安排指向的回路不通畅，从而导致制度适应性太强，使制度体系缺乏灵活性和活力度，这样进一步弱化了制度绩效。

在我国开始推行集体协商制度的实践中，集体协商制度受到了很多异议。如瓦纳等人认为，从 2007 年以来，工会加大了自上而下的集体协商制度建设，由于国家采取依赖政治资源的大力推进，方式主要是为企业提供合同范本，并引导企业签订集体合同。这种推行方式对企业和地方工会来说更大程度上是为了完成任务。[①] 有学者通过问卷调查显示企业职工的参与现状如表 7[②] 所示：

① Warner, M. & SekHong Ng, *Collective Contracts in Chinese Enterprises: A New Brand of Collective Bargaining under Market Socialism? British Journal of Industrial Relations*, 1999, 37(2).

② 谢玉华：《中国劳动关系的治理变革》，北京：中国工人出版社，2017 年，第 102 页。

表 7　企业职工民主参与情况对比表

职工参与类型	均值	排序
向人力资源部咨询或投诉	3.40	1
意见箱或 BBS 等员工意见表达系统	3.13	2
向上司反映问题困难建议	2.98	3
厂务公开	2.96	4
基层民意 / 满意度调查	2.48	5
自主工作团队或质量圈	2.44	6
民主评议管理者	2.20	7
民主生活会或征询意见会	2.08	8
职代会和工会	1.81	9
工资集体协商	1.74	10
合理化建议	1.48	11

可见工会的职代会、工资集体协商制度的利用效率都不高，排序比较靠后，反映了制度安排和制度绩效之间的断裂。

（2）工会系统对自上而下推动方式的路径依赖

历史制度主义在解释社会现象时更强调路径依赖和意外结果（unintended consequences），即在 t 时间点为满足功能性需求产生的制度，即使后来的环境发生变化也会具有存续的倾向。因而在 t 点形成的制度会制约 t+1 点的选择和变化方向。这就意味着 t 点形成的制度在 t+1 点不仅不能适应体制的要求，而且在解决 t+1 点问题时可能还会出现反功能（dysfunctional）现象。在历史发展过程中如果选择了特定模式的话，很有可能会排斥其他更为有效的解决问题的办法。由于特定时间的选择会制约未来的选择，最佳适应（optimal adaptation）不是任何时候都可能存在的。[①] 也就是说，历史制度主义不赞成制度是人为设计出来的，并且可以有效解决现存问题的观点，而是强调因既有的制度而产生的意外结果和制度的无效率性。[②] 在环境变化和制度变化之间、理想效果和实际效果之间存在偏差，这种偏差具有偶然性（contingency）。

在这种解释框架下，我们可以考察改革开放以来中国工会制度再造的过程。很显然，霍尔和泰勒关于制度不是人为设计的观点有待商榷，从集体协商到职工代表大会制度再度成为制度选择，工会的制度再生都带有很强的人为设计烙印，邓小平、尉健行等关键人物在关键时间节点发挥了至关重要的作用。然而，我们也要进一步考量这些制度设计是否是最佳适应节点的产物。

进入社会主义市场经济之后，国家在劳动关系领域进行的制度建设主要体现在三点，劳动关系合法化和契约化的劳动合同制度、解决劳动关系中争议的三方机制以及企业的集体协商制度”。[③] 从三大制度的产生时序来看，主要表现如图 20 所示：

---

① ［韩］河连燮：《制度分析：理论与争议》，李秀峰、柴宝勇译，北京：中国人民大学出版社，2014 年，第 30 页。

② Hall and Taylor, *Political Science and the Three New Institutionalisms*, *Political Studies*,1996, 44(4), 936–57.

③ Simon Clarke, Chang-Hee Lee, Qi Li, *Collective Consulatation and Industrial Relations in China*, *British Journal of Industrial relations*, 2004, 42(2), 235–254.

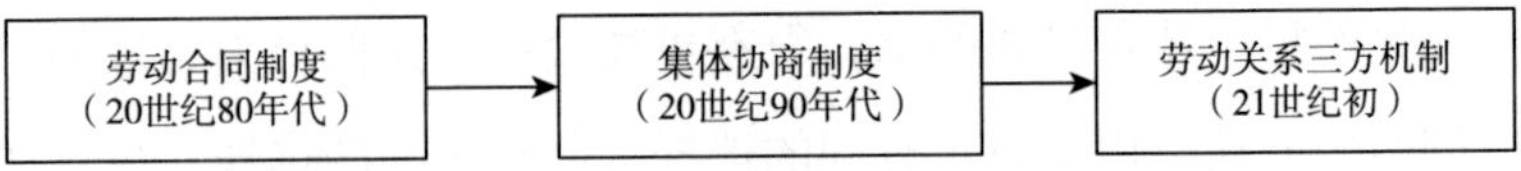

图 20　劳动关系领域制度供给的时间次序

从时间节点来看，三大制度符合客观发展的规律性，先有体现契约意识的劳动合同制度，在运行一段时间后，在国家主导下提出集体合同制度，最后是政府、企业联合会和工会的三方协商机制。从逻辑关系来看，劳动合同制度是针对劳动者和企业个体的制度设计，集体协商制度过渡到集体劳权的维护，进而劳动关系三方机制扩展到宏观层面。从制度绩效来看，应该说劳动合同制度是经过实践检验运行得比较成功的，而集体协商制度的制度绩效则不尽如人意，劳动关系三方机制尚在探索完善中。那么按照历史制度主义，集体协商的制度绩效与劳动合同制度是否存在一定的关联？笔者认为，这种路径依赖造成的制度无效主要聚焦于制度推行的方式上，也就是国家通过自上而下推行劳动合同制度较为成功后，仍然按照这种模式推行集体协商制度，而忽视了劳资博弈与职工参与。

工业化市场经济国家集体谈判与集体合同制度是随着劳资矛盾的发展演变而逐渐建立起来的，这些国家倡导由劳资双方在自觉自愿基础上通过自由交涉的方式来进行谈判，大多数国家都通过立法确定了这一原则。例如，德国是劳资共决最好的国家之一，劳资关系稳定，罢工最少，虽然 2005 年德国只有约 25% 的雇员是工会会员，但是 60% 的雇员都受惠于集体工资协议的签订，即使非工会会员的劳动合同也会援用集体工资协议的条款。[①] 而我国的集体协商和集体合同制度的推进方式带有自己的特点。自《中华人民共和国劳动法》颁布实施后，主要通过一种自上而下的方式推行集体合同和集体协商制度。我国经济体制的转轨，也是通过自上而下的变革方式逐步实现的。因此，工会和劳动部门推行集体协商制度契合了这个历史进程。具体运作方式为，劳动部门率先进行集体合同试点工作，与地方总工会和其他政府部门以“联合发文”形式共同推进平等协商和集体合同制度，并且集体合同文本经职代会讨论通过后还要报送当地劳动行政部门审核才能生效。[②]

对此，沃纳等认为，随着单位制的解体和新型经济形态的出现与发展，当国家从劳动组织中撤出时，国家主动积极推动集体协商出于两方面的考虑：第一，国家要对劳动力市场的工资状况进行宏观调控和规范；第二，国家要填补政府从企业中撤出之后的真空。总之，中国之所以要引入集体协商制度，并非要真正推动劳资双方就工资和劳动条件进行谈判，而是要延续国家对基层劳动关系的规范和管制。[③] 而克拉克则认为，国家自上而下建立集体协商制度，不仅为劳资冲突提供了合法化的解决渠道，而且为

① ［德］沃尔夫冈·多依布勒：《德国劳动法的基本架构及其在全球化影响下的发展前景》，中德法学论坛，2006 年第 4 期。

② 常凯主编：《劳动关系学》，北京：中国劳动社会保障出版社，2005 年，第 289 页。

③ Warner, M. & SekHong Ng, *Collective Contracts in Chinese Enterprises: A New Brand of Collective Bargaining under Market Socialism? British Journal of Industrial Relations*, 1999, 37(2).

工会民主参与企业事务提供合法化的制度与规范。[①]吴清军则将这两种观点作了结合，认为国家最终的目的是把劳资双方都纳入一定的法律制度框架之内，使劳资双方行为能够法制化和契约化，从而化解劳资矛盾，维护基层产业的良性运转秩序。[②]吴清军进而分析了推行集体协商制度中的中央和地方的指标管理策略和形式化困境，认为中国的集体协商已不仅仅是劳资博弈，而是演变成党政联合工会和资方的博弈，政府“第三方角色”的转变及工会“代理政府”角色的强化，实际上都说明目前推动集体协商工作的主导是行政力量，而非来自职工的团结力量。在这场推动签订集体合同和扩大覆盖面的工作中，职工一直都是“被参与”的主体。[③]因此，可以说工会推行集体协商制度的无效性，主要在于推动方式上对自上而下依靠行政资源和力量的路径依赖，从而导致真正参与主体的缺位。

（3）职工群众对制度设计缺乏足够的制度认同

如果说历史制度主义解释制度绩效的主要诉诸偶然性和不确定性，那么青木昌彦的比较制度分析则更强调博弈过程中的主观认知的作用。不同于诺思把“制度”定义为博弈规则（包括正式规则和非正式规则），比较制度分析的学者把制度定义为“博弈参

① Simon Clarke, Chang-Hee Lee, Qi Li, *Collective Consulatation and Industrial Relations in China, British Journal of Industrial relations*, 2004,42(2), 235-254.

② 张翼主编：《社会组织与社会治理》，北京：经济管理出版社，2016年，第308-310页。

③ 张翼主编：《社会组织与社会治理》，北京：经济管理出版社，2016年，第322页。

与者的均衡策略”。在主张制度的博弈均衡论的学者看来，制度属于“自发秩序”或自组织系统，而不是被立法者或政治家设计出来的。青木昌彦提出“共有信念”的概念，就是人们在重复博弈过程中形成的，对于其他参与人会怎么玩这个游戏的共同的主观认知。当共有信念在博弈过程中被反复确认之后，即成为均衡策略，也就成为制度。换言之，制度是共有信念的自我维持系统，通俗地说，就是只有参与的人相信它时才能成为制度。

现实中，人们的博弈行为会同时在多个场域发生，不同场域形成的博弈均衡策略就构成了整体制度之间的各项子制度。由于人们在每个场域的博弈所形成的均衡策略，都要建立在其他场域的均衡策略给定的条件下（换言之，各个子制度都是互为条件的，从而具有互补性和相互依赖性），这说明只有相互一致和相互支持的制度安排才富有生命力和可以维系。这一点也能够帮助我们理解，为什么一个国家的整体制度安排往往具有耐久性，哪怕它看起来已经随着外部环境的变化而显得缺乏效率。因为要改变一个方面（场域），就意味着博弈参与人在其他方面（场域）的均衡策略也要发生变化。而根据前面对制度的定义，均衡策略的变化是一个共有信念缓慢调整的过程。因此，缺乏效率的帕累托低劣的整体制度是可能存在并得到延续的。[①]

按照青木昌彦的理论，工会的制度变迁要想取得预期的制度绩效，顶层设计当前很重要，同时在制度运行过程中必须充分考

① 黄少卿：《青木昌彦的理论思想及其对中国改革的影响》，载《东方早报》，2015年7月28日。

虑到参与主体对制度的认同度，如果没有制度认同，制度就会成为徒有虚名的“花架子”，也就是空壳制度。我们还是以集体协商制度为例，在自上而下推动过程中，一些地区和企业实际上要么缺乏劳方的参与，要么缺乏资方的参与，要么劳方资方参与度认同度都不高，这样制度设计初衷的博弈双方没有参与，就很难内化为双方的共同信念，制度绩效就很难达到理想的效果。2011 年，有学者进行了一项职工工资集体协商知晓率调查，可见职工对工资集体协商的总体评价不高，如表 8 所示[①]：

表 8　关于职工工资集体协商知晓率的调查

您对所在企业工资集体协商情况的总体评价如何？		
选项	**频数**	**频率/%**
企业并未开展工资集体协商	146	48
开展了工资集体协商，但基本上是走形式	45	15
开展了工资集体协商，并从一定程度上改善了职工的总体待遇	28	9
开展了工资集体协商，并大大提高了职工的待遇	3	1
不清楚	82	27

① 谢玉华:《中国劳动关系的治理变革》，北京：中国工人出版社，2017 年，第 160 页。

续表

您对工资集体协商的前景怎么看?		
选项	**频数**	**频率/%**
很不好，受企业家反对	14	4.6
不好，推动起来有很大阻力	62	20.39
一般，流于形式	81	26.64
看好，但存在一定困难	125	41.12
很看好，前景光明	15	4.93

在中国的现实中提及政治形态与结构的转型，其实改变的不仅是政治结构本身，“而是制度如何全面调整与变化了的人、社会的关系，从而全面开发出制度的内在功能，提升制度的效能，增强制度的合法性。具体来说，就是如何面对在中国日益成长的现代社会，在以民主共和精神为社会主义民主政治制度基础上，以现代国家发展为取向，建设和发展社会主义政治文明”①。党的十九届四中全会提出，“各级党委和政府以及各级领导干部要切实强化制度意识，带头维护制度权威，做制度执行的表率，带动全党全社会自觉尊崇制度、严格执行制度、坚决维护制度”②。可见，对制度的认同意识具有至关重要的作用。由于《中华人民共和国劳动法》和《中华人民共和国工会法》都明确规定集体合同的主体是

① 林尚立:《中国共产党和国家建设》，天津：天津人民出版社，2009 年，第 81 页。

② 《中共中央关于坚持和完善中国特色社会主义制度 推进国家治理体系和治理能力现代化若干重大问题的决定》(2019 年 10 月 31 日中国共产党第十九届中央委员会第四次全体会议通过)。

职工和企业，因此，工会提高集体协商的制度绩效就必须提高参与双方对制度的认同，进而提高参与制度运行，在实践中不断完善制度，让制度的效力真正发挥出来。

三、观念建构：工会的认知、话语与合法性

观念是历史制度主义的重要概念。注重观念对于制度变迁的塑造作用，是新制度主义发展的一大趋势，建构制度主义（constructive institutionalism）就是近年来兴起的理论范式。历史制度主义认为，理念可以形塑行动者的偏好，从而影响其行为选择进而推动制度变迁。建构制度主义认为理念可以建构制度。正如英国历史学家科林伍德称为“历史的想象性”[①]一样，不仅文本和视像中复现的历史是学者心灵的重演，而且对于当前各种制度的价值和意义同样存在观念建构的因素。我们之所以要对工会的观念建构进行梳理和考察，主要是基于工会作为独具中国特色的政治性社会组织，如何对其职能和价值进行定位和理解，不断塑造了工会的行动特征，从而进一步影响了工会制度变迁的路径。通俗地说，中国工会到底是什么性质的组织？是政治组织还是社会组织？这很大程度取决于党和国家、社会对其性质的认同甚至误解，这些观念不断强化或者建构工会的职能。从观念角度理解中国工会的转型，涉及合法性、政治话语、意识形态等跨领域理论，其建构主体主要包括政党—国家（也可以理解为官方意识形

① 马立诚：《最近四十年中国社会思潮》，北京：东方出版社，2015 年，第 1 页。

态)、职工群众(工会的对象)、工会组织自身以及知识分子(理论界的讨论)。

1. 党对工会的合法性建构

"合法性"(legitimacy)是政治学和社会学研究的重要分析概念，一般来说，"一种统治规则的合法性乃是那些隶属于该统治的人对其合法性的相信来衡量的，这是一个相信结构、程序、行为、决定、政策的正当性和适宜性，相信官员或国家的政治领导人具有道德上的良好品质，并且借此而得到承认的问题"[①]。从本质上来看，合法性问题是观念或者理念认同问题。有学者认为，"掌握了中国政体背后的意识形态逻辑，特别是合法性逻辑，就等于掌握了理解国家机器构造和运作的'众妙之门'。"[②]

工会作为中国共产党的外围组织，与党一起经历了夺取政权的艰辛过程。取得政权后，工会也就和党一样具有了参与建立新政权的合法性。然而，工会并非党的一个组成部门。从新中国成立以后工会的地位变迁，特别是改革开放以来，苏联解体及波兰独立工会等事件对工会的先天合法性带来挑战。工会需要党不断赋予合法性，才能保证其"党和国家桥梁纽带"的合法性地位。虽然，从理论上来讲，工会的合法性来源于会员，即工会所代表的利益群体——工人阶级。然而，如果丧失了党赋权这一最重要

① [德]尤尔根·哈贝马斯:《交往与社会进化》，张博树译，重庆：重庆出版社，1989年，第206页。

② 冯仕政:《中国国家运动的形成与变异：基于政体的整体性解释》，载《开放时代》，2011年第1期。

的合法性来源，工会也将失去其存在根基。在中国的政治体制下，党对工会的合法性赋权主要体现为中央领导同志对工会性质、职能、定位的肯定和强化，以及中央出台的一系列文件，其次是将党的意志上升到法律层面的法律法规。这是当前工会合法性的主要来源，在赋予合法性的同时，防止工会方向走偏一直是党的潜在价值取向。

在上文的阐述中，我们已经论述了以中国工会九大为起点，邓小平对工会转型至关重要的再造历程，不仅使工会从“文化大革命”期间的消亡中迅速发展起来，而且明确了工会的性质职能定位，对工会的合法性也具有至关重要的作用。邓小平在中国工会九大致辞中开门见山地说：“全国第六次劳动大会和工会第七次、第八次全国代表大会所规定的工人运动的路线、方针、任务是正确的。全国总工会和各级工会在党的领导下做了许多很好的工作，对全国的社会主义革命和社会主义建设的胜利发展起了重大的作用。”[①]1948 年六次劳大是新中国工人运动的起点，中国工会七大是新中国成立后召开的第一次全国工会代表大会，1957 年的中国工会八大是为第二个五年规划服务的全国工会代表大会，对这些会议工作方针的肯定，可以说是对新中国成立以来工会作用的充分肯定，为再次赋予工会发挥作用合法性奠定了基础。考虑到邓小平改革开放以来在国家制度转型中的分量和地位，因此，可以说邓小平对工会的一系列定位具有创制性意义，是邓小平对

① 中华全国总工会编：《邓小平论工人阶级与工会》，北京：中国工人出版社，1994 年 4 月，第 3 页。

工会工作一贯认识的延续，也是从实际出发作出的正确决策。邓小平对中国工会九大致辞已经过去 40 多年，然而中国工会这 40 多年来的理论和实践基础都是邓小平奠定的，可以说，改革开放以来工会合法性的起点就是中国工会九大。①

江泽民在 1989 年同全国总工会十一届三次主席团扩大会议同志座谈时，对如何正确认识工会的作用作出指示，他指出了依靠工人阶级的重要意义以及工会的重要作用。② 在 1989 年的关键节点，中央领导同志对工会的定性无疑对工会合法性是很大的强化，工会的作用不仅不是可有可无的，而且在党执政框架下可以发挥重要作用。

对于全国总工会来说，20 世纪 90 年代以来逐渐形成了相对固定的中央领导人对工人阶级和工会工作作出指示、发表讲话的模式。主要包括一是五年一次的劳模表彰大会，一般来说总书记要作讲话；二是中国工会的全国代表大会，与党的代表大会间隔一年，中共中央政治局常委都要出席，代表大会召开后，总书记要和新一届领导班子成员有个集体谈话；三是每年五一前夕，总书记看望职工群众，要对工人阶级发表一些讲话；四是全国总工会等群团组织定期（一般来说每年一次）向中央书记处汇报工作，中央书记处领导同志对工会工作作出指示；五是专门召开的中央

① 中国工运学院编写组编：《邓小平工人阶级与工会思想研究》，北京：中国工人出版社，1994 年，第 108 页。

② 中华全国总工会、中共中央文献研究室编：《毛泽东邓小平江泽民论工人阶级和工会工作》，北京：中央文献出版社，2002 年 5 月，第 161 页。

党的群团组织工作会议；六是总书记与全国总工会负责人不定期的谈话，如任职谈话等（通常较少）。正是通过这些相对制度化渠道，党不断强化对工会的领导，也在不断强化工会作为群团组织的合法性。

从 1992 年到 2002 年的十年间，胡锦涛一直负责联系工青妇工作。1996 年，胡锦涛在庆祝“五一”国际劳动节大会上的讲话中指出，“在新的形势下，各级党委要切实加强对工会的凌傲，支持工会依照法律和章程独立自主地开展工作，并为工会工作创造良好的环境和条件。在实现跨世纪宏伟纲领的历史进程中，工会担负着光荣而艰巨的任务”[①]。7 月又提出：“工会是党领导的职工自愿结合的工人阶级的群众组织。贯彻全心全意依靠工人阶级的方针，就必须充分发挥工会组织的作用。”[②]1997 年 12 月提出：“要始终不渝贯彻全心全意依靠工人阶级的方针，高度重视工会工作，认真解决工会工作中的突出问题和实际困难，使工会更好地发挥党联系职工群众的桥梁纽带作用。”[③]1999 年，胡锦涛在庆祝“五一”国际劳动节大会上指出：“工会作为党领导的工人阶级的群众组织，作为党联系职工群众的桥梁和纽带，在新的形势下肩负着更加繁重的任务。改革越深入，遇到的新情况新问题越多，

---

① 中华全国总工会、中共中央文献研究室编：《毛泽东邓小平江泽民论工人阶级和工会工作》，北京：中央文献出版社，2002 年 5 月，第 44 页。

② 中华全国总工会、中共中央文献研究室编：《毛泽东邓小平江泽民论工人阶级和工会工作》，北京：中央文献出版社，2002 年 5 月，第 49 页。

③ 中华全国总工会、中共中央文献研究室编：《毛泽东邓小平江泽民论工人阶级和工会工作》，北京：中央文献出版社，2002 年 5 月，第 67 页。

工会就越要自觉接受党的领导。”[①] 在全国总工会十三届二次执委会议上提出：“工会作为党领导的工人阶级群众组织，是我们党发挥政治优势的一个重要方面军。”[②]2000 年在听取全国总工会党组汇报后说，“关于企业单位特别是企业中的工会组织不能撤并，这个讲得很明确，机构改革你可以压缩机构，精简人员，但是你不能把工会组织去掉。这个我们一再多次讲，中央文件也发过，我记得中办专门为这个事发过一个文件，就是关于工会组织问题。我认为还可以重申。”[③]2002 年胡锦涛当选党的总书记后专门同工青妇三家负责同志进行座谈，肯定工青妇组织“不愧是党联系群众的桥梁和纽带，不愧为国家政权的重要社会支柱”[④]。

2012 年以来，习近平围绕工运事业和工会工作发表一系列讲话，作出一系列指示，对工会工作指示批示 30 余次，2015 年专门主持召开党的历史上第一次中央群团工作会议，形成了习近平总书记关于工人阶级和工会工作的重要论述。中国工会十七大报告作了重点阐述，用“八个坚持”对其基本内涵进行了概括，用“四

---

① 中华全国总工会、中共中央文献研究室编：《毛泽东邓小平江泽民论工人阶级和工会工作》，北京：中央文献出版社，2002 年 5 月，第 88 页。

② 中共中央办公厅、中华全国总工会研究室编：《中央领导关于工会工作的讲话选编》，2010 年 8 月，第 105 页。

③ 中共中央办公厅、中华全国总工会研究室编：《中央领导关于工会工作的讲话选编》，2010 年 8 月，第 128 页。

④ 中共中央办公厅、中华全国总工会研究室编：《中央领导关于工会工作的讲话选编》，2010 年 8 月，第 156 页。

个立足”分析了实践要求。[①] 其中，对工会重要性、职能定位等作了进一步阐述，主要包括：“党对工会寄予厚望，职工群众对工会充满期待。”“工会工作是党的群团工作、群众工作的重要组成部分，是党治国理政的一项经常性、基础性工作。”“各级党委要加强和改进对工会的领导，注重发挥工会组织的作用，加大对工会工作的支持保障力度，为工会工作创造更加有利的条件。”[②] “事实充分证明，当年党领导人民闹革命、打天下，群团组织不可或缺；现在，党带领人民搞改革、求发展，群团组织依然不可或缺。”“我们必须把群团组织建设得更加充满活力、更加坚强有力，使之成为推进国家治理体系和治理能力现代化的重要力量。”[③] “工会是党联系职工群众的桥梁和纽带，工会工作是党的群团工作、群众工作的重要组成部分，是党治国理政的一项经常性、基础性工作。新形势下，工会工作只能加强，不能削弱；只能改进提高，不能停滞不前。”[④]

从合法性概念的来源来看，马克斯·韦伯将其定义为程序上的“合法律性”，李普塞特将选举式民主纳入政治合法性内涵，从学理上将选举民主与合法性捆绑起来，亨廷顿的政治发展理论更加强调政府治理的“有效性”，无效治理的政府不仅没有合法性，

① 全国人大常委会副委员长、中华全国总工会主席王东明在中国工会第十七次全国代表大会上的报告，载李玉赋主编：《中国工会十七大文件汇编》，北京：中国工人出版社，2018 年，第 18–52 页。

② 习近平：《习近平谈治国理政》，北京：外文出版社，2014 年，第 47 页。

③ 习近平在中央党的群团工作会议上的讲话。

④ 习近平在庆祝“五一”国际劳动节暨表彰全国劳动模范和先进工作者大会上的讲话（2015 年 4 月 28 日），载《人民日报 》，2015 年 4 月 29 日。

而且是不道德的。哈贝马斯重拾了共和主义传统，提出一种“重建性”合法性概念，认为政治合法性应当建立在自由平等的公民大众的理性反思与反复商谈的基础之上。国内学者杨光斌将合法性界定为：“那些依法律而组成的、人民能有序参与其中的、能实行有效治理并能保护社会各阶层利益的政权，就是值得人民认同的即享有合法性的政权。”① 对于一般政治或社会组织来说，合法性就是组织权威结构的普遍认同，这种认同一方面来自外部，包括具有权威性的政治力量和社会共识；另一方面来自内部，即内部成员的忠诚和认同。

通过对以上这些文本的梳理，我们可以看到，改革开放以来，工会作为党的外围组织，其定位在中央的要求和现实的发展中不断清晰，即当前工会章程所说的“中国工会是中国共产党领导的职工自愿结合的工人阶级群众组织，是党联系职工群众的桥梁和纽带，是国家政权的重要社会支柱，是会员和职工利益的代表”。这种定位在党的认同和强化中不断巩固，即使面对社会和学术界对工会“社会主义国家官僚机构”（socialist statebureaucracy）②、“准官僚组织”③“党委的群众工作部”和行政部门的“附属机构”④

① 杨光斌：《关于合法性理论的几个重大问题》，载《光明日报》，2017 年 1 月 23 日。

② Chan, Anita, *Labor in Waiting: The International Trade Union Movement and China*, *New labor Forum*, 2002. 11: 54–59.

③ 王向民：《准官僚组织的自主性》，上海：世纪出版集团、上海人民出版社，2014 年。

④ 姜凯文：《工会与党—国家的冲突：八十年代以来的中国工会改革》，载《香港社会科学学报》，1996 年第 8 期。

等的质疑，然而正如姜凯文认为的，中国工会与党和国家的合法性是完全一致的，[①] 只要党和国家具有合法性，工会就会源源不断得到其外部的权威性认同。

2. 工会自我价值认同及工会话语体系转型：群团组织的观念建构

认知现实（perceived reality）和客观现实（objective reality）是有差别的。诺思认为，新古典经济学最大的缺陷就是假定个人"如何认知世界"和"如何解释环境"对其选择产生不了任何影响。个人一般基于认知现实选择策略并确定行动方向，能够帮助人们认知现实的就是理念或意识形态，让个人对复杂现实进行简单化处理，起到一种过滤机制（filtering mechanisms）的作用。[②] 正因为此，我们有必要对工会的自我认知作一考察，这种认知逐渐演变成工会的话语体系，也在不断强化工会的自我认同，进而影响工会角色调适和功能变迁的路径选择和制度变迁。我们选取改革开放以来工会历次代表大会的工作报告作为分析文本，从中梳理工会自我价值认同的观念变化。总体情况如表 9 所示：

---

① 姜凯文：《工会与党—国家的冲突：八十年代以来的中国工会改革》，载《香港社会科学学报》，1996 年第 8 期。

② ［韩］河连燮：《制度分析：理论与争议》，李秀峰、柴宝勇译，北京：中国人民大学出版社，2014 年，第 102 页。

表 9　从中国工会九大到工会十七大主题词频率一览表（单位：次）

主题词 / 年度	中国工会九大 1978	中国工会十大 1983	中国工会十一大 1988	中国工会十二大 1993	中国工会十三大 1998	中国工会十四大 2003	中国工会十五大 2008	中国工会十六大 2013	中国工会十七大 2018
党	74	59	46	82	74	112	69	61	91
党的领导（政治）	25	16	34	20	29	30	25	13	49
维护	5	22	38	29	10	66	50	23	19
权益（利益）	21	42	71	46	65	89	59	31	29
服务	7	7	27	21	22	14	20	40	53
改革（创新）	3	20	140	78	70	83	64	66	83
法（律）	0	23	56	94	94	65	63	55	53
工人阶级	119	28	22	56	54	72	25	29	25
职工（群众）	88	328	288	274	299	282	258	224	223
革命	95	6	3	3	6	6	1	2	1
民主	13	34	54	43	48	8	34	13	6
劳动	30	26	38	42	52	62	75	60	76

具体来看，工会的自我认知观念变化呈现出以下几个特点：

第一，对工会政治性的强调有上升的趋势。总的来看，改革开放以来，工会对自觉接受党的领导和讲政治的话语频率相对稳定。党的十八大以来，特别是中央党的群团工作会议以来，工会的政治性要求日益突出，从“党的领导（政治）”的词频也能反映出来（如图 21、图 22 所示），已经是历次全国代表大会工作报告中最强调政治性的。

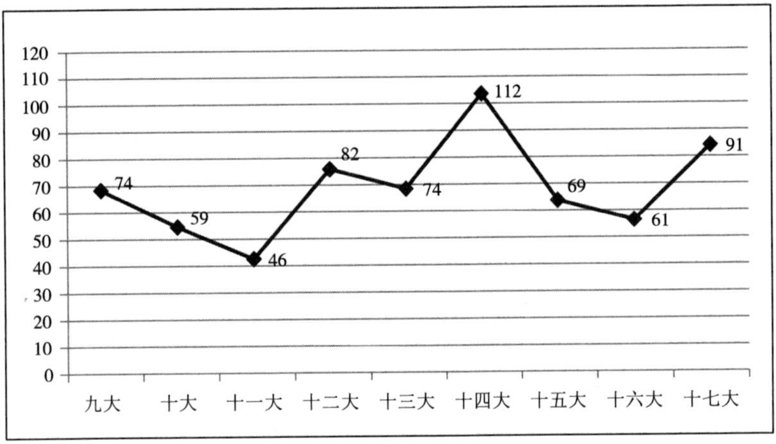

图 21　工会历次代表大会工作报告主题词“党”频率变化情况（单位：次）

第二，维护话语呈波浪发展态势，服务话语逐渐强化。主题词“权益（利益）”的变化情况比较鲜明地体现出（如图 23 所示），中国在 2000 年前后成为世界工厂，国企员工下岗分流、职工权益问题比较突出。而随着 2010 年以来，党和国家以及工会加大对职工权益维护力度，职工权益或利益问题相对不再那么显著。

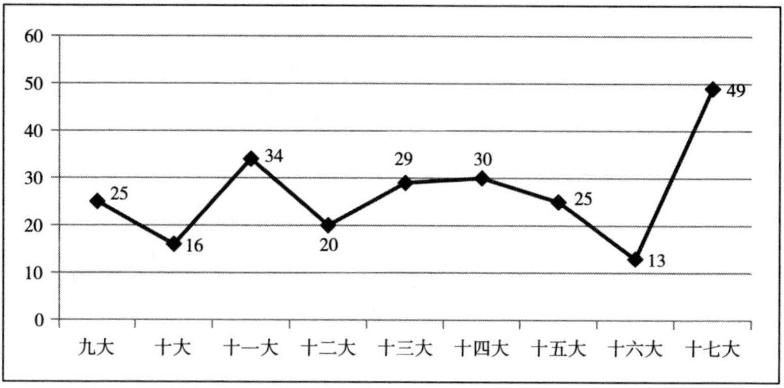

图 22　工会历次代表大会工作报告主题词“党的领导（政治）”频率变化情况（单位：次）

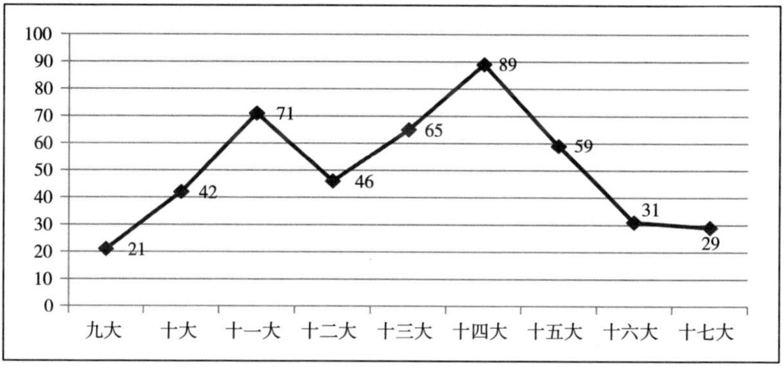

图 23　工会历次代表大会工作报告主题词“权益（利益）”频率变化情况（单位：次）

从主题词“维护”的词频变化看（如图 24 所示），在工会十七大之前，维护职工合法权益是工会的基本职责。其主要发展过程为：1988 年中国工会十一大明确了工会的维护、建设、参与、教育四项社会职能，并写入了《中华人民共和国工会法》，以法律

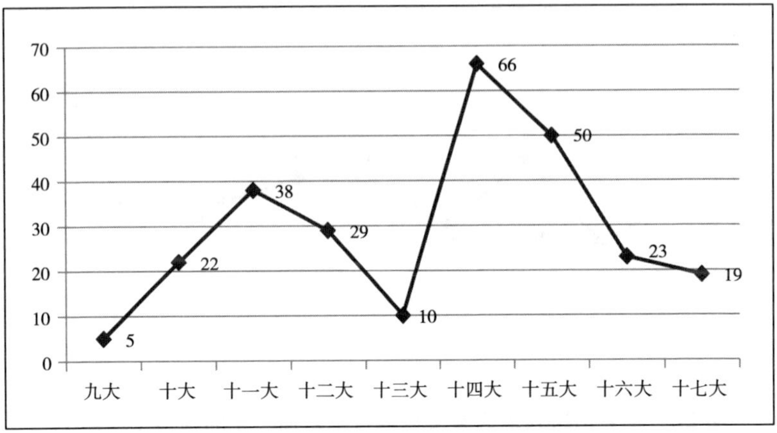

图 24　工会历次代表大会工作报告主题词“维护”频率变化情况（单位：次）

形式进行确立。1992 年下半年，党中央提出建立社会主义市场经济体制的目标后，劳动关系发生深刻变化，主要表现在：劳动关系双方的主体地位基本确立，劳动力逐步市场化，劳动关系逐步契约化、多样化和复杂化，劳动关系协调趋向法治化，与此同时，劳动关系矛盾日益凸显。在这种时代背景下，工会作为职工利益代表者的身份更加明确，调节劳动关系、维护职工合法权益任务更加突出。继 1992 年《中华人民共和国工会法》提出“工会在维护全国人民总体利益的同时，维护职工的合法权益”，1994 年，全国总工会十二届二次执委会议提出“工会工作总体思路”，明确维护是工会的基本职责。2001 年，《中华人民共和国工会法》修改，在法律上进一步将中国工会的基本职责确定为“维护职工合法权益”。2003 年，中国工会十四大将这一基本职责在总则部分用一个独立自然段予以明确。为履行基本职责，中国工会相继提出了“组织起来、切实维权”的工会工作方针、“以职工为本，主动依法科学维权”的工会维权观以及“促进企业发展、维护职工权益”的企业工会工作原则，工会的维权实践在广度和深度上都有了显著发展。[①]因此，主题词“维护”的词频在2003年前后达到一个峰值。2018年10月26日，中国工会十七大通过的《中国工会章程》将中国工会基本职责修改为“维护职工合法权益、竭诚服务职工群众”。2018年10月29日，习近平在同全国总工会第十八届领导班子成员集体谈话时提出，工会要坚持以职工为中心的工作导向，抓住职工群众最关心最直接最现实的利益问题，认真履行维护职工合法权益、竭诚服务职工群众的基本职责。

从“服务”的词频可以看出（如图25所示），2000年以来，服务逐渐成为工会的主流话语，特别是中央党的群团工作会议以来，习近平在讲话中“服务”出现了37次，而“维护”只出现了2次。[②]这不仅与中国工会基本职责的转变相契合，而且一定程度上反映了中国工会在职工权益或利益问题上态度的转变，也就是说用服务话语来逐渐弱化维权话语。这在习近平2013年10月23日同全国总工会第十七届领导班子成员集体谈话时的讲话可以窥见一斑：“当然，有一个问题也要注意，这就是，维权工作要锲而不

① 冯永光：《中国工会基本职责的理论内涵与实践要求》，载《中国工运》，2019年第3期。

② 习近平在中央党的群团工作会议上的讲话，http://www.xinhuanet.com/politics/2015-07/07/c_1115847839.htm。

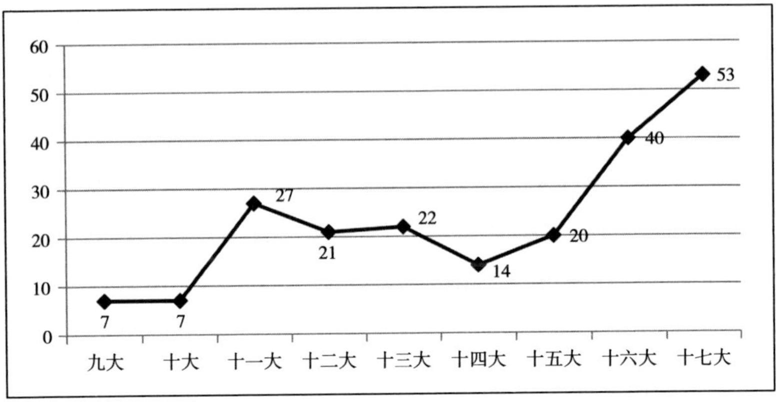

图 25　工会历次代表大会工作报告主题词“服务”频率变化情况（单位：次）

舍做，但也不能脱离我国基本国情和发展阶段，要切合实际。党和国家工作涉及方方面面，有很多工作要做，也有很多利益关系要平衡，很多问题都很重大很紧迫，必须加以妥善处理。因此，从党和国家工作上讲，就要分个轻重缓急，重大的紧迫的问题必须马上处理，有些问题就要创造条件逐步来解决。”①

第三，工人阶级话语的自我弱化趋势明显。当前工人阶级话语可以说只在工会体系和党的部分文件中体现得较多，前文已经论述过，工人阶级概念经历了复杂的转型过程，这个概念也是党和国家不断建构的观念，是党的意识形态话语的重要组成部分，一定程度上说具有“基础”的地位。当前社会和知识界更多用

① 习近平在同全国总工会新一届领导班子成员集体谈话时的讲话，载李玉赋主编：《中国工会十七大文件汇编》，北京：中国工人出版社，2018 年，第 1–7 页。

“阶层”概念来取代。而这种认识也影响了工会自身的观念认知，从图 26 可以看出，“工人阶级”词频也在不断弱化。“工人阶级”话语的弱化与丧失的根源在于，在后现代政治话语中“阶级死亡”和“去政治化”成为主要特征，该后现代政治话语是一个与我国工业化进程以及成为“世界工厂”的逻辑相悖谬的理论和意识形态判断。[①] 正因如此，“重返阶级”（bringing class back in）也曾在学术界引发关注。[②]

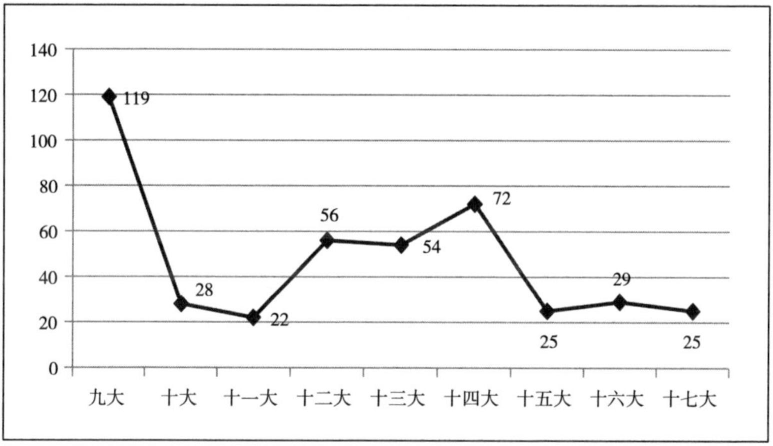

图 26　工会历次代表大会工作报告主题词“工人阶级”频率变化情况（单位：次）

第四，革命话语的淡化明显，改革（创新）话语成为工会自

① 彭恒军等：《工人与国家：认同与责任——工人作为“阶级”的政治逻辑》，北京：光明日报出版社，2014 年，第 3 页。

② 如沈原的《社会转型与工人阶级的再形成》，吴清军的《西方工人阶级理论形成述评》等。

我认知的主要来源。首先，革命在九大前后仍然处于“文化大革命”刚结束的政治遗产处理过程中，革命话语是主流的话语体系。工会也不例外。正如主题词“工人阶级”从中国工会九大到中国工会十大的锐减一样，“革命”词频在中国工会十大报告一下就下降到个位数（如图 27 所示），说明 20 世纪 80 年代初整个社会话语体系的转型。与此形成鲜明对比的是，“改革（创新）”逐步成为主流词汇（如图 28 所示），从中国工会十一大突然上升到词频 140 次，可见 20 世纪 80 年代末改革话语的强势程度。此后，改革话语一直保持着居高不下的态势。正如前文分析的那样，工会作为具有一定程度自主行动的能动者，自身改革的冲动其实一直比较强。从中国工会十一大开始，特别是进入 21 世纪以来，历年的执委会报告都将工会自身的改革作为一部分加以重点论述，可见工会对自身改革的认识还是比较清醒的。党的十八大以来，在党

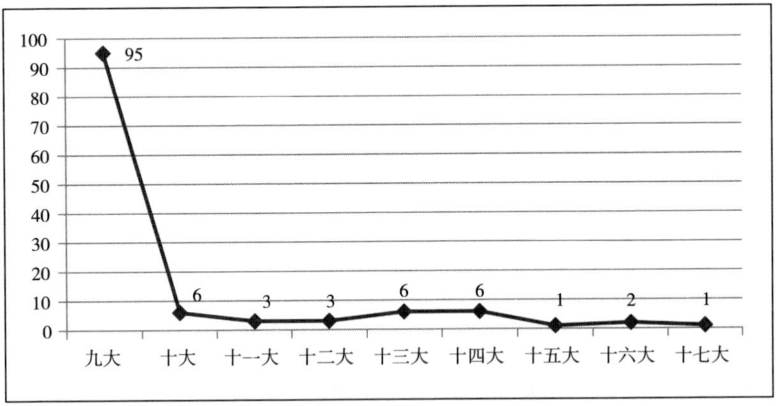

图 27　工会历次代表大会工作报告主题词“革命”频率变化情况

（单位：次）

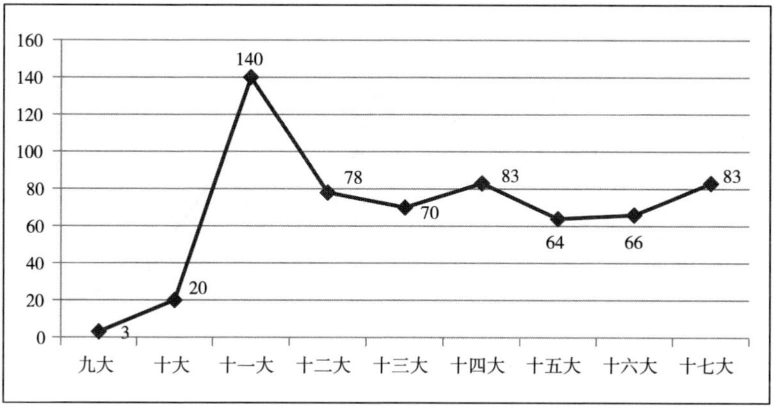

图 28　工会历次代表大会工作报告主题词“改革（创新）”频率变化情况（单位：次）

的话语体系内，改革话语再度成为主流，工会的改革（创新）也不断升温，成为工会系统自我价值认同的重要来源。

第五，民主话语呈先升后降的总体态势。现代民主是工人阶级推动的，因为工人阶级本身就是要求民主的阶级，当其力量发展超过了阻碍民主的阶级时，民主化就会产生。① 诚然，职工代表大会制度作为基层群众自治制度的三大支柱之一，是企业工人参与产业民主的重要渠道。而从“民主”词频的变化（如图 29 所示），可以看出，2000 年之后工会谨慎使用“民主”话语，与邓小平强调的“工会首先是民主的模范”时期相比，呈逐步弱化态势。

第六，劳动的认同感在增强（如图 30 所示）。正如前文分析

① Dietrich Rueschemeyer, Evelyne Huber Stephens and John D. Stephens, *Capitalist Development and Democracy*, Chicago: University of Chicago Press, 1992. 转引自陈周旺、汪仕凯：《工人政治》，上海：复旦大学出版社，2013 年，第 108 页。

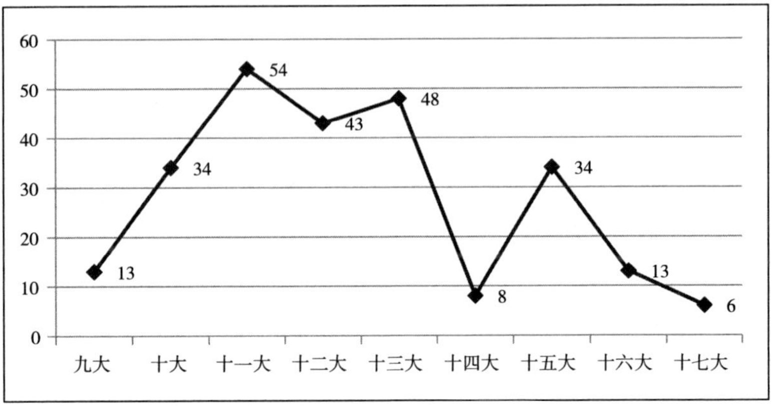

图 29　工会历次代表大会工作报告主题词“民主”频率变化情况（单位：次）

的那样，作为自主行动的主体，工会进行思想政治引领更倾向于劳模精神、劳动精神、工匠精神这样的正面引领，因此，在话语体系中也呈不断增强的发展趋势。可以说，工会通过强化劳动话语不断强化社会对其价值认同，与“维权”词频的波动情况不同，这也体现了工会的行动理性。

3. 职工对工会的观念认知及工会合法性的真正来源

按照马克斯·韦伯的合法性理论，工会的合法性应该来源于职工的认同。这也是汤姆森等阶级形成理论的主要观点。如果参考政治社会化理论，其被看作建构政治体系合法性的重要机制，政治体系通过各种途径与机制，使官方意识形态传递给社会成员，并成为社会成员信仰与遵循的政治准则，从而认同其统治合法性。从这个角度来看，政治社会化主要涉及两方面的主体：一方面是

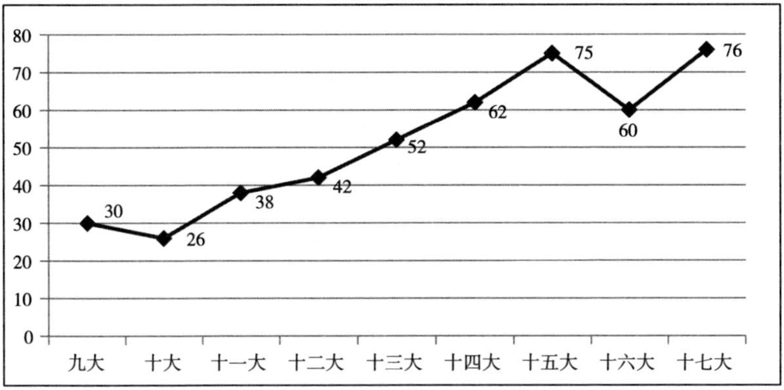

图 30　工会历次代表大会工作报告主题词“劳动”频率变化情况（单位：次）

政治体系，另一方面是社会个体。[①] 就如有学者认为：“政治社会化实际上是一个双向运动，一方面是政治体系以建制化或潜移默化的方式塑造社会成员的政治倾向和行为模式的过程，另一方面是社会成员不断认知、学习和适应的过程。”[②] 有学者试图把第二代农民工的研究纳入马克思阶级形成的理论视野，将情感体验、身份认同等通常归属于认同政治的主题与生产方式、阶级结构等阶级分析的传统主题结合起来，以凸显认同政治研究在马克思阶级分析中的价值。[③] 那么如何考量职工对于工会的认同度呢？全国总工

---

① 宋道雷：《身份认同与制度制定权：反政治社会化行为的解释机制》，载《南京师范大学学报》（社会科学版），2018 年第 5 期。

② 熊易寒：《青少年的政治倾向有多重要：政治社会化研究 50 年回顾》，载陈明明主编：《复旦政治学评论：转型危机与国家治理》，上海：上海人民出版社，2011 年，第 236 页。

③ 卢晖临、潘毅：《当代中国第二代农民工的身份认同、情感与集体行动》，载《社会》，2014 年第 4 期。

会每五年举办一次中国职工队伍状况调查，为我们提供了宝贵的历史数据和分析材料。笔者利用工作之便，从这些调查中选取职工的认同数据，从而分析职工对工会的认知情况及工会的合法性情况。

（1）职工队伍状况调查总体情况

定期开展全国职工队伍状况调查是党中央交给工会的一项重要任务。准确、及时、全面地把握职工队伍现状和发展变化的特点，是工会工作的重要基础。为了准确把握我国职工队伍的发展变化趋势、深化对职工队伍发展规律的认识，根据党中央的部署，全国总工会先后参与和独自开展了 8 次全国职工队伍状况调查。

1982 年的第一次调查，是由中央书记处研究室牵头、全国总工会等单位参加的。其背景是全党全国工作重心开始转移到以经济建设为中心的现代化建设上来。通过调查，得出了在新的历史条件下，工人阶级作为一个阶级不仅依然存在，而且将在向以经济建设为中心的战略转移中发挥主力军作用的结论。1986 年的第二次调查，是在我国城市经济体制改革全面展开的背景下进行的。通过调查，得出了我国工人阶级坚定地拥护和支持改革，工人阶级是改革的重要力量，改革必须依靠工人阶级来推进的结论。1992 年的第三次调查，是在改革开放力度加大，确立了建立社会主义市场经济体制目标背景下进行的。通过调查，得出了推进改革开放、发展社会主义市场经济，必须坚持科学民主决策、职工总体受益、改革力度与社会承受程度相适应的原则，维护好职工利益的结论。调查样本约 4.9 万人。1997 年的第四次调查，是在我国经济结构战略性调整、国有企业战略性改组加速进行的背景下进行的。通过调查，得出了必须加大调整劳动关系力度，在企业建立稳定协调的劳动关系，依法维护广大职工合法权益等结论。调查样本约为 5.4 万人。2002 年的第五次调查，是在我国进入全面建设小康社会、加快推进社会主义现代化新的发展阶段的背景下进行的。通过调查，得出了必须正确认识和处理职工队伍的内部关系，切实保障不同群体职工的合法权益，巩固职工队伍团结统一的结论。调查样本约为 2.1 万人。2007 年的第六次调查，是在中央提出构建社会主义和谐社会的背景下进行的。通过调查，得出了要发展工人阶级的先进性，正确处理职工队伍内部利益关系，保障职工就业和分配权利，加强基层民主建设，发展和谐劳动关系等方面的结论。调查样本约为 4.2 万人。2012 年的第七次调查，是在我国正处于全面建设小康社会的关键时期和深化改革开放、加快转变经济发展方式的攻坚时期的背景下进行的。通过调查，得出了要在全面建设小康社会、加快推进社会主义现代化中充分发挥工人阶级主力军作用，坚定走中国特色社会主义工会发展道路，维护职工合法权益，激发广大职工创造活力等方面的结论。调查覆盖 5.5 万个职工样本和 4000 余个单位样本。2017 年的第八次调查，抽样问卷分为职工问卷、工会主席问卷两部分，职工问卷共调查 45026 个样本，回收有效问卷 45002 份，有效回收率为 99.9%，其中已建工会单位职工占 83.3%，未建工会单位职工占 16.7%；工会主席问卷共调查 3750 个样本，回收有效问卷 3744 份，有效回收率为 99.8%。同时，依托全国总工会门户网站、中工网、人民网工会频道等网站和工会微信公众号、微博等新媒体平台，面向全社会开展网络调查，有12.8万名网民（其中职工8.9万人，占69.5%）在线填写问卷。

全国职工队伍状况调查通常在历次工会全国代表大会的前一年开展，以便为代表大会的召开提供最新的职工队伍状况资料。每次调查当年均成立全国职工队伍状况调查领导小组，由全国总工会书记处主要领导任组长、副组长，下设调查办公室，由全国总工会研究室牵头。回顾历次调查，可以看到，定期开展全国职工队伍状况调查，充分运用文献研究、问卷调查、典型调查、个案访谈等研究方法，获得了丰富翔实的原始数据资料，形成了一大批有价值、高质量的研究报告、专题报告。这对于我们准确把握一个时期职工队伍发展变化及其特点、深化对职工队伍发展规律的认识、有针对性地开展职工维权服务工作，对于加强和改善党对工人阶级和工会工作的领导、制定出台涉及职工和工会的政策措施、加强和改进工会工作、在党和国家工作大局中更好地发挥工会组织的作用，提供了科学的决策参考，发挥了重要的指导作用。

（2）关于职工对工会认同感的数据分析

关于工会作用的发挥情况，由于问卷设计的不连续性，我们可以从1986年至1997年的问卷调查情况来看，职工对工会的认同度一般不超过50%。1992年的调查中，具体关于个人利益受到侵害、民主权利遇到障碍、有意见建议等情况时，工会能很好发挥作用的比例分别为39.8%、40.7%、45.9%。2007年职工对工会在维护职工合法权益方面作用，认为发挥作用的比例为56.4%，

2012年调查显示，大部分职工认为工会应当把维护职工合法权益放在首位的占70.1%。从职工有困难找工会的认同来看，虽然近年来有所上升，但仍然仅仅占30%左右。而通过职工解决劳动争议等诉求的渠道来看，工人一般想到的是亲朋好友，找单位党政领导解决的比例也高于诉求于工会解决，可见工人对工会的认同感仍不强。

在企业中，工会的一项重要职能就是组织召开职工代表大会，对关系职工切身利益的问题进行民主管理。从职工对职工代表大会的认同来看，呈不断上升趋势。这说明，一方面职工重视自身民主权利的实现，另一方面对工会切实发挥作用存有期待。从2012年和2017年两次调查中对职工对工会印象关联词汇的问卷就可以看出，在职工理想认同中，工会作为职工代表是“天经地义”的，占比分别高达74.4%和63.2%，远远高于其他选项。而工会在职工印象中“单位领导”“政府机关”的比例不低，2012年分别为19.2%、9.6%。其次，工会与旅游、文体活动相联系的比例也不低，2012年、2017年分别为16.4%、22.5%。可见，工会距离职工群众权益的代表者、维护者的认同还有一定的差距。

综上所述，本章可以对应“结构—行动—过程”框架的政治过程分析。本书强调的工会角色调适和功能变迁过程不同于政治决策过程，而是类似社会运动理论中政治过程理论对宏观政治与微观行动的互动过程。本书认为，这个过程可以通过组织化、制度化和观念建构三个维度来分析其内在机理。

组织化是政治或社会组织进行内部整合的过程，任何一个组织都无法绕过组织化的过程。从历史政治学的视角来观察，工会作为群团组织的重要团体，“群”的称呼本身即是中国集体主义传统价值观念的集中反映。《论语》中的“群而不党”是中国传统政治观念的内核之一，各个群体都有组织化的需求，传统社会中一般以亲缘为基础，进而发展成为各种地缘和业缘组织。传统社会的雇工群体自发组织起来成为行帮，成为与行会、同业公会等具有利益代表性的团体。近代以来，与机器化大生产相联系的现代意义的工人群体兴起后，松散且由把头等把持的行帮已无法满足工人群体的组织化需求。因此，工会等组织应运而生。新中国成立以来，工会的组织化不断完善，特别是与单位制的政治社会机制相结合，工会成为中国组织系统完善的群团组织。而改革开放以来，单位制逐渐解体，与市场相伴生的私营企业蓬勃发展，非公有制企业中的工人群体数量逐渐超过国有企业，传统单位制下的工会不再适应市场经济的发展，越来越多的工人游离在组织化团体之外。也正是在这样的背景下，老乡会、同乡会等成为进城务工的农民工联系最为密切的主要纽带。因此，工会的组织化成为当务之急。没有组织化，就谈不上工会的“维护、建设、参与、教育”四项社会职能。而没有组织起来的工人群体在“资本—劳动”二元格局中处于更加弱势的地位，劳动争议在无法通过组织化渠道解决的背景下，非组织化的集体行动或群体性事件，就日益成为主流，也成为政党—国家对社会控制的不稳定因素。工会的组织化通过两种形式表现出来：其一是吸纳工人群体加入工会之中，特别是农民工群体入会，成为工会对社会群体组织化的典型。此外，还有出租车司机群体、货车司机群体等，都先后成为工会组织化对象。目前，随着新经济组织、新社会组织的发展，如何将这部门群体吸纳进工会，也成为工会组织的重要课题。农民工加入工会，不仅具有现实政治意义，与企业家入党具有同等重要的政治价值，同时具有重要的理论价值。其二是工会组织体系的完善或拓展，当前工会是最大的人民团体，然而仍然存在很多空白区域。此前，工会建会一般通过依靠企业或行政力量自上而下推动，体现出较强的行政效率。而随着市场经济发展，越来越多的企业特别是外资企业不愿成立工会，21 世纪初期这种状况尤其明显。外资企业沃尔玛公司素以抵制工会著称，在沃尔玛取得建会突破，一方面显示了工会组织化的灵活性，另一方面凸显了自下而上依靠职工推动建会的重要意义。

在完成了组织化的目标之后，如何将新吸纳的群体或组织纳入政治体系中，成为政治发展中关键的步骤。亨廷顿发现现代国家发展中的重要因素就是制度化程度。本章的制度化包括工会制度供给的方式、动力机制和绩效分析。在供给模式方面，参照历史制度主义西伦和马洪尼对渐进性制度变迁过程的分类，劳动合同制度、集体协商制度等在新中国成立初期就已有相关制度安排，由于政治体制变迁等因素，改革开放后发生偏移（drift）和转化（conversion）。在动力机制方面，工会的制度供给是社会的“反向运动”的一部分，可以从波兰尼的转型理论中找到理论依据。中国改革开放以来市场的发展是伴随社会与国家的分离同步开始的，然而随着资本力量的不断强大，市场绑架了社会，成为主导社会的主要原则，社会则沦为市场的附庸。对此，社会自发发起向市场的“反向运动”，主要就是通过国家规制等实现，工会是社会“反向运动”的主体之一，在“资本—劳动”二元对立中，工会作为劳动的代表对资本必然要进行抵制，这也就很好地解释了20世纪末和21世纪初的《中华人民共和国劳动法》《中华人民共和国劳动合同法》等出台的理论意义，也是工会制度供给的重要动力来源。另外，工会制度供给是政党—国家宽松的政治环境、工人的制度化需求和工会自身理性选择多重逻辑叠加的结果。尤其是20世纪80年代末的政治体制改革为工会解放思想、增强维护职能自主性提供了比较充足的空间。工人群体的“以理维权”也需要制度化渠道来支撑其行动的合法性。工会为增加从其会员方向的合法性认同，也必须不断完善制度体系，从而适应市场经济下的制度需求；同时，工会的制度供给也是政党—国家为对新兴社会群体的管控空白增加了制度渠道。在制度绩效方面，工会目前的制度供给是丰富的，然而绩效却不甚理想。笔者认为，主要是制度绩效反馈回路的缺失、工会系统对自上而下推动方式的路径依赖以及职工群众对制度设计缺乏足够的制度认同三个方面共同作用的结果。

观念建构不仅是意识形态的重要形式，同时也是合法性的主要来源。历史制度主义越来越重视观念的作用，乃至发展成为建构（话语）制度主义这一独立的理论流派。在关于工会角色调适和功能变迁的观念建构上，本书认为，主要有三个方面来源：政党—国家、工会自身和工人群体。在政党—国家方面，本书通过对改革开放以来历届中央领导同志对工会定位的文本分析，得出工会在党的合法性赋权方面是比较充足的，党一直重视工会作为党领导的人民团体“桥梁纽带”作用的发挥。在工会自身认同和话语体系方面，本书通过对改革开放以来历次工会全国代表大会的文本分析，得出工会在服务、改革、劳动等方面话语的增加，同时，在工人阶级、民主等方面话语的不断弱化，从而体现了工会自身的价值取向。在工人群体对工会的认知方面，本书通过对历次全国职工队伍状况调查数据的分析，发现职工对工会的认同度虽有一定的提升，但仍然不是职工维护利益的主要诉求通道。在保持政党—国家通过制度供给、观念建构等为工会合法性赋权的同时，成为真正意义上的社会组织并获得会员的认同以获取合法性，对工会是大势所趋。

| 第六章 |

工会参与国家治理的逻辑

本章从中国工会角色调适和功能变迁引申开来，探讨工会对政党—国家建设的意义以及政党—国家如何应对和引导中国工会的转型。对此，有学者从工会等群团组织的体制内转型出发，认为中国社会转型的成功，体制内组织的转型而非断裂发挥至关重要作用，为整个社会转型发展提供了一种可以延续的载体和弹性空间。这种弹性，不仅体现在空间——组织替代上，使新兴的社会组织始终处于党“差序格局”的次外层，同时也体现在时间——组织发展上，为体制内组织转型、增强适应性以及与新兴社会组织互动提供了比较充裕的时间。[①]张静认为，随着单位制的解体，个体与公共制度之间的组织化连接渠道发生萎缩和缺失，因而，社会失去了来发挥上下连接、传递信息、协调差异的制度化渠道，而法团主义式的组织充当了社会成员再组织化的身份，实现了社会的平衡器作用。[②]这些学者的视角都很具有启发意义，本章中，笔者尝试从工会角色调适和功能变迁对提升政党—国家能力的宏观视角出发，而这也是工会角色调适和功能变迁的最终落脚点。那么实现路径是什么呢？就是通过政党—国家对工会等

---

① 韩福国等著：《新型产业工人与中国工会——“义乌工会社会化维权模式”研究》，上海：上海人民出版社，2008 年，第 431 页。

② 张静：《法团主义》（第三版），北京：东方出版社，2015 年，第 198-201 页。

群团组织领导方式的转变以及工会充分发挥自身能动性，从而构建具有能动和弹性意义的政治社会空间。

一、工会参与国家治理的理论框架

1. 政治社会场域中的工会组织

国家—社会关系理论是现代政治的基础理论框架，在前文已经作了介绍。国家—社会关系理论的前提是国家与社会具有比较清晰的分野，从黑格尔到马克思的国家理论以及西方研究宏观政治的政治学理论，都隐含在国家—社会关系理论的分析框架下，这与西方社会发育得比较早且成熟有关。随着西方政治学成为政治学的主流话语，我国学者在研究我国政治体制时也都沿用了这一分析视角。然而，中国政治实践的特殊性并不完全能够通过这一理论框架展示出来。比较典型的就是政党，在国家—社会关系理论中，政党应该是社会的范畴，政党从社会中一部分群体中生成，代表和表达部分群体的利益，并将其整合到国家的政治过程中。然而，我国现代国家建设是由政党主导完成的，政党先于国家，政党原则主导国家建设原则，因此，严格地说，我国的执政党应该属于国家的范畴，政党与国家是一体的。同时，我国的社会在新中国成立后也被政党组织化到政治体系中，具有政治化的色彩。改革开放以来，政党—国家通过权力的下放和收缩，为社会的成长释放了空间，无论是从生成机制还是发展模式来看，这种意义上的社会与国家—社会关系理论中的社会并非完全一致的。一般来说，国家是通过有形的组织化权力网络和无形的意识形态权力来形成政治决策并完成国家治理，而社会则通过主张和表达对物质、精神文化等的权利来对抗国家、形成自治状态。社会的权利构成国家的权力的合法性基础。在我国的政治发展中，政党—国家取得政权是通过抵抗外侮、统一政权的革命手段来完成的，具有历史的正当性和排他的合法性。改革开放是向现代意义上的国家建设过渡的重要一步，同时，改革开弓没有回头箭，从经济体制改革释放的市场空间逐步成长为具有主体性的社会空间，逐步具有国家—社会的二元框架形态，这就是党领导的社会革命的一次重大跨越。一旦释放了以权利为价值依归的社会空间，政党—国家就不可能再通过革命等手段褫夺或收回。更重要的是，政党—国家的合法性来源也逐步向社会的认同转化。按照这个发展逻辑，我国社会应该由两部分组成。一是政党—国家通过权力收缩形成的具有社会性质的组织，二则是国家权力让渡给社会权利后自然生成的社会组织。本书正是针对第一种情况，即转型中形成的从政党—国家分化出来的具有社会性质的组织，从而提出“政治社会”的概念来指代这些组织，并分析其功能和价值。本书并非颠覆国家—社会关系理论，而是在这一理论框架下，结合中国的实际情况进行补充和完善的。

本书用政治社会的概念，是从波兰尼的“市场社会”中得到启示。在波兰尼看来，市场、市场经济、市场社会是程度逐渐递进的概念。市场社会的对立面是社会市场，即被商品化原则主导的放任自由的市场，而市场社会中既有市场的成分，同时也包括对扩张性市场产生保护主义的“反向运动”的社会。在保护主义运动中不仅工人阶级会扮演重要的角色，其他社会各阶层都会参与其中，甚至资本家也会抗拒自律性市场所产生的不确定与波动而要求保护政策来增加稳定性和可预测性。[①]同时，我们可以从波兰尼那里得到的启发是，市场自由主义和马克思主义都认为，每个社会都必须从此二者中选择其一，要么是市场资本主义，要么就是社会主义，除此二者之外，别无其他选项。波兰尼则认为自由市场资本主义并非真的选项，只是一个虚无的幻想。而且他认为社会主义国家中仍有市场可扮演的角色。[②]那么，国家与社会之间的分野是否也是截然而分的呢？在中国的政治实践中，我们完全可以摆脱这种二分法，比如中国的党就绝非是社会的一部分，而是与国家合二为一的。那么是否存在一个介于国家与社会之间的空间呢？政治社会的概念就恰如其分。

关于政治社会的概念，葛兰西在《狱中札记》中进行明确论述，他将上层建筑区分为市民社会和政治社会，政治社会“相当于通过国家和司法政府所行使的‘直接统治’或管辖职能”。[③]在葛兰西看来，与市民社会相对应的称为“政治社会”，虽然他的“政治社会”与“国家”可以互换，但绝不仅限于目前的“国家”范畴，而是包含更丰富的内容。阿尔佛雷德·斯泰潘认为，政治社

① ［英］卡尔·波兰尼：《巨变：当代政治与经济的起源》，黄树民译，北京：社会科学文献出版社，2017年，第26页。

② ［英］卡尔·波兰尼：《巨变：当代政治与经济的起源》，黄树民译，北京：社会科学文献出版社，2017年，第27–28页。

③ ［意］葛兰西：《狱中札记》，曹雷雨、姜丽、张跣译，郑州：河南大学出版社，2014年，第11页。

会是民主的先决条件，由政党、选举规则、政治领导、政党间联盟以及立法机关构成。[①] 其组成要素要么是国家制度的一部分，要么是国家与社会互动的产物。斯泰潘政治社会的分析概念和建构的政治社会理论是对国家—社会关系二元论的突破，他的政治社会主要立足于从社会中生长出来的政治组织及其运作机制，并将其限定在民主选举社会中，因此，相对来说其方法论意义更具价值。帕森斯在《现代社会的结构与过程》一书中指出，现代西方比较大型的科层组织有两个影响最大的功能领域，即政治领域和经济领域，并根据经济功能和政治功能在社会系统中确定位置。[②] 在邹谠看来，中国 20 世纪政治的基本特征是从一个传统权威主义政治系统（traditional authoritarian political system）转变成一个现代"全能主义"的政治系统（modern totalism political system）。邹谠政治系统的概念包括政权组织（political regime）、政治文化以及国家与社会关系三大部分。[③] 邹谠的国家与社会关系其实就是政治系统中介于国家与社会之间的地带。

在笔者看来，对于现代化转型过程中的国家来说，如果国家与社会的分野已经完成，然而国家权力仍然渗透在社会的各个方面并发挥影响力，自由主义意义上的市民社会尚未完全形成；另

① Alfred Stepan, *Rethinking Military Politics*, New Jerey: Princeton University Press, 1988, p.4.

② ［美］帕森斯：《现代社会的结构与过程》，梁向阳译，北京：光明日报出版社，1988 年，第 48 页。

③ 邹谠：《二十世纪中国政治：从宏观历史与微观行动的角度看》，香港：牛津大学出版社（中国），1994 年，第 206 页。

外，社会并非完全的受制于国家权力，而是在一定程度上具有自主性，可以与国家之间进行互动，对国家权力也产生较大影响。在这种情况下，不同于多元主义下的社会孕育出政党等政治组织，也不同于国家主义的国家远远强于社会，社会完全没有自主性。对于国家—社会处于这种相互融合状态，笔者认为，可以称为政治社会。政治社会的主要特点就是政治组织具有社会性以及社会组织具有政治性。

按照这种定性，本书提出国家—社会关系理论可以进一步完善为“国家—政治社会—社会”三元理论框架。具体可以用图 31 表示：

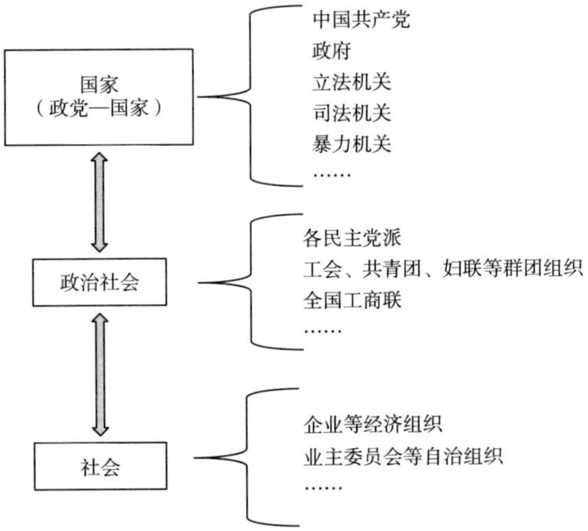

图 31 “国家—政治社会—社会”三元理论框架

在中国的政治发展中，政治社会包括各民主党派，工会、共青团、妇联等群团组织，全国工商联以及类似的具有国家政权组织和社会组织双重性质的组织。从党的领导逻辑来看，这具有党的统一战线和政治协商、群众路线等理论基础。统一战线是党在领导革命和建设过程中的“重要法宝”，政治协商是中国特色社会主义民主政治的重大创举，群众路线则是党与群众关系的根本原则。在政治社会中，这些组织的首要原则都是自觉坚持党的领导，无论是作为参政党的民主党派还是作为人民团体的群团组织，从关系的测距来看，政治社会中的组织与政党—国家的距离要远远近于同社会成员的距离。然而，政治社会中的组织都具有比较鲜明的社会性质，如果脱离了社会属性，这些组织的合法性基础也都不复存在了。

笔者认为，政治社会的分析理论之所以具有很好的理论价值，在于其一，政治社会强调了国家社会之间的互动性和融合性，并不是一味地强调国家或国家能力而忽视与其有千丝万缕联系的社会基础，也不是单纯地鼓吹市民社会或过于强调社会组织的影响力，轻视了国家政治权力对社会的渗透和控制。工会作为具有政治属性和社会属性双重属性的组织，与政治社会分析框架比较贴切。其二，政治社会对解释转型的中国具有适用性，从2000年以来，社会组织研究的一度火爆，而事实证明各种分析框架基本都不具有现实解释价值，只是学者的一厢情愿，现在基本归于平淡。工会等群团组织正是政治社会非常典型但并非完全的组成要素，对于中国政治转型和社会建构都发挥着重要的作用。如果单纯地将工会视为政治组织，那么工会角色调适和功能变迁所体现出来的一系列社会价值将被抹杀；如果一厢情愿地将工会定义为社会组织的话，更是无视工会在政治体系中的定位及工会与党的密切关系。如果如查尔斯·蒂利所说的，现代国家的形成充满了国家与社会之间的讨价还价，[①] 那么对于当前的中国，工会等群团组织则是比较好的“讨价还价”的工具和载体。其三，政治社会分析理论的落脚点在社会上，国家自主性的差异在于“政权的结构及其同社会联结的方式”[②]，现代国家都通过不同方式努力追求将自身嵌入社会之中，从而控制不同层面的社会力量。因此，政治社会的重点指向社会。而本书的论述旨趣也在此，工会等处于政治社会场域中的群团组织，其转型的落脚点也在社会，如果一味追求政治层面的认同，而失去社会的合法性基础，这些组织的转型必将以失败告终。因此，如何在不损失政治性的前提下，完成政治组织的社会转型，是工会等群团组织必须面临的课题。

2. 作为缓冲和弹性空间的政治社会

在政党—国家一体化的框架下，党与群众的关系很大意义上就是国家与公民的关系，直接影响公民对政党—国家的执政认同和合法性基础。因此，当前党群关系的重要意义并不亚于革命年代的党群关系。因此，历任党的最高领导人都反复强调党群关系、走好群众路线的重要性。党的十八大以来开展的群众路线教育实践活动等也都是为加强党与群众之间的联系。然而，与西方国家

---

① ［美］查尔斯·蒂利：《强制、资本与欧洲国家》，魏洪钟译，上海：上海世纪出版集团，2007 年，第 112 页。

② Peter Evans, *Embedded Automony: State and Industrial Transformation*, New Jesey: Princeton University Press, 1995, p.126.

政党政治不同，执政党与民众通过选举来确立认同关系，定期举行的选举从形式上解决了选民的认同困境，也缓解了与国家机器的张力关系。我国政党—国家一方面通过体系完善的基层组织密切党群关系。工会等政治社会作为政党—国家与社会的融合地带，可以发挥政党—国家与社会之间的缓冲空间作用。

从中国工会角色调适和功能变迁来看，改革开放以来的体制内转型过程避免了体制的刚性转换，单位制的现代转型过程中不可避免出现组织真空，这就需要政党—国家保留一部分体制内组织作为转圜的空间。对于工会来说，国家从社会退出，国有企业仍然在政党—国家的绝对控制下，而大量发展起来的私营企业，政党—国家的权力缺乏有效和直接的渠道，而私营企业也是劳动关系最复杂多样的社会领域。越是经济发达的地区，劳动争议就越容易展现出社会冲突的特征。特别是随着社会群体的流动，农民进城务工，事实上成为真正意义的工人，阶级间的分界日益模糊，这些群体的诉求缺乏制度性渠道释放，这些对政党—国家都是比较危险的。这就为工会组织在蓬勃发展的私营企业中发挥国家权力延伸角色和作用提供了空间。

从政治社会与自发生成社会的关系来看，20 世纪 90 年代以来，私营企业和外资企业逐渐成为市场的主体，不可避免带来日益增长的劳动争议。政党—国家在处理劳动关系问题上是积极的，及时出台了一系列协调劳动关系的政策。然而，政党—国家在应对劳动关系冲突上始终是处于被动和滞后状态的，这是资本—劳动对立格局中的必然状态。因此，一方面工人群体有自发组织化的需求，另一方面境外势力的参与使劳动领域自发组织的蓬勃发展变得复杂起来。劳动关系问题不再限于劳动关系双方博弈，成为社会公共话题。中国工会在转型过程中缓冲了工人群体与政党—国家的直接对抗，在通过吸纳农民工等群体加入工会来满足工人群体组织化需求的同时，通过组织上的排他性缓释了劳动领域社会组织对政权的挑战。

同时，工会通过制度化成为波兰尼社会“反向运动”的一部分，通过集体合同、集体协商、劳动关系三方机制等将工人群体纳入制度化渠道中。工会制度供给是政党—国家宽松的政治环境、工人的制度化需求和工会自身理性选择多重逻辑叠加的结果。尤其是20世纪80年代末的政治体制改革为工会解放思想、增强维护职能自主性提供了比较充足的空间。工人群体的“以理维权”也需要制度化渠道来支撑其行动的合法性。工会为增加从其会员方向的合法性认同，也必须不断完善制度体系，从而适应市场经济下的制度需求；同时，工会的制度供给也是政党—国家为对新兴社会群体的管控空白增加了制度渠道。

3. 政治社会的利益代表、表达与整合功能

在我国，党与国家已经融为一体，现代国家建设是由党主导的，这是中国的国情，也是中国的特色。党一方面与国家一体化完成国家治理；另一方面作为领导党，代表最广泛人民群众的利益。然而，实际上这两者在现实中并不能清晰区隔出来，因此，党的代表、表达与整合功能与国家政治过程往往交融在一起。从本书对中国工会角色调适和功能变迁过程中的自主性分析可以看

到，工会等政治社会中的组织有各自代表的社会群体，改革开放以来，在坚持党的领导，围绕中心、服务大局的同时，又要做好各自联系群体的利益代表、表达和整合功能，实际上发挥了政治过程中的利益团体的作用。从性质上来，这些组织是社会部分群体的代表，通过将各自代表群体的利益纳入政治过程，以实现社会的整合，具有与政党类似的功能。从这个意义上，我们可以将党的这些外围组织视为“准政党组织”。

本书分析了工会的代表与参与职能。《中华人民共和国工会法》和《中国工会章程》都明确了工会作为职工利益代表者和维护者的定位。社会主义政治制度的民主性质也从客观上要求工会代表职工参与国家政权管理。从微观层面来看，工会代表工人群体利益通过工资集体协商、职工代表大会制度等制度化形式表现出来。从宏观层面来看，工会作为劳动关系三方机制的一方代表，与政府和企业家协会进行协商。在利益表达层面，工会主要通过源头参与来实现，这也是我国工会与西方工会最大的差异所在。工会通过参与立法、政策的制定以及工会界别政协委员的参政议政，实际上成为政党—国家政治过程的一部分。如果用结构主义系统论的框架，工会既是政治过程的输入方，也是政治过程中的利益转换政策的组成部分。改革开放以来，工会在保持政治性的前提下，尽可能代表工人群体制定政策、出台法律，表现出很强的利益团体特征。例如，《中华人民共和国劳动合同法》的出台，就很充分体现了劳动者权益的维护，虽然也因此备受社会和学界争议，有的认为该法律超前中国国情，也有的认为对中国经济产生巨大负面影响，但是从工会角度来看，则完全体现了工会的利益表达。

关于利益整合，这是一个较为复杂的过程。总体来说，可以表现为以下几个层面：一是维护职工合法权益，特别是经济权益。劳动关系作为社会关系的重要形式之一，工会是劳动关系矛盾的产物。新中国成立以来，工会就明确意识到维护权益的价值所在，只是在新中国成立初期以生产为中心的大背景下无法实现，从而背离了工会的初衷。20 世纪 90 年代以来，工会将维权作为基本职责，不断适应广大职工与时俱进的需求，从生存权益的维护到发展权益的维护，从被动维权到主动维权、依法维权，从追求社会保障权益到追求劳动安全卫生健康权益，从 20 世纪 90 年代突出维权的蛇口模式到 21 世纪新阶段义乌“党委领导、政府支持、部门配合、工会运作、职工参与”的社会化维权经验，工会维权服务的内容、重点、手段、方式方法等都在不断创新。二是参与社会治理。主要体现在协调劳动关系方面。2011 年，全国总工会印发《关于参与加强和创新社会管理做好新形势下职工群众工作的意见》，明确参与社会治理的原则：坚持党委领导，发挥协同作用；坚持群众路线，竭诚服务职工；坚持服务大局，加强协商协调；坚持与时俱进，提高参与实效。把职工群众工作渗透到社会治理之中，在参与引领、组织、管理、服务、稳定社会 5 个方面发挥作用，明确并落实各级党委和政府社会治理的主体责任，推动构建党委领导、政府负责、社会协同、公众参与、法治保障的社会治理体制。三是加强对职工思想引领，凝聚人心。通过对劳动精神、劳模精神乃至近期工匠精神的塑造，构建了正向激励的思想政治工作框架，取得了积极的效果。

二、工会在国家治理体系中的积极作用

1. 工会等群团组织力量直接关系政党—国家能力

如何提高执政的有效性与如何增强执政的合法性，这两个重大命题相互联系、相辅相成，同时相互之间又有一定的张力。[①] 在政治发展理论中，政治稳定和政治秩序是政治发展的基础，也是国家能力的重要体现。改革开放以来，经济快速发展，社会群体日益多元化，不同阶层之间利益冲突加剧，社会价值观也在急剧转变，公民政治参与不断提高，我们逐一考察亨廷顿认为会导致社会紊乱的因素，这些因素当代中国都已经具备，为什么中国能够保持相对稳定的政治秩序呢？笔者认为，这要归功于中国独特的政治体制及其表现出的治理能力，也就是政党—国家能力。前面我们已经讨论过政党—国家的概念。因此，在中国的语境中讨论国家能力，其实更准确地应该为政党—国家能力。

正如亨廷顿所说的："对于处于现代化之中的社会来说，所谓'建立国家'，部分地意味着创建有效的官僚机构，但更重要的还是建立一个能够调整新集团参与政治的有效政党体系。"[②] 近年来，在中央文件中，党的执政能力研究在各类政策研究中成果比较丰

① 王长江：《中国共产党执政七十年党建经验再思考》，载《党政研究》，2019 年第 4 期。

② ［美］亨廷顿：《变化社会中的政治秩序》，王冠华、刘为等译，上海：上海世纪出版集团，2008 年，第 335 页。

富。有政党研究学者讨论“政党能力”，试图从学理上对政党能力进行规范性界定和阐释。例如，有学者在“论政党能力：特征和途径”文中明确提出政党能力的概念，认为“一个强有力的政党一定是为政治行动而组织起来的具有团结一致性和内聚力的集团，一定是以人民大众为号召对象，并且能够通过有效的组织与群众联系在一起、对群众实现了充分动员的集团。政党的本质说到底是组织群众支持的工具。”① 也有学者从政党政治角度提出“综合性是政党能力的基本表征，科学性是政党能力的第一要义，实践性是政党能力的本质特性，有效性是政党能力的价值所在”。② 特别是近来有学者从政党—国家角度讨论政党能力，认为“政党能力是政党实现自身职能的主观条件的集合”③，并受到其支撑结构的制约。

在这里，我们还要回到亨廷顿对政党能力或政党力量的定位上。亨廷顿十分强调政党力量对政治稳定和政治发展的重要作用，他在《变化社会中的政治秩序》的最后一章专门论述“政党与政治稳定”。在亨廷顿看来，政治参与和政治制度化的相互平衡是影响政治稳定的两个重要变量，只有具有足够力量进行政治制度化的国家，才能应对现代化进程中日益广泛的政治参与，这样才能

---

① 张涛：《论政党能力：特征和途径》，载《深圳大学学报》（人文社会科学版），2005 年第 3 期。

② 王韶兴：《社会主义政党政治视阈下的政党能力论》，载《学习与探索》，2012 年第 11 期。

③ 袁超：《政党—国家形态下的政党能力——一个解释中国经济转型的理论简纲》，载《内蒙古大学学报》（哲学社会科学版），2015 年第 2 期。

保持政治稳定。而“组织政治参与扩大的首要制度保证就是政党及政党体系。”[①]只有那些在政治参与水平较低时就已经形成了适当的政党组织的国家，如美国、英国、日本、印度等，才有可能在扩大政治参与的道路上稳步前进，反之，类似泰国这样的政党制度起步较晚的国家政治稳定性则相对较弱（如表10所示）。为了尽量减少政治意识和政治参与扩大酿成政治动荡的可能性，必须在现代化进程的早期就建立现代的政治体制，即政党制。亨廷顿敏锐地发现，共产党国家在建立政治秩序方面的相对成功，很大程度上就是由于他们自觉把建立政治组织摆在优先地位。中国共产党成立新中国之后第一步就是将党的控制扩展到全国，并整顿党的组织，直到50年代后期，经济发展才列为党的首要目标。政党及政党体系的稳定和强大，取决于其制度化水平和政治参与水平。无政党国家是相当脆弱的，一种政治制度遭受军人干涉的概率与其政党力量成反比，美国建国国父们之所以反对政党，其实是反对软弱的政党，而非政党本身。

表10 亨廷顿政治稳定的“参与—制度化”关系

	高制度化水平	低制度化水平
低水平政治参与	稳定	稳定或动荡
高水平政治参与	稳定或动荡	动荡

亨廷顿进一步论证了衡量政党力量的几个维度：一是卡里斯

① ［美］亨廷顿：《变化社会中的政治秩序》，王冠华、刘为等译，上海：上海世纪出版集团，2008年，第333页。

马型政党领袖的权力交接。二是组织的复杂性和深度，特别是体现在党与工会和农民协会这样一些社会—经济组织的联系方面。三是政治活动家和权力追求者的政党认同度。这里，我们可以看出政党的外围组织对于政党能力的重要性，这也是本书论述的重点所在，本质上是政党对社会的控制能力。从中国的政治实践来看，党与社会的整合和控制不仅通过党的组织体系来完成，而且通过遍布城乡、覆盖广泛的群团组织来完成。亨廷顿也讨论了政党国家体制下通过外围组织进行社会整合的必然性。

“如果党的领袖试图把这些新集团吸收到这个唯一存在的政党组织构架中来，他们的确能获得兼容并蓄之效，但付出的代价却是削弱党的团结、纪律和热情。如果拒绝新集团于党的大门之外，他们当然能维护党的内聚力，但付出的代价却是危机党对政治参与的垄断权，并诱发以推翻现存体制为目标的紊乱和暴力政治行为。那些在同化新社会力量方面最为成功的一党制国家，通常是按行业组织成正式或非正式的党的外围组织，就像墨西哥的制度革命党所干的那样。如果新的社会力量不能被党组织所吸收，那要么就是一党制消亡，要么这个体制只好靠日趋强化的高压手段在日趋增长的动荡局势下混日子。”①

我们不得不佩服亨廷顿的睿智和敏锐。一般来说，“政党是居

① ［美］亨廷顿：《变化社会中的政治秩序》，王冠华、刘为等译，上海：上海世纪出版集团，2008 年，第 333 页。

于国家和社会之间的政治组织，担负着把国家和社会联系起来的功能。一方面，政党负责把民众的诉求聚合起来，变成政策主张，对公权力的行为施加影响；另一方面，政党通过掌握权力，按照国家意志对社会进行领导和管理。”[①] 现代化的发展必然是一个持续的社会结构分化与变迁的过程，[②] “中国共产党的成长与中国社会和国家的现代化转化之间存在深刻的统一性：后者催生了前者，前者塑造了后者。国家与社会整合的目的是现代化发展，这就要求政党在整合国家和社会、创造现代化发展的同时，还必须具有充分的能力适应和吸纳现代化发展所带来的社会结构分化与变迁”[③]。政党国家对社会的整合目标就是在党的领导下把日益自主化和多样化的社会整合在国家建设框架内，从而建成一个有机共同体，使国家建设得以顺利实现。这种整合不同于革命时代的组织整合，也不同于改革开放前的同构性整合，更大程度地表现为认同性整合。[④] 这种整合从发育社会、协调多元、创造一体的国家建设出发，追求社会的多元化发展和国家一体化建设之间的统一。正如林尚立所说的，政党对社会的整合，不是要使所有的社会组织政党化，

---

① 王长江：《中国共产党执政七十年党建经验再思考》，载《党政研究》，2019 年第 4 期。

② ［以］艾森斯塔德：《现代化：抗拒与变迁》，张旅平译，北京：中国人民大学出版社，1988 年，第 6 页。

③ 林尚立：《中国共产党与国家建设》，天津：天津人民出版社，2017 年，第 212 页。

④ 认同性整合体现在：政党参与社会，从而形成社会基础；政党服务社会，从而赢得社会认同；政党培育社会，从而与社会一体。参见林尚立：《中国共产党与国家建设》，天津：天津人民出版社，2017 年，第 204 页。

而是要使社会组织社会化，政党通过社会化的社会组织网络，达到服务和协调社会的功能，从而实现国家对社会的有效整合。[①]

因此，笔者认为，对社会的吸纳整合能力是衡量政党—国家能力的重要维度，党对社会吸纳整合一方面是通过政党—国家直接的社会政策，另一方面就是通过政治社会中的外围组织来实现的。米格代尔说："为了理解国家治理，你必须拆分国家和社会，提出并回答以下问题：不同的政府官员工作的社会环境是什么？他们在跟谁说话？谁在听他们讲？谁在给他们施加压力？他们能够控制谁、不能够控制谁？"[②]在中国的语境中，党与群团组织关系是衡量政党—国家能力不可或缺的重要因素。即使政党—国家对国家权力的运用很娴熟，但是如果缺乏群团组织的支撑，政党—国家就缺乏了连接社会的重要支柱，这样的话，也不能说政党—国家能力是强大的。

在本书中，笔者考查了中国工会角色调适和功能变迁的组织、制度和观念三重维度。事实上，政党—国家对社会的整合吸纳能力正是通过这三重维度体现出来，中国工会角色调适和功能变迁实际上是政党—国家整合吸纳社会的一部分。在组织层面，改革开放以来涌现出很多新兴的社会群体，比如农民工以及计算机程序员等在新经济组织、新社会组织中的从业人员。同时，20 世

① 林尚立：《中国共产党与国家建设》，天津：天津人民出版社，2017 年，第 203–204 页。

② 张长东、邵梓捷：《社会中的国家与历史中的学者——对话华盛顿大学乔・米格代尔 (Joel Migdal) 教授》，载《浙江社会科学》，2015 年第 5 期。

纪 90 年代以来，随着市场经济的发展，私营企业、外资企业的比重超过国有企业成为市场的主要组成部分，这些企业中党组织也是真空状态。组织化的首要环节就是将组织建立起来，工会在 21 世纪初提出的“组织起来、切实维权”就是这一背景下的政策取向。比较典型的就是在全球坚决不成立工会的外资企业沃尔玛在中国也成立了工会组织，随着沃尔玛建会的突破，外资企业建立工会就迅速铺开了。紧接着是私企特别是小微企业建立工会组织的问题，通过区域性和行业性工会联合会等建立工会组织。吸纳新兴群体入会，加入工会是第一步，加入后产生自发认同才标志着吸纳的成功。农民工加入工会，不仅具有现实政治意义，也与企业家入党具有同等重要的政治价值，以及重要的理论价值。在制度层面，制度化是亨廷顿衡量政治发展比较重视的两个维度之一，当制度化的速度超过公民政治参与时，政治就是稳定的，反之，当公民政治参与的热情远大于制度化消化的进度时，则会造成政治的不稳定甚至动乱。在我国的政治发展中，政党—国家一方面通过抑制公民的政治参与热情，比如对于工人群体的集体行动一直以群体性事件处理，而对工人群体的罢工权则一直没有明确的立法或规定；另一方面不断扩大制度化渠道，通过建设和谐社会、大力发展民生等社会建设，回应人民关切，解决人民主要诉求。在本书中，工会角色调适和功能变迁的制度化由制度供给、制度变迁和制度绩效组成，中国工会角色调适和功能变迁的制度供给是比较充足的，制度变迁存在路径依赖，而制度绩效则要辩证地看待。在观念层面，主要是凝聚社会的共识，增强对政党—

国家的认同感进而增强合法性基础。工会的合法性是双向赋权的结果，一方面工会要持续得到政党—国家的认可和肯定，另一方面工会要得到联系的社会群体即工人群体的认同。通过本书分析，在工会角色调适和功能变迁过程中，前者的认同度和增加值要大于后者，职工的认同是工会角色调适和功能变迁的动力所在。

2. 构建政治社会空间：政治组织社会化与社会组织政治化的双重运动

就属性来讲，政治社会是介于国家与社会之间的既具有政治属性也具有社会属性的地带。正如上文所讲，政党—国家可以通过积极构建这样一个具有双重属性的政治社会空间，作为国家与社会之间的缓冲地带，可以充分发挥他们的利益代表、表达和整合功能，这既是政党—国家组织化的重要组成部分，也为制度化提供充足的腾挪空间，缓和直接面对社会的冲突可能性，使政治过程更加具有弹性和韧性。

对于如何构建政治社会空间，总体来看有两个进路。从政治组织社会化的角度来看，原有体制内的政治属性较强的组织走向社会，增强群众性，加强与所联系群体的密切联系。当前，作为政治属性最强的政党，社会化也是对其基本的要求。从政党本质来说，政党是社会的一部分，从社会中来看，汇集和表达所代表社会群体的利益诉求，通过选举或参与政权将利益诉求纳入政治过程，从而实现对社会的整合。对我国的执政党来说，社会化也是从革命年代起就与生俱来的，“从群众中来，到群众中去”的群众路线就是党的一大法宝。作为党的外围组织，工会等群团组织社会化也是不可避免的进程。从工会角色调适和功能变迁的行动逻辑来看，工会具有社会化的内在冲动和能动力，如果从这个角度考察工会的“维护、建设、教育、参与”职能，其内在都有社会化的成分。如果从结构关系的角度来看，工会与政党—国家的国家是政治性的主要维度，工会与市场、工会与社会、工会与工人的关系维度都是工会向社会化转型的重要驱动因素。更进一步地看，政党—国家在面对社会时，正逐步从同构性整合走向认同性整合，也就是说改革开放前，国家、社会以及各类政治组织都与党同构化，这也是计划经济的主要特征。改革开放后，政党—国家对社会的关系和整合视角逐渐转型，政党—国家从社会抽离出来，社会的独立性不断增强，政党—国家要通过提高执政绩效、提出广泛认同的政治理念以及意识形态教育提高社会对政党的认同度，也就是认同性整合。原体制内政治组织也要通过密切与所联系群众的联系、做好服务工作来增强所联系群体的认同度。这就是政治组织社会化的内在要求。

从社会组织政治化的角度来看，改革开放以来，社会组织如雨后春笋般涌现，这些社会组织是建立在社会自发需求的基础上的。根据国家统计局数据显示，2018 年我国社会组织单位数达 817360 个，与 2008 年相比几乎翻了一番。民办非企业单位数也达到 444092 个。2015 年社会组织从业人员就达到 735 万人。近年来，社会组织党建工作不断强化，《社会组织登记管理条例 (草案征求意见稿)》规定：“在社会组织中，根据中国共产党章程及有关规定，设立中国共产党的组织，开展党的活动。社会组织应当为中国共产党组织的活动提供必要条件。”同时在社会组织登记成立时，明确要求必须同步建立党的组织，并将坚持党的全面领导等相关表述载入社会组织章程。从原有体制内群团组织角度来看，2015年召开的中央党群团工作会议，明确提出政治性是群团组织的灵魂，是第一位的。从工会角色调适和功能变迁的各个阶段，无论是改革开放初期，由《工会改革的基本设想》到1989年《中共中央关于加强和改善党对工会、共青团、妇联工作领导的通知》的出台，还是党的十八大以来对工会政治性、先进性的突出强调等，都彰显了工会作为社会组织政治化的潜在方向。从政党—国家对社会的整合来看，社会组织政治化的趋势越来越明显。

因此构建政治社会空间是政治组织社会化和社会组织政治化的双重运动，在政治化与社会化的互动中，政治社会双重属性不断强化。托克维尔在著名的《论美国的民主》中，大加赞赏美国的民间社会自治组织的作用，这些非营利性组织创造了活跃的公民空间，他认为这是美国社会政治秩序和保持生机活力的重要保证。[①] 而 Theda Skocpol 认为，这些社会组织的作用其实正在日渐衰落，取而代之的是日益专业化的专门团体或专家团队，美国社会正在发生结构性的变化。[②] 反观中国的政党—国家—政治社会—社会结构，如果政治社会充分发挥联结国家与社会的中间的弹性空间的作用，就能够很好地平衡政治与社会的内在张力，其实质是

① ［法］托克维尔：《论美国的民主》，董果良译，北京：商务印书馆，2013年。

② Theda Skocpol, *Advocates without Members: The Recent Transmation of American Civic Life*, in Theda Skocpol and Morris P. Fiorina, eds., 1999,pp.461–510.

权力与权利两者的内在融合，对政治过程也是重要的补充，从而实现秩序与活力的平衡。

3. 充分发挥工会组织的能动作用

政治社会是现代转型国家保持政治稳定和政治发展的重要基础，打造具有足够跨度的政治社会，一方面缓解国家权力直接面向公众，另一方面通过政治与社会的柔性融合对于了解和吸纳民意、缓解和释放冲突能量、增强政权合法性等都具有不可或缺的作用。构建政治社会，一方面对政党—国家来说，联系广泛、覆盖群众的群团工作体系是历史形成的、处于执政差序格局中不可或缺的一部分，也是政党—国家能力的重要载体。政党—国家给予其足够的自主空间，摆脱控制与被控制的传统困局，推动群团组织在多元社会主体中明确定位，并提高驾驭和控制的政党—国家能力。另一方面，在我国目前的政治发展中，充分而有效地发挥群团组织作用就是构建政治社会的重要渠道和手段。借用葛兰西的比喻，官僚系统等只不过是现代国家“外在的壕沟”，政治社会才是发挥重要缓冲和保卫作用的“堡垒和工事”。[①] 工会等群团组织必须充分发挥自主行动能力，充分利用中国特色的政治社会空间的优势，在政治社会的场域中通过“国家与社会讨价还价”的不断试错，发挥好枢纽型社会组织作用。本书在第 4 章重点论述了工会作为能动主体的自主性和行动逻辑，对于工会组织来说，这种自主性并非天然缺失的，而是其内在具有的，关键是如何在

① ［意］葛兰西：《狱中札记》，曹雷雨、姜丽、张跣译，郑州：河南大学出版社，2014 年，第 194 页。

保证政治性的前提下，有效发挥出来。

关于工会自主性，也是学术界比较关心的问题。从政党—国家的定义来看，支持工会等群团组织依法依章程独立自主开展工作已经成为中国特色社会主义群团发展道路的一部分。工会与政党的内在张力是制约其自主性发挥的结构性因素，从工会组织自身来说，自主性也并非铁板一块，而是多层次的，比如说全国总工会的自主性空间相对于地方工会要小很多，而基层工会和企业工会的能动空间则大得多。这也正是几年来工会角色调适和功能变迁过程中，很多改革创新经验都是从基层突破进而推广到全国的主要原因。比如近年来兴起的深圳蛇口模式、深圳宝安模式、辽宁葫芦岛模式、吉林梨树模式、浙江义乌模式、上海顾村经验等，都是地方工会自主行动性的集中体现。具体来说，加强工会自主性主要表现在以下几个层面。

一是明确作为利益团体的定位。按照新制度主义的说法，所有组织都是利益集团，而利益是激励行动个体或组织做出行动的最大动力。工会是职工利益的代表者和维护者，这是明确写入《中华人民共和国工会法》和《中国工会章程》的。因此，工会本身就是一个利益团体，代表的利益群体是工人群体。在维护全国人民总体利益的前提下，工会要旗帜鲜明地维护职工群众的具体利益。与欧美国家历史上通过普遍的捣毁机器、罢工、镇压工会领袖等方式不同，中国工会通过改革开放和进一步的发展建设，逐步形成了与社会之间的功能协调机制。这是一个工会不断增强利益代表性，同时又要与整个体制不断地改善、优化功能协调的过程。从工会组织本身来说，工会也是政治过程中的一个利益部门，也存在与其他部门对资源分配的博弈，这都是无可厚非的。笔者认为，在保证政治性的前提下，最大限度地发挥工会作为工人群体利益代表团体的作用，才能充分发挥工会组织的自主性，也才能更广泛地取得自下而上的认同并获取合法性。从经济利益的角度来看，弗里德曼等新古典经济学派认为工会是具有经济属性的组织，制度经济学等也将工会作为工业社会的一种经济制度。西方工会的“经济人”身份来源于工会在劳动关系中对就业、收入分配等产生的影响，同时工会也是建立在会员会费基础上的经济组织。从我国的情况来看，1950 年，第一部《中华人民共和国工会法》明确规定职工工资的 2% 作为工会会费，工会会费从法律上得到保障，工会通过参与收入分配、社会保障政策制定等，也表现出与经济利益的直接联系。

二是具有创新和勇气的行动者。工会作为一个行动组织，工会干部就是行动的个体。在当前的结构场域中，工会能动性的发挥与工会干部特别是工会主席密切相关。新中国成立初期，参与制定劳动保险等政策的干部大多数是工运活动家，同时，工会的负责人往往也是同级党委的负责人。因此，这个时期工会的领导干部，一般能够主动地开展工会工作。一辈子工作在工会系统的领导，不能不代表工人利益。[①] 改革开放以来，从全国总工会的角度看，历任工会主席都表现出较强的行动能力。比如学徒出身的

① ［韩］张允美：《理顺与冲突中国工会与党、国家的关系》，载香港中文大学《二十一世纪》（网络版），2003 年 9 月。

倪志福推动制定《工会改革的基本设想》，明确提出工会“维护、建设、参与、教育”四项社会职能；尉健行明确提出依法维护职工合法权益是工会基本职责，建立健全平等协商、集体合同和职工代表大会等制度；王兆国推动形成中国特色社会主义工会发展道路；李建国推动工会改革和产业工人队伍建设改革；等等。

从基层的情况来看，全国总工会在《关于加强基层工会建设的调研报告》中指出，基层工会工作要做得好，重要的一条就是，“有一个职工群众信任的工会委员会，特别是工会主席。在党组织和上级工会的领导和主导下，实行民主选举，尊重职工意愿，形成一个政治坚定、业务扎实、作风过硬、廉洁自律的工会委员会，把敢于、善于为职工群众说话办事的人推选到工会主席的岗位上来”[①]。因此，工会主席个人能力往往与工作成效密切相关。具有创新性、协调能力强的工会主席往往能在既有政策框架下有效开展工作，从而不断争取和扩大工会发展的制度空间，比如义乌市总工会主席陈有德，充分利用各种行政资源争取党政支持，采用社会化方式维权，推出了义乌模式。

三是灵活有效的行动策略。一般来说，改革容易从权力控制薄弱的边缘地带取得成功和突破，这就是科斯所谓的“边缘革命”。从本书第 5 章工会角色调适和功能变迁的政治机理中，在沃尔玛突破建立工会的行动策略就可以看出，工会组建也需要讲究策略，单纯依靠自上而下的威权或行政手段往往很难取得良好的

① 全总加强基层工会建设问题调研工作领导小组办公室：《关于加强基层工会建设的调研报告》。

效果，即使组建了工会，工会的运转也不尽如人意。同时，从本书第 4 章分析工会开展劳动竞赛的行动策略也可以看出，工会在国家和企业、工人之间找到都能受益的均衡点时，往往能够取得预期成效。在地方工会运作中，往往既要通过正式的与地方党政部门之间的“借力”，也要通过朋友、同事、同学等个人人际关系网络进行维系。另外，充分挖掘和寻找法律与政策的运用发挥空间，从而达到工会工作效益最大化。例如，上海宝山区顾村镇工会以“依法合规、职工为本、就近入会、循序渐进”原则，将企业外入会和网上入会工作有效对接，拓展职工入会渠道。对阻挠或拖延建会的企业，通过推行工会组建法律监督整改意见书和法律监督整改建议书“两书”制度责令其改正。顾村经验最大的亮点就在于“依法”，遵照法律推动和倒逼企业建立工会。

综上所述，本章从理论价值和实践价值两个层面论述了中国工会角色调适和功能变迁的价值内涵。中国工会角色调适和功能变迁体现的是一种“变”，正如上文所述，这种“变”是渐进性的调适性制度变迁，这就意味着，这种“变”建立和蕴含在“不变”的基础上。正是这种“变”和“不变”，形成了“具有中国特色”的国家—社会关系。这里笔者称为“国家—政治社会—社会”三元理论框架，需要注意的是，作为“政治社会”重要组成部分的中国工会，其与政党—国家的关系变迁相对于工会与社会的关系变迁，变迁的幅度更小，更能呈现出“中国特色”。

从理论价值层面来看，中国工会角色调适和功能变迁将逐渐形成一个介于国家与社会之间的“政治社会”空间。其独特性在于，一是既不同于国家也不同于社会，既具有政治属性也具有社会属性。二是这是一个相对独立的具有弹性的缓冲地带，能够有效缓解政党—国家直接面对群众的刚性状态。三是政治社会具有利益代表、表达和整合功能，从性质上来看，发挥类似于政党组织的作用。因此，中国工会角色调适和功能变迁从理论上补充完善了国家—社会关系理论，形成“国家—政治社会—社会”三元理论框架，这是具有中国特色和中国适用性的解释框架。

从实践价值来看，中国工会角色调适和功能变迁是提升政党—国家能力的重要组成部分。亨廷顿在考察发展中国家政治稳定时就指出，工会等组织是政党—国家制度化的重要内容。这是历史形成的独特结构，对政党—国家建设发挥了不可替代的作用。对于如何构建政治社会空间，既包括政治组织社会化，也包括社会组织政治化，是一个双重运动的过程。同时，要在保证政治性的前提下，充分发挥工会组织的能动作用，具体包括：一是明确作为利益团体的定位；二是具有创新和勇气的行动者；三是灵活有效的行动策略。

结　语

在政党、国家与社会间寻找内在均衡

中国工会所处的结构关系是具有中国特色的，这也决定中国工会角色调适和功能变迁的基础与西方工会是截然不同的。虽然，对于工会角色调适和功能变迁的分析要回到国家—社会关系的理论框架，这也是工会角色调适和功能变迁的理论回归。但是，中国工会角色调适和功能变迁所形成的政治社会空间一定程度上是超越国家—社会关系理论框架的，从实践上也提供了构建政党—国家能力的一种切实可行的现实路径。正因如此，中国工会角色调适和功能变迁发展前景绝不是走向西方的工会模式，而是具有中国特色的政治社会发展道路。

从变迁路径来看，本书已经揭示出中国工会角色调适和功能变迁是政治组织社会化和社会组织政治化的双重运动。从当前工会的政治与社会双重属性来看，毫无疑问的是，政治属性是主要属性。简言之，改革开放以来的工会角色调适和功能变迁是一条工会社会化之路，中国特色社会主义市场经济体制的形成过程也是工会所处结构关系日益复杂的过程，这种结构转型总体上也是社会化取向的。因此，中国工会角色调适和功能变迁仍将沿着社会化路径继续发展。然而，随着工会社会组织属性越来越强，工会回归政治性的主张也将越来越强烈，这是工会与政党—国家的结构性张力的必然结果。工会角色调适和功能变迁的成功与否取决于这种张力的弹性空间和存续时间。随着中国日益走向世界舞台的中央，党的自信和治理能力也将不断成长，对政治社会的构建能力也将越来越强，工会将作为政治社会的一个代表性组织，将充分发挥政党—国家与社会的融合地带作用，工会对所代表的社会群体的利益代表、表达和整合功能也将日益强化，一个既充满社会活力又具有与政党—国家同向的政治社会空间即将形成。

就工会自身定位而言，中国工会是中国政治体系中具有明显社会属性的人民团体，这种定位是新中国成立以来即确立的。然而，正是在处理与政党—国家关系过程中，工会日益走向行政化和机关化，这恰恰体现了工会组织的“理性”选择行动取向。从能动性上来看，中国工会行动能力是自诞生时就与生俱来的。在革命年代主要表现为组织工人罢工，后来发展为生产动员，生产动员模式在新中国成立后与政党—国家的中心任务相契合，逐渐成为路径依赖。同时，工会本质是社会经济关系矛盾的产物，其存在的价值是代表和表达工人群体的利益诉求。这种价值取向成为工会组织的行动本能。改革开放以来，政党—国家的赋权让工会本质价值得到回归。之所以强调工会的能动性和行动能力，是因为只有这样，其所处的政治社会空间才是具有能动性的，这是构建政治社会空间最大的潜力所在。也就是说，中国工会角色调适和功能变迁的动力来源不仅在于政党—国家所给予的政治空间，这仅仅是外部动因，只有工会自身的内部动因真正起作用，才能最大限度地推动转型进程。

按照历史制度主义，制度变迁的启动起点或触发点非常关键。

改革开放以来的中国工会角色调适和功能变迁证明，中国工会九大特别是邓小平的致辞具有历史转折点的关键意义。中国工会拥有丰富的政治资源，但转型也不可避免要克服路径依赖，这种路径依赖主要建立在与政党—国家的关系上。从转型过程的角度，中国工会仍将从组织化、制度化和合法性三个层面着力，也就是说，其一，在保持上下贯通、分布广泛的组织体系优势的同时，加强对新兴工人群体的组织吸纳力度，进一步填补在新兴领域的空白点。其二，在现有制度框架下，按照多重制度叠加的逻辑提高工会组织的制度绩效。其三，从观念上及时更新对社会的认知，构建多维的思想政治工作框架，不断提高工人群体的组织认同，进而增强工会组织的合法性基础。

因此，笔者认为，中国工会角色调适和功能变迁的发展前景是一个“三位一体”的定位，也就是说在政党、国家与社会之间找到一个内在均衡点，实现党领导的政治组织、国家政权的重要社会支柱和代表工人利益的社会组织的统一体。

一是党领导的政治组织。按照政党理论，政党的主要功能包括利益代表、利益整合、政治参与和意识形态等。正如本书所述，工会角色调适和功能变迁的过程在工人阶级的代表性组织、回应职工群众诉求、代表职工源头参与制定法律法规和政策、通过思想政治工作建立自己的说服体系等，都体现了中国工会独特的角色和功能定位，这是西方工会组织所不完全具备的。不论是列宁关于工会“古典双重主义”（classic dualism）的“传动装置”的定位，还是法团主义强调的中介角色，都是工会作为党领导的政治组织功能发挥的一个渠道和外在表现。也就是说，从国家—社会关系的角度，积极构建联结国家与社会的政治社会，在保持政治性的前提下积极推进社会化进程，积极回应来自政党、国家和工人群体的多重诉求。同时，工会还应成为政党、国家与劳动领域社会组织的中介，通过积极联系和引导，促成社会组织的政治化进程，起到枢纽型组织的作用。在此基础上，工会还应该积极参与社会利益的整合和协调。利益协调是在利益代表和利益表达基础上的整合过程。不仅要通过制度化方式最大限度地吸收来自所代表的工人群体的诉求意见，还要完善源头参与等表达方式，让所代表的群体的利益诉求进入政治过程中。同时，积极发挥政治过程中的协调者角色，既最大限度满足所代表群体的利益诉求，又实现政治过程中与利益冲突相关者博弈的妥协。总而言之，作为党领导的政治组织，工会应该积极参与社会利益的协调过程，而不是被动应对所代表的工人群体的利益诉求。

二是国家政权的重要社会支柱。马克思主义认为，国家建立的目的是通过统治阶级掌握国家政权并利用这个政权为本阶级的利益服务，这与诺思的国家悖论是一致的。中国工会的特殊性就在于与政党和国家的密切关系。有论者将政党—国家对工会的父爱主义关系视为工会角色调适和功能变迁的障碍。其实，从中国国情来看，这也可以转化为一种优势。这种特征已经超越列宁提出的工会“是国家政权最亲密的和不可缺少的合作者”，也超越陈佩华等提出的工会是国家法团组织的定位。工会在政府行使国家行政管理权力的过程中，发挥民主参与和社会监督作用；工会维护国家的政令统一，贯彻执行政府的政策法令，使工会成为政府的亲密合作者和坚强社会支柱。工会可以有更多机会参与政治资源的分配，只要工会将这些资源作为维护职工合法权益和代表工人利益的手段，其自身能动地认识到并应用到实践中，那么工会的国家政权的重要社会支柱功能定位是超越法团组织的“中国特色”。不可否认，机关化和行政化是需要克服的主要不良倾向，按照米尔斯的寡头政治铁律，任何科层组织都有向少数领导集中的寡头化倾向。因此，工会组织避免这些不良倾向的主要方法不是避而不谈，而是通过建立自下而上的合法性来源渠道和组织内民主来保障。本书论述了工会的合法性建构渠道，当前职工对工会的合法认同还有待于进一步提高，邓小平的“为工人的民主权利奋斗，反对形形色色的官僚主义，它本身就必须是民主的模范”三重论断是工会体现民主自觉的重要基础。

三是代表工人利益社会组织。作为从传统体制通过角色调适和功能变迁而来的工会组织，其内部政治结构目前仍处于政治属性有余而社会属性不足的状态。换言之，在政治组织社会化与社会组织政治化的双重运动中，工会组织的社会化仍未完全展开，这就需要党和国家给予足够的政治空间，并通过组织化、制度化和观念建构三个方面使这种社会化内化为工会的内在属性。关于当前的工会角色和功能定位，学界多有分歧，但是关于其发展前景，学界的理想设计大多是落脚在社会法团上。也就是说，法团不仅是多元主义的利益团体，同时还是具有公共身份的社会功能性组织。因此，工会组织的生命力根源还是来源于社会，只有得到职工群众的真正认同，才能发挥其利益表达、协调整合等一系列功能。这需要党、国家和工会共同努力，进而构建能动的、充满活力的政治社会空间。

参考文献

一、中文部分

（一）著作

1. 中共中央文献研究室编：《毛泽东文集》（第一卷），北京：人民出版社，1991 年。

2. 邓小平：《邓小平文选》（第一卷），北京：人民出版社，1989 年。

3. 邓小平：《邓小平文选》，（第二卷），北京：人民出版社，1983 年。

4. 邓小平：《邓小平文选》，（第三卷），北京：人民出版社，1993 年。

5. 习近平：《习近平谈治国理政》，北京：外文出版社，2014 年。

6. 习近平：《习近平谈治国理政》（第二卷），北京：外文出版社，2017 年。

7. 中华全国总工会、中共中央文献研究室编：《毛泽东邓小平江泽民论工人阶级和工会工作》，北京：中央文献出版社，2002 年。

8. 本书编写组：《改革开放以来的工人阶级和工会事业》，北京：中国工人出版社，2014 年。

9. 本书编辑组：《中国职工状况调查个案（1978—2018）》，北京：中国工人出版社，2018 年。

10. 本书编辑组:《中国职工状况调查数据（1978—2018）》，北京：中国工人出版社，2018 年。

11. 本书编辑组：《中国职工调查报告（1978—2018）》，北京：中国工人出版社，2018 年。

12. 曹锦清、陈中亚：《走出“理想”城堡——中国“单位”现象研究》，深圳：海天出版社，1997 年。

13. 常凯主编：《劳动关系学》，北京：中国劳动社会保障出版社，2005 年。

14. 陈秉权：《中国工会的改革与建设（1984—1993）》，北京：中国工人出版社，1996 年。

15. 陈骥：《改革中的工会和工会的改革》，北京：中国工人出版社，1999 年。

16. 陈明明主编：《劳工政治》（复旦政治学评论第 16 辑），上海：复旦大学出版社，2016 年。

17. 陈周旺、汪仕凯：《工人政治》，上海：复旦大学出版社，2013 年。

18. 戴园晨等：《中国劳动力市场培育与工资改革》，北京：中国劳动出版社，1994 年。

19. 邓中夏：《中国职工运动简史（1919—1926）》，北京：人民出版社，1949 年。

20. 丁云亮：《阶级话语的叙述与表象——1950 年代上海工人之文化经验》，芜湖：安徽师范大学出版社，2010 年。

21. 冯同庆、常凯：《社会主义民主与工会参政议政》，北京：中国工人出版社，1987 年。

22. 冯同庆：《中国工人的命运——改革以来中国工人的社会行动》，北京：社会科学文献出版社，2002 年。

23. 冯同庆：《中国经验：转型社会的治理与职工民主参与》，北京：社会科学文献出版社，2005 年。

24. 冯同庆：《中国工人的命运——工会民主选举与工人公民权利衍生》，北京：中国社会科学出版社，2009 年。

25. 冯同庆编著：《工会学——当代中国工会理论》，北京：中国劳动社会保障出版社，2010 年。

26. 冯喜良、吕国泉主编：《聚焦当代中国劳动热点问题（2016）》，北京：中国工人出版社，2017 年。

27. 郭苏建主编：《转型中国的国家与社会关系新探》，上海：格致出版社、上海人民出版社，2018 年。

28. 韩福国等：《新型产业工人与中国工会——“义乌工会社会化维权模式”研究》，上海：上海人民出版社，2008 年。

29. 中国工运学院编写组编：《工会学》，北京：工人出版社，1985 年。

30. 何俊志：《结构、历史与行为：历史制度主义对政治科学的重构》，上海：复旦大学出版社，2004 年。

31. 景跃进、陈明明、肖滨主编：《当代中国政府与政治》，北京：中国人民大学出版社，2016 年。

32. 赖德胜、吕国泉等：《和谐劳动关系论：全球发展与中国实践》，北京：中国工人出版社，2019 年。

33. 李培林、李强、孙立平等：《中国社会分层》，北京：社会科学文献出版社，2004 年。

34. 李培林：《社会冲突与阶级意识》，北京：社会科学文献出版社，2005 年。

35. 李友梅、黄晓春、张虎祥等：《从弥散到秩序："制度与生活"视野下的中国社会变迁（1921—2011）》，北京：中国大百科全书出版社，2011 年。

36. 李友梅等主编：《当代中国社会分层：理论与实证》，北京：社会科学文献出版社，2006 年。

37. 李玉赋主编：《新的使命和担当Ⅱ——中国工会改革创新实录（2015—2017）》，北京：中国工人出版社，2017 年。

38. 李玉赋主编：《新的使命和担当Ⅲ——全国总工会改革试点制度文件与释义》，北京：中国工人出版社，2017 年。

39. 李玉赋主编：《工会基础理论概论》，北京：中国工人出版社，2018 年。

40. 李玉赋主编：《基层工会组织建设与企业民主管理工作概论》，北京：工人出版社，2018 年。

41. 李玉赋主编:《中国工会十七大文件汇编》，北京：中国工人出版社，2018 年。

42. 林尚立:《当代中国政治形态研究》，天津：天津人民出版社，2000 年。

43. 林尚立:《中国共产党与国家建设》，天津：天津人民出版社，2017 年。

44. 柳可白:《当代工人阶级地位与作用》，北京：中国工人出版社，2007 年。

45. 刘爱玉:《选择：国企变革与工人生存行动》，北京：社会科学文献出版社，2005 年。

46. 刘明逵、唐玉良:《中国工人运动史》，广州：广东人民出版社，1998 年。

47. 刘明逵、唐玉良:《中国近代工人阶级和工人运动》，北京：中共中央党校出版社，2002 年。

48. 陆学艺:《当代中国社会结构》，北京：社会科学文献出版社，2010 年。

49. 马立诚:《最近四十年中国社会思潮》，北京：东方出版社，2015 年。

50. 倪志福主编:《当代中国工人阶级和工会运动》(上、中、下)，北京：当代中国出版社，1997 年。

51. 彭恒军等:《工人与国家：认同与责任——工人作为“阶级”的政治逻辑》，北京：光明日报出版社，2014 年。

52. 全国总工会办公厅书记处办公室:《中国工会十大以来重

要文献选编》，北京：光明日报出版社，1988 年。

53. 邵宁主编：《国有企业改革实录（1998—2008）》，北京：经济科学出版社，2014 年。

54. 沈原：《市场、阶级与社会》，北京：社会科学文献出版社，2007 年。

55. 孙立平：《现代化与社会转型》，北京：北京大学出版社，2005 年。

56. 孙中范、桉苗、冯同庆主编：《向社会主义市场经济转变时期的工会理论纲要与述评》，北京：人民出版社，1997 年。

57. 陶志勇编著：《中国工会理论创新四十年：1978—2018》，北京：中国工人出版社，2018 年。

58. 汪仕凯：《阶级与公民之间的政治：职工代表大会的实践空间与转型逻辑》，上海：上海人民出版社，2013 年。

59. 汪建华：《生活的政治：世界工厂劳资关系转型的新视角》，北京：社会科学文献出版社，2015 年。

60. 王持栋、李平：《中国企业民主管理发展史略》，北京：中国工人出版社，1992 年。

61. 王绍光：《波兰尼〈大转型〉与中国的大转型》，北京：三联书店，2012 年。

62. 王向民：《准官僚组织的自主性》，上海：上海世纪出版集团、上海人民出版社，2014 年。

63. 尉健行：《工会的基本职责》，北京：中国工人出版社，2009 年。

64. 尉健行：《尉健行谈工会工作》（上、下），北京：中国工人出版社，2015 年。

65. 文史哲编辑部：《国家与社会：构建怎样的公域秩序？》，北京：商务印书馆，2010 年。

66. 吴建平：《转型时期中国工会研究》，北京：光明日报出版社，2012 年。

67. 谢玉华：《中国劳动关系的治理变革》，北京：中国工人出版社，2017 年。

68. 杨兴富：《新时期工会自身改革和建设的探索》，北京：中国工人出版社，1999 年。

69. 颜辉、王永玺主编：《中国工会纵横谈》，北京：中共党史出版社，2008 年。

70. 俞可平：《治理与善治》，北京：社会科学文献出版社，2000 年。

71. 岳经纶：《中国劳动政策：市场化与全球化的视野》，北京：社会科学文献出版社，2007 年。

72. 张建国、吕国泉主编：《西方主要市场经济国家集体谈判制度与实践》，北京：新华出版社，2012 年。

73. 张建国、吕国泉主编：《中国集体合同制度与实践》，北京：新华出版社，2012 年。

74. 张建国、吕国泉主编：《构建和谐劳动关系行动纲领》，北京：国家行政学院出版社，2015 年。

75. 张静：《身份认同研究：观念、态度、理据》，上海：上海人民出版社，2006 年。

76. 张静：《法团主义》（第三版），北京：东方出版社，2015 年。

77. 张翼主编：《社会组织与社会治理》，北京：经济管理出版社，2016 年。

78. 张暎硕：《当代中国劳动制度变化与工会功能的转变》，石家庄：河北大学出版社，2004 年。

79. 长缨编著：《创举：沃尔玛（中国）工会建立纪实》，北京：中国工人出版社，2011 年。

80. 赵鼎新：《社会与政治运动讲义》，北京：社会科学文献出版社，2006 年。

81. 中国工运学院编：《李立三赖若愚论工会》，北京：档案出版社，1987 年。

82. 中国工运学院编辑组：《刘少奇论工人运动》，北京：中央文献出版社，1988 年。

83. 中国工运学院编写组：《邓小平工人阶级与工会思想研究》，北京：中国工人出版社，1994 年。

84. 中国工运研究所编：《新编中国工人运动史》（上、下），北京：中国工人出版社，2016 年。

85. 中华全国总工会：《邓小平论工人阶级与工会》，北京：中国工人出版社，1994 年。

86. 中华全国总工会：《中国特色社会主义工会发展道路学习读本》，北京：中国工人出版社，2012 年。

87. 中华全国总工会：《工会集体合同劳动合同工作概论》，北京：中国工人出版社，2006 年。

88. 中华全国总工会办公厅编：《建国以来中共中央关于工人运动文件选编》（上、下），北京：中国工人出版社，1989 年。

89. 中华全国总工会政策研究室：《工会多层次参政议政》，沈阳：辽宁人民出版社，1986 年。

90. 中华全国总工会研究室：《中国工人阶级四十年（1978—2018）》，北京：中国工人出版社，2018 年。

91. 中华全国总工会组织部、中华全国总工会基层组织建设部编写：《企业工会组建工作培训教材》，北京：中国工人出版社，2011 年。

92. 周淑真：《政党政治学》，北京：人民出版社，2011 年。

93. 邹谠：《二十世纪中国政治：从宏观历史与微观行动的角度看》，香港：牛津大学出版社（中国），1994 年。

94. 邹谠：《中国革命再阐释》，香港：牛津大学出版社（中国），2002 年。

（二）译著

1. 中共中央马克思恩格斯列宁斯大林编译局编：《马克思恩格斯文集》（第 1 卷），北京：人民出版社，2009 年。

2. 中共中央马克思恩格斯列宁斯大林编译局编：《马克思恩格斯全集》（第 32 卷），北京：人民出版社，1974 年，

3. 中共中央马克思恩格斯列宁斯大林编译局编：《马克思恩格

斯全集》(第25卷),北京:人民出版社,1974年。

4. 中共中央马克思恩格斯列宁斯大林编译局编:《马克思恩格斯全集》(第21卷),北京:人民出版社,1965年。

5. 中共中央马克思恩格斯列宁斯大林编译局编:《列宁全集》(第14卷),北京:人民出版社,1988年。

6. 中共中央马克思恩格斯列宁斯大林编译局编:《列宁全集》(第30卷),北京:人民出版社,2017年。

7. 中共中央马克思恩格斯列宁斯大林编译局编:《列宁全集》(第33卷),北京:人民出版社,2017年。

8. 中共中央马克思恩格斯列宁斯大林编译局编:《列宁全集》(第38卷),北京:人民出版社,2017年。

9. 中共中央马克思恩格斯列宁斯大林编译局编:《列宁全集》(第40卷),北京:人民出版社,2017年。

10. 中共中央马克思恩格斯列宁斯大林编译局编:《列宁全集》(第42卷),北京:人民出版社,2017年。

11. 中共中央马克思恩格斯列宁斯大林编译局编:《列宁全集》(第45卷),北京:人民出版社,2017年。

12. 工人出版社编:《列宁斯大林论工会》,北京:工人出版社,1981年。

13. [德] 黑格尔:《法哲学原理》,张企泰、范杨译,北京:商务印书馆,1961年。

14. [法] 托克维尔:《论美国的民主》,曹冬雪译,北京:译林出版社,2012年。

15. [法] 托马斯 · 皮凯蒂：《21 世纪资本论》，巴曙松等译，北京：中信出版社，2014 年。

16. [韩] 河连燮：《制度分析：理论与争议》，李秀峰、柴宝勇译，北京：中国人民大学出版社，2014 年。

17. [韩] 具海根：《韩国工人——阶级形成的文化与政治》，梁光严译，北京：社会科学文献出版社，2003 年。

18. [美] 埃里克 · 欧文 · 赖特：《后工业社会中的阶级：阶级分析的比较研究》，陈心想译，沈阳：辽宁教育出版社，2004 年。

19. [美] 埃里克 · 欧文 · 赖特：《阶级》，刘磊、吕梁山译，北京：高等教育出版社，2006 年。

20. [美] 安东尼 ·M. 奥勒姆、约翰 ·G. 戴尔：《政治社会学》（第五版），王军译，北京：中国人民大学出版社，2018 年。

21. [美] 盖伊 · 彼得斯：《政治科学中俄制度理论：新制度主义》，王向民、段红伟译，上海：上海人民出版社，2016 年。

22. [美] 杰克 · 戈德斯通：《国家、政党与社会运动》，章延杰译，上海：上海世纪出版集团，2009 年。

23. [美] 理查德 ·H. 霍尔：《组织：结构、过程及结果》，张友星、刘五一等译，上海：上海财经大学出版社，2003 年。

24. [美] 迈克尔 · 布若威：《制造同意——垄断资本主义劳动过程的变迁》，李荣荣译，北京：商务印书馆，2008 年。

25. [美] 巴林顿 · 摩尔：《民主与专制的社会起源：现代世界形成过程中的地主和农民》，王茁、顾洁泽，上海：上海译文出版社，2012 年。

26.［美］贝弗里·J. 西尔弗：《劳工的力量：1870 年以来的工人运动与全球化》，张璐译，北京：社会科学文献出版社，2012 年。

27.［美］彼得·埃文斯、迪特里希·鲁施迈耶、西达·斯考切波：《找回国家》，方力维等译，北京：三联书店，2009 年。

28.［美］彼得·霍尔：《驾驭经济：英国与法国国家干预的政治学》，刘骥等译，南京：江苏人民出版社，2008 年。

29.［美］查尔斯·蒂利：《强制、资本与欧洲国家》，魏洪钟译，上海：上海世纪出版集团，2007 年。

30.［美］查尔斯·林德布洛姆：《政治与市场：世界的政治——经济制度》，王逸舟译，上海：上海人民出版社，1997 年。

31.［美］戴维·阿普特：《现代化的政治》，陈亮译，上海：上海人民出版社，2011 年。

32.［美］戴维·伊斯顿：《政治生活的系统分析》，北京：华夏出版社，1999 年。

33.［美］道格拉斯·诺思：《制度、制度变迁与经济绩效》，杭行译，上海：格致出版社、上海三联书店、上海人民出版社，2014 年。

34.［美］盖伊·彼得斯：《政治科学中的制度理论：新制度主义》，王向民、段红伟译，上海：上海人民出版社，2011 年。

35.［美］亨廷顿：《变化社会中的政治秩序》，王冠华、刘为等译，上海：上海世纪出版集团，2008 年。

36.［美］吉尔伯特·罗兹曼：《中国的现代化》，国家社会科学基金“比较现代化”课题组译，南京：江苏人民出版社，1988 年。

37. [美] 加布里埃尔 · 阿尔蒙德、宾厄姆 · 鲍威尔 :《比较政治学：体系、过程和政策》，曹沛霖译，北京：东方出版社，2007 年。

38. [美] 杰克 ·A. 戈德斯通 :《国家、政党与社会运动》，章延杰译，上海：上海世纪出版集团，2009 年。

39. [美] 孔飞力 :《中国现代国家的起源》，陈兼、陈之宏译，北京：生活 · 读书 · 新知三联书店，2013 年。

40. [美] 帕森斯 :《现代社会的结构与过程》，梁向阳译，北京：光明日报出版社，1988 年。

41. [美] 裴宜理 :《上海罢工：中国工人政治研究》，刘平译，南京：江苏人民出版社，2001 年。

42. [美] 萨托利 :《政党与政党体制》，王明进译，北京：商务印书馆，2006 年。

43. [美] 西达 · 斯考切波 :《国家与社会革命》，何俊志、王学东译，上海：上海世纪出版集团，2007 年。

44. [日] 中村三登志 :《中国工人运动史》，北京：中国工人出版社，1989 年。

45. [苏] 伊万诺夫 :《发达社会主义政治体系中的工会》，北京：中国工人出版社，1980 年。

46. [英] 卡尔 · 波兰尼 :《巨变：当代政治和经济的起源》，黄树民译，北京：社会科学文献出版社，2013 年。

47. [匈] 卢卡奇：《历史与阶级意识》，杜章智、任立、燕宏远译，北京：商务印书馆，2016 年。

48. [意] 安格鲁 · 帕尼比昂科：《政党：组织与权力》，周建勇译，上海：上海世纪出版集团，2013 年。

49. [意] 葛兰西：《狱中札记》，曹雷雨、姜丽、张跣译，郑州：河南大学出版社，2014 年。

50. [英] 爱德华 ·P. 汤普森：《英国工人阶级的形成》，钱乘旦等译，北京：译林出版社，2001 年。

51. [英] 安东尼 · 吉登斯：《社会的构成》，李康等译，北京：生活 · 读书 · 新知三联书店，1998 年。

52. [英] 马歇尔：《公民权利与社会阶级》，郭忠华等编译，南京：江苏人民出版社，2008 年。

（三）期刊及学位论文

1. 包刚升：《反思波兰尼〈大转型〉的九个命题》，载《浙江社会科学》，2014 年第 6 期。

2. 常凯、吴亚平：《工会：集体劳权的代表——向市场经济过渡中工会的社会定位问题初探》，载《当代工会》，1996 年第 6 期。

3. 陈峰：《国家、制度与工人阶级的形成——西方文献及其对中国劳工问题研究的意义》，载《社会学研究》，2009 年第 5 期。

4. 陈剩勇、吴巍、陈燕：《工会直接选举：中国地方民主的新发展——以浙江省的余杭、余姚、温岭为个案》，载《浙江社会科学》，2004 年第 1 期。

5. 范燕宁：《当前中国社会转型问题研究综述》，载《哲学动态》，1997 年第 1 期。

6. 冯钢：《企业工会的制度性弱势及其形成背景》，载《社会》，2006 年第 3 期。

7. 冯仕政、朱展仪：《当代中国阶级阶层政策的转变与社会治理》，载《江苏行政学院学报》，2018 年第 3 期。

8. 韩福国：《市场、组织和国家——中华全国工商联及民间商会（ACFIC）在制度博弈中的双重代理分析》，复旦大学博士论文，2001 年。

9. 何俊治：《结构、历史与行为——历史制度主义对政治科学的重构》，复旦大学博士论文，2003 年。

10. 康晓光、韩恒：《分类控制：当前中国大陆国家与社会关系研究》，载《社会学研究》，2005 年第 6 期。

11. 康晓光、韩恒：《行政吸纳社会——当前中国大陆国家与社会关系再研究》，载《中国社会科学》（英文版），2007 年第 2 期。

12. 李路路：《单位制的变迁与研究》，载《吉林大学社会科学学报》，2013 年第 1 期。

13. 李威利：《从制度化到结构化：现代国家转型的新结构政治理论》，载《甘肃行政学院学报》，2019 年第 4 期。

14. 李炜：《中国与韩国社会阶级意识的比较研究》，载《社会学研究》，2004 年第 5 期。

15. 林尚立：《行动者与制度绩效：以文本结构为中介的分

析》，载《经济社会体制比较》，2006 年第 5 期。

16. 刘爱玉、付伟、庄家炽：《结构性力量与新生代工人抗争的组织化趋向》，载《中国人力资源开发》，2014 年第 23 期。

17. 刘爱玉、傅春晖、阿拉坦：《工会能在多大程度上维护农民工的权益？》，载《江苏行政学院学报》，2014 年第 1 期。

18. 吕国泉：《我国民主管理的进展、挑战与对策》，载《中国劳动关系学院学报》，2012 年第 6 期。

19. 吕国泉、李羿：《工匠精神：内涵·价值·塑造》，载《工人日报》，2016 年 5 月 24 日。

20. 吕国泉、张妍延、李羿：《改革开放以来工会调研工作回顾与前瞻》，载《中国劳动关系学院学报》，2017 年第 6 期。

21. 马得勇：《历史制度主义的渐进性制度变迁理论——兼论其在中国的适用性》，载《经济社会体制比较》，2018 年第 5 期。

22. 乔健：《工会改革创新的理论思考》，载《当代世界与社会主义》，2010 年第 2 期。

23. 乔健：《在国家、企业和劳工之间：工会在市场经济转型中的多重角色——对 1811 名企业工会主席的问卷调查》，载《当代世界与社会主义》，2008 年第 2 期。

24. 陶志勇：《国家治理体系和治理能力现代化视角下的工会角色》，载《工会理论研究》，2019 年第 6 期。

25. 佟新：《国有企业简单控制型的劳动关系分析》，载《开放时代》，2008 年第 5 期。

26. 汪建华、石文博：《争夺的地带：劳工团结、制度空间与代工厂企业工会转型》，载《青年研究》，2014 年第 1 期。

27. 王沪宁：《从单位到社会：社会调控体系的再造》，载《公共行政与人力资源》，1995 年第 1 期。

28. 王绍光、何建宇：《中国的社团革命——中国人的结社版图》，载《浙江学刊》，2004 年第 6 期。

29. 王绍光：《社会建设的方向：公民社会还是人民社会？》，载《开放时代》，2014 年第 4 期。

30. 王长江：《中国共产党执政七十年党建经验再思考》，载《党政研究》，2019 年第 4 期。

31. 闻效仪：《集体谈判的内部国家机制——以温岭羊毛衫行业工价集体谈判为例》，载《社会》，2011 年第 1 期。

32. 吴建平：《从企业治理参与到地方治理参与——从国家治理模式转变看中工会组织与制度变革》，载《学海》，2011 年第 1 期。

33. 吴建平：《地方工会“以上代下”与基层工会“瘦身减负”——近 40 年来中国工会改革的趋势与特点》，载《中国劳动关系学院学报》，2018 年第 1 期。

34. 吴清军：《国企改制与传统产业工人的转型》，清华大学博士学位论文，2007 年。

35. 吴清军：《西方工人阶级形成理论述评》，载《社会学研究》，2006 年第 2 期。

36. 吴晓林：《结构依然有效：迈向政治社会研究的结构—过程分析范式》，载《政治学研究》，2017 年第 2 期。

37. 徐小洪：《中国工会的双重角色定位》，载《人文杂志》，2010年第6期。

38. 许晓军、吴清军：《对中国工会性质特征与核心职能的学术辨析——基于国家体制框架内工会社会行为的视角》，载《人文杂志》，2011年第5期。

39. 许叶萍、石秀印：《工人阶级形成：体制内与体制外的转换》，载《学海》，2006年第4期。

40. 杨光斌：《制度范式：一种研究中国政治变迁的途径》，载《中国人民大学学报》，2003年第3期。

41. 杨正喜、黄茂英：《论新时期工人工资集体协商的制度化建构》，载《社会主义》，2015年第6期。

42. 游正林：《60年来中国工会的三次大改革》，载《社会学研究》，2010年第4期。

43. 游正林：《工会如何搞生产？——李立三、赖若愚的探讨及其启示》，载《江苏社会科学》，2011年第3期。

44. 游正林：《想象中的工会作用——评几篇定量研究中国工会作用的文献》，载《东南大学学报》，2017年第5期。

45. 游正林：《政绩驱动下的工会行动——对F厂工会主动介入生产管理过程的调查与思考》，载《学海》，2011年第1期。

46. 袁超：《政党—国家形态下的政党能力——一个解释中国经济转型的理论简纲》，载《内蒙古大学学报》（哲学社会科学版），2015年第2期。

47. 张海柱：《国家海洋局重组的制度逻辑——基于历史制度

主义的分析》，载《中国海洋大学学报》，2017 年第 1 期。

48. 张静：《阶级政治与单位政治——城市社会的利益组织化结构和社会参与》，载《开放时代》，2003 年第 2 期。

49. 张静：《“法团主义”模式下的工会角色》，载《工会理论与实践》，2001 年第 1 期。

50. 张涛：《论政党能力：特征和途径》，载《深圳大学学报》（人文社会科学版），2005 年第 3 期。

51. 郑永年：《政权改革与中国国家政权建设》，载《战略与管理》，2001 年第 2 期。

52. 周雪光、艾云：《多重逻辑下的制度变迁：一个分析框架》，载《中国社会科学》，2010 年第 4 期。

53. 邹农俭：《工人阶级概念的两重区分》，载《江海学刊》，2005 年第 4 期。

二、英文部分

1. Anita Chan. *Revolution or Corporatism? Workers and Trade Unions in Post-Mao China, The Australian Journal of Chinese Affairs*, No.29. (Jan. ,1993), pp. 31-61.

2. Chen Feng, *Between the State and Labor: The Conflict of Chinese Trade Unions' Double Identity in Market Reform*, *The China Quarterly*, 2003. p.176.

3. Chen Feng, *Industrial Restructruring and Workers' Resistance in China, Modern China*, Vol.29. No.2, 2003.

4. Chen Feng, *Legal Mobilization by Trade Unions: The case of Shanghai, The China Journal*, No.52, 2004.

5. Ira Katznelson and Aristide R. Zolberg, *Working-class Formation*, New Jersey: Princeton University Press, 1986.

6. Jude Howell, *All-China Federation of Trades Unions beyond Reform? The Slow March of Direct Elections, The China Quarterly*, Volume 196， December 2008, pp.845-863.

7. Marc Blecher, *Hegemony and workers' politics in China, The China Quarterly*, Vol. 170, 2002.

8. Philippe C. Schmitter, *Still the Century of Corporation? The Review of Politics*, Vol. 36, No.1, pp.103-104.

9. Rudolf Traub-Merz, *All China Federation of Trade Unions: Structure, Functions and the Challenge of Collective Bargaining, Working Paper* No. 13, September 2011.

10. Seung Wook Back, *The Changing trade union in China, Journal of Contemporary of Asia*, 2000. Vol. 30, Issue 1, p.47.

11. Simon Clarke, *Post-Socialist Trade Unions: China and Russia, Industrial Relations Journal*, Vol. 36(1), 2005.

12. Simon Clarke, Chang-Hee Lee, Qi Li, *Collective consultations and industrial relations in China. British Journal of Industrial relations*, 2004,42(2), 235-254.

13. T.H.Marshall, *Citizenship and social Class*, in T.H.Marshall: *Class, Citizenship and Social Development*, Chicago University Press,

1973.

14. Andrew G. Walder, *Local Government as Industrial Firms*, *American Journal of Sociology*, Vol.101, No.2, 1995.

15. Xiaoyang Zhu, Anita Chan, *Staff and worker's representative congress——an institutional channel for expression of employees' interests*, *Chinese Sociology and anthropology*, 2005, 37(4):6–33.

16. Zhou Xueguang, *Unorganized Interests and Collective Action in Communist China*, *American Sociological Review*, Vol.58, 1993.

三、相关资料

1. “坚持不懈引导广大职工群众听党话跟党走——党的十八大以来工会加强职工群众社会主义精神文明建设情况的报告”，2019 年。

2. 建国以来工会历史问题研究组编：《工会工作大事记》（1949 年 3 月—1981 年 10 月）

3. 联合调查组：“新时代青年工人思想政治状况调研报告”，2019 年。

4. 中华全国总工会百县工会工作调查组编：《全国县级工会工作调查与研究》，1998 年 9 月。

5. 全总加强基层工会建设问题调研工作领导小组办公室：《关于加强基层工会建设的调研报告》，2014 年。

6. 四川省总工会干部学校编：《社会主义时期工运历史文件选编（1949—1983）》，1987 年 7 月。

7. 中华全国总工会干部学校：《建国以来工运历史教学参考资料》(一、二)，1982 年 10 月。

8. 中华全国总工会研究室编：《中央及中央领导同志有关工会工作的指示和讲话(1977 年 8 月—1980 年 6 月)》。

9. 中共中央办公厅、中华全国总工会研究室编：《中央领导关于工会工作的讲话选编》，2010 年 8 月。

10. 全国总工会政策研究室编：《中国工会十二大以来重要文献选编》，1998 年。

11. 中华全国总工会研究室编：《中国工会十三大以来重要文献选编》，2003 年。

12. 中华全国总工会研究室编：《中国工会十四大以来重要文献选编》(上、下)，2008 年。

后　记

工会是我国政治体系中的重要组成部分，是社会主义经济建设、政治建设、文化建设、社会建设和生态文明建设中的一支重要力量。在革命、建设和改革的各个时期，中国工会始终坚定紧跟党的步伐，与时俱进改进工会组织原则、管理体制、运行机制、活动方式、工作方法，改革成为工运事业和工会工作的鲜明特色。当前，关于中国工会改革的研究成果比较多，本书是从相对学术化的视角进行的尝试。本书关注的中国工会改革，主要定位在改革开放以来中国工会的角色调适和功能变迁，梳理阐述了中国工会改革的理论背景、历史脉络、结构关系、实现路径，突出了这个过程中工会作为行动主体的能动性。我在书中强调的主要观点是，中国工会作为不同于西方国家工会的群团组织，具有政治和社会双重属性，在国家治理体系中发挥着联系党和群众的桥梁纽带作用，这种作用是至关重要且不可或缺的。

中国工会改革的实践是鲜活而充满生命力的，这对运用合适的理论和框架解释实践提出了很高的要求。本书从选题到撰写，经过了一个复杂而又艰辛的过程，也是认识不断升华、理解不断深化的过程。本书虽然未用马克思主义理论来解释中国工会改革，但是我对马克思主义作为中国工会的指导思想是充分认同的，对工会自觉接受党的领导是始终坚持的。本书中的理论框架和一些概念可能并不成熟，只是一种理论尝试，这点还望读者理解宽容。

在本书出版之际，感谢我的授业恩师周淑真教授，她是我的硕士和博士生导师，她的谆谆教诲、博大胸怀和高尚师德让我没齿难忘。我是在工作之余完成这本书的，在此衷心感谢为我提供无私帮助和悉心指点的全国总工会办公厅吕国泉主任，他是工会理论研究专家，理论和实践经验都非常丰富，每次聆听教诲都如沐春风，感谢他欣然为本书作序。感谢研究室王利中主任，一直以来对我予以热心关怀指导，他认真钻研的治学态度、专业严谨的工作作风非常值得学习。感谢研究室徐璐副主任、陶志勇副主任、李睿祎副主任、李羿处长和各位领导同事，大家都从专业角度给予了诸多指导。感谢中国工人出版社王娇萍社长，为本书出版提供了最好的平台，促成了拙著的顺利出版。

我的父母从小教育我，读书改变命运，知足才能常乐。这种朴实的情怀塑造了我的人格、指引着我的人生。子不孝无以报父母之恩，希望这本书的出版能让他们心中有一丝慰藉。感谢胞兄冯永琦教授，他认真严谨、勤奋刻苦的为学态度，为我树立了榜样。感谢我的爱人龙宇，对我工作和学习给予的大力支持。同时，也谨以此书作为礼物送给年仅四岁的女儿，希望她能够知书达礼、热爱阅读、快乐成长。

鉴于我资质浅薄、学术不精，书中错误疏漏在所难免，一切文责由我承担，也欢迎任何严肃形式的批评指正。

冯永光

2021 年 10 月于北京